策略規劃與問題解決

朱鎮明 著

五南圖書出版公司 印行

序

策略，簡單來說，就是讓終點成為起點！

本書標的針對的是高階文官，希望用清楚易讀的理論鋪陳，點出公共管理時代下的政府核心——高階文官的角色——主要是負責策略規劃、政策協調、績效考核、危機應變。

然而，公部門討論策略規劃與績效管理時，有些地方跟私部門不盡相同，而這些不同就是高階文官做策略規劃應有的心智模式，包括融入複雜的政府政治環境，秉持民主思維、策略思維、行銷思維以及風險思維等。

因此，本書也要說明公共政策的理論面向與基本階段，從而讓高階文官在體認公共政策過程中認識利害關係人的影響，以及建立參與式治理模式的重要性。以上這些特點，讓本書串連了傳統公共政策理論與現代民主治理理論。

此外，本書也介紹一些當代公共組織與文官教育訓練經常使用的管理工具，以及大數據輿情分析。在介紹以上的概念與工具時，會導入政治與政策環境因素，幫助高階文官瞭解這些來自私部門的概念與工具的特性與限制。

最後，本書透過實際案例——離岸風力發電政策，從議題概述到執行分析的討論，連結到策略規劃的核心精神，就是利害關係人參與諮商，以及高階文官的策略重點：方向的指引、貫徹與協調。

本書初稿完成於2021年6月，排版過程中媒體陸續揭露離岸風電政策延宕，很有可能無法如期如質於2025年完成預期目標。爭議關鍵點之一，

可能是未能釐清策略重點：離岸風電是能源政策？還是產業政策？這是極為重要的策略選擇與不選擇，而此，在《再生能源發展條例》第1條就講得很清楚。

　　本書討論策略的核心重點：法律、組織條例或重大政策第1條都有使命陳述，高階管理者要清楚且持續地針對使命去做規劃與管理，而不是放任各機關的本位主義與慣性，做他們過去習以為常的官僚程序。

朱鎮明

目錄

CHAPTER

1

緒論

第一節　高階文官應有的公共問題意識與策略思維

壹、時代背景下的高階文官

　　自從近世各國推動政府再造、新公共管理改革之後，最強調的一個環節就是高階文官的培訓與應用。高階文官是政府內「關鍵少數」，強化其策略規劃能力，對於提升前瞻性（forward-looking）政府品質與績效具有示範及和牽引效果。

一、高階公共管理者需才孔急

　　高階公共管理者，負責政策執行與服務提供，都需要能夠獨立做出判斷，就最終機構的績效負完全成敗責任。例如英國與歐陸各國的政署（executive agency，專司政策執行的公共機構）或非部會公共組織（non-department public body, NDPB）、日本的獨立行政法人、我國未來可能擴大推廣的行政法人等相關機構，都需要高階文官與各部會簽約，負責管理這些專責執行公共服務輸送的機構。

二、高階管理人才，需要的核心能力在問題解決與策略性管理能力

　　在經過大規模民營化、執行機構化／法人化（agencification）等職能轉變後，保留下來的政府核心（core department），主要是負責策略規劃、政策協調、績效考核、危機應變的高階文官，而過去我們所熟知的金字塔中層、下層，則已經（或正在）陸陸續續移轉、委託、外包、授權到民間企業、到地方政府、到村里社區。

三、文官體系的簡任級培訓側重於策略性思維與管理

　　過去高階文官就是專業及年資的代名詞，事實上，年資常造成思考盲

點，想像力也就受到侷限，容易採行慣習／已知做法，這都不能保證意見／決策絕對正確。

在重視公共管理的時代精神下，各國莫不致力建構高階主管特別管理制度，而我國於2014年12月初審通過廢除簡任升等考試，由實務訓練取代，避免紙筆測驗無法篩選出有溝通、管理能力的領導者。

從國家文官學院的高階文官培訓方案來看，國家設計培訓方案，是希望由一個月的訓練過程中，深入觀察個人特質、個性，篩選出有溝通能力、團隊合作、國際觀的文官領導人才，讓高階文官能具有卓越管理、前瞻領導及民主決策能力。

貳、高階文官應有的思維：民主、策略、行銷及風險

一、民主思維與全局觀

公共政策分析的學者Weimer與Vinning（2010）表示，民主社會當中的政策分析工作，必須進行策略性（strategic）及前瞻性的思考，也要用全局的視野與高度去檢視問題，不從局部利益考慮問題。

所謂全局觀（holistic）[1]，意指政府除了內部組織協調、服務整合之外，更應該成為預防性政府、改變文化的政府及結果取向的政府（彭錦鵬，2005）。

（一）在重大政策或是計畫推行前，透過社會溝通與民主參與，整合社會、地方與產業、環保等各脈絡的利益與觀點。這種提升決策正當性與社會接受度的做法，已逐漸受到許多國家的重視。缺少公民參與，日後就會有民眾掛白布條的抗爭活動。

（二）透過參與式治理（participatory governance）與資訊分享，降低公眾對於科技發展風險的疑慮。以能源政策為例，新能源或再生能源

---

[1] 有時候可用「跨域治理」去運用，同樣是希望摒除本位主義，用跨領域協調的思維來思考問題、解決問題。

（renewable energy）科技發展所展現的高度專業性與技術複雜性，常被劃歸為專家獨占的決策領域，也由專家主導風險界定的論述權。

　　然而，新興科技的不確定性，使得公眾表達出對技術風險的不信任與疑慮。若能源計畫初期階段納入利害關係人參與，進行風險溝通與社會對話，可提高社會對於新興能源科技的接受度，利害關係人也能獲取足夠的計畫有關資訊以減輕疑慮（林子倫、李宜卿，2017）。

　　（三）以全局觀凌空俯視社會運作要素之間的關係，把握關係背後的規律。社會各種事物都是相互聯繫、相互作用的，應該從全局利益去考慮，要顧及各方的需求。甚至最弱勢、沒有管道發聲的社會底層，高階文官尤其要去破敗凌亂的貧困現場傾聽、回應他們的聲音。

　　在複雜的系統中理解現在，甚至可以一定程度地預測未來。所有的戰略，都是站在未來看今天。三十年後的世界，會是怎麼樣呢？

二、策略思維：把心思放在「重要但是不緊急」的目標

　　（一）花心思在「重要但不緊急」的策略思考。高階文官應該思考未來二十年到三十年發展趨勢，擬定具有重大影響的前瞻性計畫，注意風險及危機等。這些「重要但不緊急」的思考與工作，最有可能對國家發展與台灣未來創造競爭優勢，但也最容易被瑣事所淹沒。

　　（二）不要將所有業務一視同仁。所謂重要的策略概念，要謹記「柏拉圖定律」或「80/20法則」[2]，就是找出關鍵的20%因素，可達到80%的效果。我們可以這樣詢問：

「問題／議題最主要的原因是哪二、三項？」

「如果處理這二、三項因素，問題可否解決了70%以上？」

2　就是少數人／少數因素影響整體大部分的現象，學理上稱為柏拉圖法則（Pareto Principle）。原因和結果、投入和產出、努力和報酬之間，存在著無法解釋的不平衡，更白話點來說，如果想用有限資源獲得最大成效的決策，就是找出關鍵的20%，可達到80%的效果，在少數幾件重要事情上追求卓越，不必事事都有好表現。

「如果不行，還有哪些因素處理後就可大幅解決問題達70%？」

「完成這個方案或指標，可以解決多大程度的問題？30%？還是不到5%？」

　　圖1-1是AND股份有限公司（2019）出版之《解決問題的商業框架圖鑑》有關於柏拉圖的案例。在概念圖當中，某公司2016年各客戶營業額中，A、B、C三家客戶累計營業額，達該公司的累計營業額比例的七成，是第一類需要關切的關鍵且策略性對象。D、E、F、G等公司則屬於第二類業務對象，其他的屬於第三類業務對象。

　　（三）在錯誤的方向上，全力奔跑也沒用。不少公務員都很忙，覺得只要忙，就是有效率、有生產力。但事實上，他們都在忙一些很緊急，但只是當下或許重要的事情（其實是救火……）。在這些事情努力，並不會讓我們有什麼成就感。

　　（四）重新審視自己真正應該「花最多時間、心力」的地方。想要真正對國家社會有所貢獻，我們還是有相當高度與充分條件，多花點時間在那些具有爆發性成長價值的事情。沒時間嗎？你的心在哪裡，時間就在哪

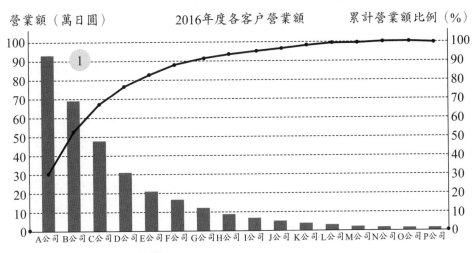

▣圖1-1　柏拉圖分析概念圖

資料來源：AND股份有限公司（2019：52）。

裡，你的時間放在哪裡，你的成就就在哪裡。

三、行銷思維：與利害關係人互動與溝通

　　政策行銷強調在政策擬定之前的人際互動與關係經營，並非是單純的政令宣導、教育民眾或形象廣告，更應該積極地透過市場調查與社會需求調查，蒐集內、外部顧客的期待與願望，建立大眾參與公共事務的管道。

　　（一）策略與洞見（insight）：政策行銷需要有具體的、獨到的策略方向與洞見，精準掌握目標對象的問題、偏好與痛點，推出他們所需要的服務，不要陷入方向過多、資料過多而無所適從的爛泥中。

　　（二）雙向互動：政府的優勢，在於具有傾聽、互動、諮商的民主正當性，由此去與標的對象接觸，聆聽他們的心聲與喜好，知道他們關切的日常難題，由此訂出具有溫度的政策內容與方案議題。

　　政策創意能否獲得執行並成功，不是由政府單方面決定，而是得靠廣泛參與、互動、充分交換訊息，也就是說，只要夠謙虛，就會有創意、包裝以及異業結盟的可能性。

　　（三）整合：行銷整合的重點，在於確保以標的對象、利害關係人為中心的全方位服務。每個利害關係人周遭都可能圍繞許多方案或政策，但大多數的方案隸屬不同部會／部門，沒有整合而且常相互矛盾。

　　有效的方案與跨部門整合，應該將複雜的表單、流程在政府內部加以整合，化為簡單的格式及說明。

　　（四）建立起行銷與民主參與的本質聯繫：政府運作與管理，應該從過去埋頭苦幹內部管理，向外延伸擴及到多元利害關係人參與，透過向社會學習以及協力決策過程，逐步落實治理的民主意象。

　　策略願景的溝通，以及價值、理念的傳遞，是個永不止息的行銷旅程，也要隨時貼近時代脈動，提供受決策影響的利害關係人共享的資訊，在行政的黑盒子外，以廣泛觀點探索政策與議題的無限可能。

四、風險思維：為策略方向做最壞打算：有多壞？避險方案是什麼？有備選的備選嗎？

任何公共政策在達成目標、落實公共價值的過程中都有風險，而且該風險應是政策設計中重要考慮部分（Lark, 2015; Brown and Osborne, 2013）。

（一）每個政策、策略或方案都伴隨失敗的風險。決策有利有弊，應該均衡考量，不能只看到利益面，而忽略風險失敗面，政府應該要能預見及回應意外或風險。

（二）「未來」難以預測，所以我們要據此規劃。政策所面對的未來絕對是出乎預料的，而我們必須據此規劃。當情勢意外朝不同方向發展時，策略、政策或計畫能夠適應與調整。擬定策略時應該思索各種可能，當某種可能或最糟劇本具體而真實出現時，至少我們已經（或至少曾經）做好調整策略的準備。

（三）抱著謙卑的心，諮商重要人士，或是組建平行團隊分頭規劃再相互比對，超越個人智慧的限制。公民參與及內部參與是降低風險的關鍵，決策者應該建立風險治理的文化，正面看待風險，而不是避談風險。

（四）社會上的弱勢群體，他們面臨的問題才是最大風險來源。政府提供許多促進社會融合、減少貧富差距、促進多元就業的政策，但是，我們想到的政策設計，往往就是那些熟悉、不陌生、容易且方便執行與衡量的內容與工具。這些內容真的切合社會底層民眾的需要、解決了他們遭遇的日常問題嗎？

公共政策不應該只是單面向提供服務，也（／更）應該關切如何分配、分配給誰，以及評估與此有關的風險治理機制。在較底層環境生活的民眾，面對日常的難題、困境，遭遇歧視、漠視與忽略時，是否能有機會與途徑去表達？表達的程度為何？他們在當前主流治理體制中，是否有代言人幫忙講話？眼睜睜看別人遭遇災厄而無動於衷，你做得到？

五、小結

從民主、策略、行銷與風險四種高階文官思維來看，政策過程不應該是枯燥、故步自封、眼光狹隘與封閉的，而是要能承擔適當的風險，進而推進重要政策。

政府體制有兩種：（一）壓迫創意思考、教條式的體制；（二）鼓勵反省、進步改良、創意的開闊式的體制。政策過程應該敞開胸懷，和他人共處與共同規劃，落實正義、包容等人類最美好的理想。

第二節　分析問題的基礎及公共問題的跨域性

壹、最好的解答，從問「為什麼」開始

一、把問題化為各種小問題

面對麻煩問題，首先要把問題拆解成許多小問題，再尋找可能的關鍵解決點，並集中心力進行解決。接著改變假設、變換思考，調整原有的工作邏輯與策略。只有學會問問題，才能提升工作能力。

《商業周刊》社長何飛鵬曾經在一篇專欄文章中指出[3]，面對棘手的問題，不要急著問「怎麼辦？」，過度簡化的思考往往很難找到好的答案。某次他要求數位媒體部門主管必須把下年度的虧損金額減半。他與主管進行以下的問問題過程：

什麼會影響盈虧？收入與支出。收入能增加、支出能減少嗎？一定

3　詳見「何飛鵬—社長筆記本」部落格，http://feipengho.pixnet.net/blog/post/42360763-%E5%95%8F%E5%95%8F%E9%A1%8C%E8%88%87%E6%89%BE%E7%AD%94%E6%A1%88，檢索日期：2019年3月23日。

要。收入有哪些項目？哪一個項目最有可能增加？支出有哪些項目？哪一個項目最有可能減少？接著選出最有可能增加的收入項目，那就是未來的營運策略重點，然後再問：這個營運重點項目，客戶在哪裡？為什麼要買單？願意用什麼價錢購買？有需求的客戶是多少？回答這些問題之後，產品已經清楚，市場規模也逐漸明朗。

問完收入面，開始檢視支出面。主要的支出包括哪些？這個問題很容易回答：因為70%的支出都是人事。那人員能不能減少？當然要減少，因為增加收入不可預期，但減少支出有決心必然可完成。那誰要離職？根據之前的營運設定，哪些工作一定要存在？而完成這些工作的最小規模是多少人？哪些工作可合併、或暫時忽略？用一個最小的規模，譬如20人（現有團隊約40人）為前提，問哪一個是最重要的人，然後進行排序……

二、以「問題」為中心：問題導向的學習

在文官學院的升等訓練課程，包括薦任升簡任、警政升警監等，都是綜合「個案研究法」及「團隊建立法」，也就是說將學員加以分組，以小組分工、成員互動及研討方式探討個案，與一般自修後進行考試相比，特點是問題導向學習（problem-based learning, PBL）方法，具有跨域互動的問題解決效果。

（一）問題導向的學習

所謂「問題導向學習」，是一種以學習者與問題為中心的學習方法，透過實務問題的引發，鼓勵學習者運用自己的**經驗基礎**進行批判思考，及使用問題解決技能和內容知識。這種方法有以下特徵：
1. 以學員的個人經驗為基礎，相互提問、反思與學習。來自不同院部會的文官組成小組，反映出解決問題需要不同領域的知識。
2. 透過課堂上所學理論與技能，即時進行實務及案例的系統性分析。
3. 教師是促進者角色，主角則是參與討論的學員，讓學員培養團隊討論的

氛圍及互動習慣。

4. 重視知識獲得的學習歷程，從而增加溝通及人際互動。結束培訓後，這些人際關係依然有助於日後工作之協調與推動。

（二）問題建構的重點

「問題建構」階段，應該透過腦力激盪（brain storming），列出該「問題」可以討論的議題方向。當確認問題及聚焦議題後，便可進入問題分析，通常包含：

1. 討論需要解決什麼問題（what）。透過協力陳述（或界定）問題，說明解決問題所欲達成的目標。

2. 討論為何會發生這個問題（why）。參與者需要協力分析問題發生的成因。可透過魚骨圖、心智圖等多種分析工具，從外部環境、內部環境兩個大要因著手（可參考本書第四章）。

3. 進行問題的診斷型分析。為了進行問題思索與診斷，小組可以參考採用兩種提問模式：一種是連續提問五個「為什麼」；另一個是提問「為何－如果－如何」，均有助於進行問題建構。

貳、當代公共事務與議題的特性

一、每個公共問題都是跨域的

當前的公共問題，不論水資源、前瞻基礎建設計畫，甚至是國土規劃、氣候變遷與減碳、再生能源、少子化、食品安全等議題，都面臨跨域整合的難局。

（一）每一個議題都是「跨部會」、「跨區域」（垂直面的跨中央與地方、水平面跨縣市鄉鎮）、「跨專業」的跨域治理議題，而不只是技術類公務人員、工程師或是學者的事情。

（二）我們的政府缺少整合與跨域思考的組織文化。跨域這個事情講起來很簡單，做起來非常困難，每個公共議題或是政策，在政府裡面至少

都跨越五、六個部門，在領域上會跨了四、五個領域，他們各有自己的工程考量，而且主管或首長們不會坐在一起開會，以致永遠是各搞各的。

（三）跨域議題要從整個社會衝擊來看問題才會有解決方案，光看單一面向是無解的，而且要有更高層級的專人去擔任專案管理人。

二、高階文官的演練：平素進行跨域性公共問題想定與演練

對於高階文官來說，在日常工作上必須縱向與橫向思索公共課題。因此，不管在哪個職位，都可練習以下決策想定，例如：行政院積極推動「前瞻基礎建設計畫」之「軌道建設」，其總體目標是：「打造台灣的軌道系統成為友善無縫、具有產業機會、安全可靠、悠遊易行、永續營運、以及具有觀光魅力的台灣骨幹運輸服務。」問題想定是：參考平衡計分卡（balanced score card）概念，為上述總體目標研擬策略性目標（strategic goals）與關鍵績效指標（key performance indicators, KPI）。

另外，高階文官需建立跨域治理機制，從自己專業去提出另類思考建議。因此，再一種決策與問題想定是：為提升我國食品安全把關量能，政府依不同面向規劃「前瞻基礎建設計畫」之「食品安全建設計畫」。問題意識是：試以食品安全建設計畫為例，從熟悉的專業角度（勿拘泥於是否屬於食品安全核心業務）切入分析，說明如何強化跨域治理機制？

同樣的跨域問題與決策還有，為了打造不缺水、不淹水、喝好水、親近水的生活環境，行政院推出「水環境計畫」。問題意識是：試以水環境建設計畫為例，從熟悉的專業角度（勿拘泥於是否屬於水環境或水資源核心業務）切入分析，說明如何強化跨域治理機制？

三、全局、協力與參與的心智演練

每個高階文官，或有志於擔任高階文官之菁英中階文官，都該利用主辦業務機會，或是主動參加進修與訓練，就基礎理論、基本技能、策略規劃與管理能力等面向，進行自我管理及訓練，鍛鍊心理與精神素質。針對各種問題與決策的議題、細節內容等進行鍛鍊思考，包括：

（一）用全局觀念思索政策問題

　　每個公共議題都是彼此相互關聯，而且需要各部會／部門協助，其他部會／部門也需要你部門的協助配合，這是前瞻性高階文官應該有的心智與倫理思維。

1. 如果我是主政單位，問題是什麼？如何拆解幾個小問題？怎麼轉換思考或換位思考？

2. 雖然我不是主政單位，但我現在業務，乃至於業務未來發展上有沒有關聯？我的業務該如何主動配合或準備配合？

3. 「這些與我的業務沒有關聯，等以後碰到再說。」如果這是你的公司，你還是會這麼想嗎？

4. 站在層峰或更高層級的後面，用同樣視角俯視問題，你覺得他們對這個問題或對你有何期待？

（二）思考有何商機而能吸引民間資源

　　解決公共問題，不能只想到怎麼花錢、把預算花光光，這是當公務員的不好習性。用新創企業角度思考，可能促成政府與民間、產業合作協力，找到永續經營的解決方式。

　　1987年前後，在時任行政院院長孫運璿、李國鼎及續任行政院院長俞國華等人的鼓勵和支持下，56歲的張忠謀決定親自創辦半導體製造企業。籌備公司之始，首先要解決資金來源問題。「行政院國家發展基金」出資約1億美金，占股48.3%，荷蘭飛利浦占27.5%，台塑等七家私人企業占24.2%（圖1-2）[4]。

---

[4] 這是股票投資的一篇文章，取材於「放長線釣大鯨魚」（痞客邦）。主題是：「賣好股是殺雞取卵？還是將金雞母雙手奉上？以台積電做舉例告訴你為什麼不要賣好股（大鯨魚精選）」。文章重點對一般民眾與財政日趨枯竭的政府來說，都有啟發意義。該文指出，行政院因預算支出或是促進證券流通市場等原因，逐步賣出台積電股票持股12.1%、2018年持股剩餘6.38%。國家政策有其考量，不過讀者可以稍做反思：假設行政院能堅持不賣台積電的股票，透過台積電的股利，今日國庫能多出多少資

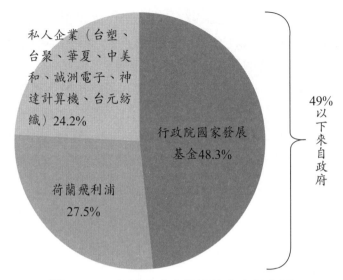

私人企業（台塑、台聚、華夏、中美和、誠洲電子、神達計算機、台元紡織）24.2%

行政院國家發展基金48.3%

荷蘭飛利浦27.5%

49%以下來自政府

▣圖1-2　台積電成立初期的資本額來源

資料來源：http://aa727995022.pixnet.net/blog/post/289275624?fbclid=IwAR3o_RXV2cycdF-ofo1s6e1kZUWvRM9SYdgWgmzkPLuKYoWTmmgnhiWBUOI，檢索日期：2019年5月27日。

　　大多數政府官員（也包括民選地方縣市長、立委）想要解決問題、滿足地方問政需要，都是編預算之後花光光（執行完畢），或是到年底拚核銷。未來可否也把台積電的這張資本來源圖印在心裡，也就是除了政府出資之外，還有什麼亮點、商機可以吸引外商、本地商願意投資（不管是資金，還是技術），不僅創造財務上永續經營的基礎，也共同分擔風險。

（三）集合眾人之智慧，突破本位困境

　　每個公共問題都是探索、拼圖的過程，需要結合眾人之力，共同生產

產？國家的負債能減輕多少？行政院當初決定投資台積電，那為什麼還要賣掉它？是不是有更好的辦法可以解決問題而不是賣台積電呢？（2018年外資占台積電近79%持股，總計領走1,455億元的股息）

服務。很多公務員怕麻煩、怕失敗、怕被究責、怕因圖利他人罪名被司法追殺。就是有這些種種風險，更不能閉門造車，應該徵詢、請教、拜訪公眾意見，增加政策的透明性、正當性與合法性。

不管在哪個職位，都得學會前瞻思考、策略規劃與風險管理，擔負起未來國家發展的責任。而學習的方法，不外乎自主演練再演練。高階文官可從院級、部會級、機關級不同角度獨立作業或團隊合作，依據想定條件、蒐集資料擬定多種策略構想，更要將策略構想與總統政見、行政院重大施政計畫的使命、任務緊密結合。

CHAPTER

2

政策問題、議程設定與政治可行性分析

- 第一節　公共問題、議程建立與策略
- 第二節　利害關係人各理論及政治可行性分析
- 第三節　參與式治理與應用

第一節　公共問題、議程建立與策略

壹、政策問題、性質與結構

一、政策問題的意義與特性

所謂政策問題是指，「在一個社群中，大多數人察覺、關心到一種情況，與他們所持有的價值、規範或利益相衝突，產生需要，或感知對現狀不滿意。透過團體的活動，向權威當局提出，而權威當局認為所提出者屬其權限範圍內的事務，且有採取行動，加以解決的必要者」（林水波、張世賢，2006：65）。

就問題建構而論，學者William N. Dunn認為由於政策問題具有相依性、主觀性、人為性及動態性等特性（丘昌泰，2013：145-148；馬群傑，2011：77-78），知道公共問題所具有的特性，可幫我們釐清問題關鍵與本質，從而可能以正確的方法去解決問題。

（一）相互影響：指某一範圍內的政策問題，經常會影響其他領域的政策問題，因此，在解決整套相依／互賴性的問題時，必須採取整體性的途徑。

（二）政策問題具有主觀性：指政策問題為人類（尤其是政策分析人員）心智上的人工製品（選擇性界定、分類、解釋與評估），經由人類判斷將經驗轉化而成的。

（三）人為性：政策問題乃是人類主觀判斷的產物，問題如果離開了界定它的個人或團體們，它就不可能存在。

（四）動態性：政策問題的內容、解決方法，總是隨著時間及空間的推移而不斷變動。

（五）整體性與層級性：政策問題是有整體性、全局性與層級性，而且整體大於個體的總和，看問題必須要有全局觀，因為政策問題系統之間乃是整體性的，不能被分解為獨立的、不相關聯的，以及互斥的個別部分。

二、政策問題的層次性分類

Dunn認為政策問題就層次性（由高到低）可分為（丘昌泰，2013：148-149）：

（一）主要議題（major issues）

這是指非常重要且層次最高的問題，所涉及的風險及不確定性就越高，該項議題又稱為「策略性問題」。因此，主要議題是指政府部門必須面對的整體性問題，解決該問題的整體策略必須包括：
1. 整體發展方向的預測，例如少子化、老齡化、溫室效應與氣候變遷等。
2. 整體社會的長期發展目標的設定。
3. 負責協調各層級問題的規劃、執行與評估，以及進行績效考評。

（二）次要議題（secondary issues）

這是指某個政策領域中主要議題之下所必須面對的問題，涵蓋範圍比「主要議題」狹窄，層級較低，解決該問題的策略主要是界定標的團體、研擬計畫目標與執行策略。

（三）功能議題（functional issues）

這是指行政機關為了執行次要議題所必須面對的預算、人力、物力、資訊科技等問題。

（四）輕微議題（minor issues）

這是指達成目標所需要的具體行動措施，乃是最低階的問題，也是指涉最狹窄的議題，因此又稱為「戰術性（tactical）問題」。

根據問題由高到低的層次性，問題層次越高，問題性質越複雜，不確定性越高，政策制定大都是總體目標，所涉及的都是屬於「策略性」決

策。若層級越低，問題的性質越趨簡單，確定性程度亦越高，政策制定的是技術性單位目標，所涉及的決定大都是屬於「戰術性」決策。

三、政策問題的結構性分類

Dunn依照決策者、方案、價值、結果及或然率（機率）等五項標準，將政策問題分為三種結構類型（丘昌泰，2013：149-151；林水波、張世賢，2006：75-76）。以下就上述三種不同的政策問題的性質，區辨如表2-1：

■ 表2-1　政策問題的結構性分類表

標準 要素	問題結構		
	結構優良	結構適度	結構不良
參與決策者	一個或少數幾個	一個或少數幾個	許多
方案	有限	有限	無限
價值	共識	共識	衝突
結果	確定或風險	不確定	未知
或然率	可計算	不可計算	不可計算

資料來源：林水波、張世賢（2006：77）。

（一）結構優良的問題（well-structured problem）

1. 指涉及一個或少數決策者，以及只有少數幾個政策方案的問題。
2. 政策目標所顯現的規範性價值，可根據決策制定者的偏好加以排列。每一個方案都在確定的、或很少風險的情況下，可計算出執行結果。
3. 此類政策問題是一個可以完全電腦化的問題，政策方案的後果可以透過電腦程式而加以預測。此一問題乃是非常專業的技術問題，專家學者或工程顧問公司扮演積極的角色即可，民眾或環保團體很難有任何的接觸點。在政府機關中，層級較低的作業問題，都可以視為結構優良的問題。

（二）結構適度的問題（moderately structured problem）

1. 指涉及一個或少數決策者，以及相當有限數目之方案的問題。
2. 對於政策目標的價值具有相當共識，但是執行結果既無法在確定清況下計算獲得，也不能以最少的風險計算得知。換言之，方案的執行結果是不確定的、錯誤的，或然率是無法加以估計的。
3. 典型的結構適度之問題是以「賽局理論」為核心的政策模擬問題。例如，我國行政院對立法院所進行的「模擬問答」就是屬於此一類型問題。因為行政院可以透過事前的縝密規劃，推測立法院、或是某些立委委員、立院黨團對於某些爭論性議題的立場與策略，從而研擬出立法攻防對策。

（三）結構不良的問題（ill-structured problem）

1. 指攸關多元多種決策者與政策方案。
2. 政策利害關係人對於政策目標不具共識，甚至相互衝突，無法排列其優先順序。其次，政策方案的後果是難以預估，發生的機率也是無法計算的。
3. 結構不良的政策問題，對政策方案的偏好順序不具有遞移性。所謂遞移性指的是如果A→B，B→C，則A→C，符合這個規律就稱為具有遞移性，也就是說，偏好是可以比較、交換的，結構優良及適度的政策問題常具有遞移性，偶而會稱之為「第一類型的政策問題」，或是第一層次問題。

　　我們日常所面對的重要問題，大多是結構不良的問題，因為各種複雜的政策問題，具有相依性、主觀性、人為性及動態性，所以，有時候要做第二層的思考：**真的是我們表面看起來的樣子嗎？誰受益？誰受害？**

　　公共政策乃是一套相關、具有層級性的整體配置決定，由許多政策利害關係人所制定與影響，所以決策者並不是一人或少數幾人，其價值偏好也不一致，決策過程與結果往往因為利害關係人衝突，所以對目標產生共

識並不是原則，而是例外情形下才會有共識。

四、對結構不良問題／棘手問題[1]的解決之道

（一）棘手問題的意義

　　「棘手問題」（wicked problem）概念由Rittel與Webber（1973）提出，用以說明一個具有不完整的、相互矛盾的、難以或不可能解決的，以及難以識別且不斷變化需求等特質的問題。每個公共政策都是雙面刃，由於複雜的相互依存關係，解決一個問題，往往會揭露、衍生其他問題。一般來說，這類問題有以下六項標準，包括：

1. 問題難以被界定，直到解決方案已被提出。

2. 問題的解決，沒有一個確定的終點。

3. 沒有所謂「正確」或「錯誤」的解決方案，只有更好或更壞的。

4. 每個問題都是獨特的，並存在於特定的系絡中。

5. 解決一個問題，其嘗試都是獨特的，且可能會影響一系列相關的問題。

6. 問題本質上是不穩定、抗拒解決的，因爲政策干預措施，將涉及到多元利害關係人。

（二）棘手問題的因應對策

　　處理棘手的、非結構性問題的策略有以下四種，包括：

1. 以更廣泛的思維來思考政策變項、更多的選擇方案與可能的連鎖效應，以系統思考的方法來瞭解原因及影響。

2. 合作與協力，藉由功能性合作網絡，以增加瞭解問題本質及其眞正原因的可能性，並有利於形成問題的臨時解決方案。

3. 新的領導角色、組織應視所面對棘手問題的情境，靈活選擇轉換型領導（transformational leadership）、調適型領導（adaptive leadership）或合

---

[1]　wicked本意是壞的、邪惡的、缺德的、刻毒的、惡劣的、淘氣的。

作型領導（collaborative leadership）的方式。

4. 活化結構和過程，包括：重組組織結構、預算編制和財務系統、績效衡量和方案評估的策略方法，以及人力資源管理等面向。

　　最後，關於這四項策略，其中第一項以更廣泛的思維來思考政策變項、選擇方案與連鎖效應，以及第二項合作與協力，均有助於公共政策棘手問題本質的釐清及問題建構。至於第四項，則是由策略聚焦方式思考資源之運用（見本書第三章）。

貳、議程建立 / 建構 / 設定（agenda building or setting）

一、議程建立（或設定）的意涵

　　社會上每天所發生的公共問題非常多，它們會經由各種管道提請社會及政府機關注意，希望能夠擠進政府機關或高階文官忙碌的處理議程內。不過，由於政府機關業務繁忙、資源有限，在處理各種問題時，理論上是按輕重緩急，排出優先順序。

　　實際上，議程設定的過程相當富有政治性，受到問題影響者除了要採取各種手段讓政府機關接納該問題外，還必須與其他已被政府機關接納的問題，競爭排入優先處理的程序（吳定，2003：73-74）。

　　有些議題是一般社會關心的，有些議題是會被政府認真考慮及採取行動的，這構成系統議程與制度議程之區別。

二、系統議程與制度議程

　　對於公共問題發生到進入政府議程內處理這個過程，柯伯（Roger W. Cobb）及艾爾德（Charles D. Elder）提出兩種議程概念（丘昌泰，2013：169；吳定，2003：74-75；Cobb and Elder, 1972: 85）：

（一）系統議程（systemic agenda）或社會議程（social agenda）

係指社會議題。引起了一般社會大眾的注意，認為政府機關應當加以適當處理者，但是尚未被政府機關接納及處理。此種議題通常比較抽象及一般性，政府機關未必會予以接納。簡單來說，系統議程本質上仍只是「大眾討論的議程」。

（二）制度議程（institutional agenda）或政府議程（governmental agenda）

係指（已）進入政府機關討論，加以研究並處理的公共議題，例如進行可行性分析，甚或編列經費預算（那怕只是先期規劃）、配備人力等。

議程建立或建構旨在說明，政府沒有能力、資源與關注度去處理每一個公共問題，因而有些政策議題會被政府重視或處理，而有些問題卻難以被政府所注意。另方面，政府想做，就一定能夠持續做，不想做，會找理由去遮掩，但是，有哪些因素讓政府想做或不想做？[2]

三、政府對公共問題的態度

政府會不會將一項公共問題轉為政策，要看政府或高階官員的態度。一般言之，政府機關對公共問題所持的態度有以下四種（林水波、張世賢，2006：111-112；吳定，2003：70-73）：

（一）任其發生

1. 政府有關機關對於已經發生的公共問題，採取消極被動的態度。由問題

---

[2] 決定政策議程之轉變，一般要看有沒有優勢主導力量、是否有人幫弱勢團體發聲代言、政策時機／機會之窗是否打開、有沒有政策企業家（policy entrepreneurs）與其運用的策略等，詳後說明。

的當事人自己界定問題、尋找問題提出者、爭取支持、影響政策過程等，政府機關只扮演相當被動的角色。

2. 政策問題的創始者，是政府以外的個人或團體。政府本身並不參與任何的黨派，也不加入衝突的戰場，管理團體間的衝突成爲它主要的工作。

（二）鼓勵發生

1. 政府從旁協助當事人界定與表達問題，鼓勵當事人把問題具體化並提出。政策問題，可以是政府創始的，或由政府所支持的團體或黨派所創始的。

2. 政府所扮演的角色，要比前一角色更爲積極，透過各種溝通途徑和方法來動員社會大眾。

（三）促其發生

　　政府在界定問題及設定目標上，扮演積極主動的角色。政府是問題的創始者，而且直接將政策問題，排定其優先順序於正式議程的項目上，完全不考慮政府以外的其他個人或團體對此一問題的看法與意見。

（四）扼阻發生（nondecision）

　　即當公共問題發生後，政府基於該問題之處理可能有礙於組織之價值觀或利益，因而當問題剛發生時，就設法動員社會上支持體制的力量，把問題壓抑下去，使其意見無法獲得重視，最好使該問題消弭於無形，亦即扼阻該問題進入政府的政策議程內。

　　若是該問題擋不住而進入政府機關政策議程處理，則機關再動員支持的力量，設法在政策規劃階段，讓方案胎死腹中。如果此道關口還是守不住，解決問題的方案不但規劃成功，並且付諸執行，該政府機關仍然有機會使該方案在執行階段執行失靈，例如不編列（或減縮）預算、提出「替代」方案、用行政流程阻擋等。

參、議程建立過程之影響因素

一、公共問題取得議程之條件

學者柯寧（Koenig）認為公共問題取得政策議程地位的條件，有下列幾項（丘昌泰，2013：170-171；Koenig, 1986: 120）：

（一）公共問題的性質

公共問題相當繁多，如欲進入議程地位，必須滿足下列條件：
1. 公共問題必須吸引大眾的關切，以及大眾傳播媒體大量報導該事件。
2. 公共問題必須是大眾期盼採取某種行動加以解決者。
3. 公共問題必須是大眾認為其隸屬於政府相關部門權責範圍以內者。

（二）政治領導的考慮

任何一個國家的最高領導者可以說是政策議程的最終決定者，因為他在競選之前通常都已經有一套政治優先順序表，即所發生的問題已經是政治領導者當時競選時的政見。

（三）利益團體的影響

利益團體有共同的理念、利益、地位、資源等，甚至還會採取及精通各種遊說策略，這都是促使公共議題進入政府議程的重要手段。

（四）危機或特殊意外事件的發生

如天然災害或意想不到的人為事件，往往使得公共問題具備危機程度（crisis proportions）與特殊地位（particularity），乃迫使該問題立即成為政策議程上的重要項目。

（五）社會運動的大規模舉行

大規模的社會運動是促成政府注意公共問題的最佳手段，目前我國民主化程度日益升高，社會運動已經成為相當重要的促進政策議程途徑。

（六）傳播媒體的大量報導

民主社會中，傳播媒體是公共問題的把關者，可以決定公共問題能否受到大眾的注意。例如持續追蹤或擴大報導，也可漠視或小篇幅處理。

（七）國際組織與外國勢力的影響

今天世界已經走上「地球村」的時代，國際組織與外國勢力對於國內政策議程的設定影響甚大。

二、多元流程模式：政策的機會之窗是否打開？

多元流程模式（multiple streams model）是金頓（Kingdon, 1984）在《議程、方案與公共政策》一書所提出的模式，說明如何設定政策議程。他認為議程設定過程中呈現出「鬆散的觀念組合」，而非「理性的統合結構」。議程設定過程包括三種流程，以及政策的「機會窗」（policy window）是否打開（丘昌泰，2013：174-176；魯炳炎，2017）。

（一）問題流程（problem stream）（或稱問題流）

這是指吸引決策者注意的問題組合，該流程主要關切重點：各類問題一直都在，何以決策者會特別注意某些問題？又何以會忽略另外的問題？如何使問題能夠受到決策者注意？對此，可以仰賴的機制主要是：
1. 指標：意指用來評估問題規模與變化的測量值，政府可以用許多的資料與報告來建構問題的圖像。例如：高速公路的死亡率、嬰兒死亡率、失業率等。
2. 重大的災難事件：鉅大的災難事件可能吸引大眾的目光，而使問題特別

受到決策者的特別注意。

3. 來自於計畫的回饋：例如選民對某項計畫的意見反映，或學者專家對於某項計畫的影響評估等，都可能促使決策者注意問題。

（二）政策流程（policy stream）（或稱政策流）

這個階段是指對於某項政策領域具有共同興趣與利益的行政官員、民意代表或學者專家等，開始提出各式各樣的概念與想法的階段。他們出現的形式不一：可能是公聽會、備忘錄、學術討論會、委託研究報告或對話等，這些概念的取決標準完全在於技術可行性與價值的可接受性，尤其是任何一項建議方案都必須符合決策者的價值，否則很難為決策者所接納。然而，這類文件、資訊或政策建議非常多，哪一份會被挑選？

（三）政治流程（political stream）（或稱政治流）

這個階段主要包括三種活動：

1. 全國思考心境：係指某時期內相當多的一群人，對於某件事是否具有相同的思考模式，通常民意調查就是探索民眾思考心境的方式，或是發生危機、重大災難時，就會產生一致性的全民性思維。

2. 利益團體的遊說活動：國會議員經常以利益團體的反對或贊成勢力，作為衡量政治勢力之共識或衝突的指標。

3. 立法與行政部門人員的更替率：國會議員結構的變化，將使得議程內的項目或重視的課題同樣受影響。例如，政黨輪替或若干部會首長換人，都將改變政策議程。

（四）「政策窗」是否打開可將方案丟進去？

當這三個流程在「關鍵時刻」連接在一起的時候，議題就容易進入政策議程，他把這種關鍵時刻稱之為「政策窗」。政策窗是稍縱即逝的短暫機會，經常是被政治流程的重大事件所揭開，在該窗內，各種不同的建議方案紛紛出籠，爭相提出解決問題的方案。

　　當政策窗開啓的時候，願意投資自己的時間、精力、名譽、金錢於該問題上的「政策企業家」必須立即抓緊政策窗開啓的機會積極參與。一旦窗子關上喪失機會，他就必須等待下一個機會。

　　政策企業家必須堅持，且要有高度的動員及結盟技巧，將問題與方案連結，將政治與其想法連結。一旦能將問題與方案、政治與想法連結，則議題就容易突顯，進入議程地位。

　　最後，爲何有些議題會如此受到決策者注意？根據金頓的解釋是：

　　（一）問題流程發生影響甚大的災難事件，使得決策者不得不處理該項問題。

　　（二）在政策流程中，有一群對該問題專精的參與者提出各種解決方案。

　　（三）在政治流程中，找到最具影響力的參與者影響決策者接納該意見，使得該問題進入政策議程。

　　議題是否能夠進入議程，端賴問題、政策與政治三者流程的連結時機是否恰當，以及政策企業家的策略運用。

肆、議程建構／設定中政策企業家之策略

一、政策企業家之意義及特質

　　政策企業家的概念在過去三十年中獲得了學術界的關注。在金頓（1984; 1995）的研究中，首先將「企業家」（entrepreneur）一詞應用於公部門，並創造出「政策企業家」的概念。

　　金頓（1984）認爲，政策企業家是個體或集體的行動者，基於對特定問題的高度關切，或是追求自我利益，或是保障組織的預算或政績，或是基於政策價值的提升，乃至於尋求參與決策過程的樂趣，在政策制定過程中發揮著至關重要的作用。

　　政策企業家掌握機會窗，將解決方案（政策流程）、問題（問題流程）及政治（政治流程）加以結合，他們必須能夠洞察機會才能抓住機

會，要具有社會敏銳度，並且能堅持不懈，善於將問題連結到他們的方案上，同時能與支持他們想法或方案的政治人物合作結盟。

一般來說，政策企業家具備以下特質（Mintrom and Norman, 2009: 651-653; Pepin-Neff and Caporale, 2018）：

（一）願意投入大量時間、精力、金錢等資源，以實現他們的創新想法及概念，使提案被接受爲政策。

（二）社會敏銳度或洞察力。

（三）建立團隊或結盟。

（四）強烈的信念，以及用耐心和韌性去堅持。

二、政策企業家推動政策變遷之策略

布洛瓦（Brouwer）歸納整理出政策企業家的策略，共可分爲四個類型及10項策略，分別是：（Brouwer, 2015；轉引自徐幸瑜，2019）

（一）注意力和尋求支持的策略（attention-and support-seeking strategies）

爲證明問題的重要性，並使廣泛參與者相信政策主張，可採用三個策略。

1. 以科學證據與論述爲基礎的展示策略。政策企業家常努力蒐集事實證據及指標來說服公眾，並致力澄清謠言。除突顯問題的重要性外，並進一步展示解決方案的適用性和價值。再者，耐心回覆大眾的質疑與問題，提升公眾對此議題之接受程度，同時也充當和事佬（broker）在行動者之間協商。

2. 問題建構與修辭說服。語言、修辭與話術是影響問題和解決方案的有力手段。行動者在試圖讓別人相信問題嚴重性和公共價值時，可針對不同的受眾，以不同的方式包裝、建構或呈現相同的問題，調整說話的方式，並決定問題及解決方案的哪個面向需要強調或淡化。

3. 利用焦點事件、虛實整合的策略與曝光。媒體時代，透過社群媒體平台的串聯力量進行議題行銷，破解流言，可獲取更多議題曝光度與大眾注

意力。其次，可以走入實體社會與支持者接觸，在各地區尋找場地辦理座談會或演講。

　　憑心而論，要做這些工作非常辛苦，而且常是無薪性質，支持政策企業家持續下去的是信念，而不是有形利益。

（二）鏈接策略（linking strategies），與聯盟、方案、想法和政策賽局中的其他各方鏈接，在國內國外建立聯盟、議題鏈接和賽局鏈接

1. 藉助外部力量共同發揮影響力。政策企業家難以依靠自己的力量推動政策變遷，也不可能與政府力量合作，所以會透過各種方式，與其他政黨、方案、想法、個別有力人士進行合作。
2. 出口轉進口引進國外倡議力量。除了進行國內活動，也可向國際發聲，串連國際友人、環保人士、國際科學家力量，請他們發表國際公開信與呼籲。國際上很多鬆散的非實體組織，能實質影響政策。產生影響力的最好策略就是「影響輿情」，在國際媒體撰寫文章，傳遞事實與訊息，由外銷轉內銷而影響國內輿情。

（三）關係管理策略（relational management strategies），管理政策變遷軌跡中的關係因素，包括信任建立和網絡策略

　　政策變遷的成功，很大程度為取決於人際關係。每個人都有或多或少的關係，看看你的通訊錄、Facebook或LINE的好友名單，就清楚人際網絡的意識及效用。政策企業家投入大量的時間及資源於經營網絡及建立信任關係，以助於目標之達成。

1. 可運用自身的人際網絡，號召自己的朋友以義務性質擔任志工。每個人都有不同專長，有負責美工、漫畫、音樂、網站管理、設計、服飾等，政策企業家有機會透過信任鏈而發掘兼職人力，且讓大家感覺自己有能力改變政策且改變社會。
2. 運用信任鏈的連鎖，讓志工延伸自己的人際網絡。讓志工或好友邀請親

朋好友協助與進行串連,使得參與者在活動事件當天見面而互相認識。這些真心付出的志工才是成功改變政策的關鍵。

3. 信任及信念產生力量。所有公共議題、政策與政治活動都依靠「信任」產生連結,唯有彼此信任,才有可能支持、關心、投票、採取行動。

(四)競技場策略(arena strategies),以影響政策企業家行動的時間和地點,包括場域競爭(venue shopping)和辨識時機的策略

1. 開闢新戰場。當政策企業家的策略與倡導到達某個時機點,會需要開闢新戰場。

2. 嘗試敲開政策窗,把政策提案遞進去。例如把政策場域從網路社群轉移到實體社會,由社會矚目轉移到行政部門、或是轉移到國會、轉移至公民投票、轉移到國外與國際場域等。

在感知到機會窗可能打開時,把握契機,透過豐富多元的策略推動政策變遷。這些策略可能隨著時間演進而重複,也可能同時被使用,策略之間也會彼此相互增強。

伍、政策企業家的聯想案例:英國脫歐之戰與多明尼克‧康明斯

2015年,英國脫離歐盟的呼聲越來越大,不僅造成國內對立,也成為世界注目的焦點。英國BBC與HBO的合作,拍攝關於「英國脫歐」的政治影集《脫歐之戰》(*Brexit: The Uncivil War*)。

該劇由英國男星班尼迪克‧康柏拜區(Benedict Cumberbatch)飾演多明尼克‧康明斯(Dominic Cummings),他在當時被任命為「Vote Leave」(脫歐)官方競選組織的首席策略家和總監,且主導脫歐運動。

一、政策企業家其人

康明斯不是政治素人，他曾在保守黨的政府部門與公共事務單位中多次進出，之後賦閒在家，直到政治公關顧問馬修與獨立黨國會議員道格拉斯（極端右派、堅定脫歐派）找上他。雖然脫歐本身不是（或不見得是）康明斯的夢想或期望，但這個議題是一件可以證明他價值的機會。

二、英國脫歐公投議題的環境與問題

歐盟因東拓增加新的會員國，也為了協助候選／會員國的加盟條件而給予各種協助及優惠，連帶增加歐盟龐大債務，歐債危機蔓延，越來越多的移民也衝擊到英國本土就業機會，導致脫離歐洲的呼聲越來越高。成功連任首相的前任保守黨首相卡麥倫（David William Donald Cameron），面對壓力也不得不宣布要透過公投決定脫歐還是留歐。

三、機會之窗打開

英國獨立黨一直主張脫離歐洲，保有大英國協的獨立主權，卡麥倫首相宣布公投，對獨立黨來說是個絕佳的機會。作為獨立黨唯一的國會議員，在面對具有執政優勢的保守黨政府時，道格拉斯希望找一個有能力的人來領導公關活動。於是，他與政治公關顧問馬修找上康明斯，並且保證、再保證給他最大空間和權力，由他決定策略部署，不會像過去其他人那樣毀棄承諾。

該次脫歐公投是一場實力懸殊的公關戰爭，脫歐派面臨的對手除了同為右派的保守黨政府外（保守黨內部除留歐派之外，也有不少疑歐派／脫歐派議員），還有堅定留歐的主要政黨（例如與保守黨交互執政的工黨），而且留歐派掌握4,000萬選民的基本資訊，也享有龐大執政資源。

四、政策企業家的謀略：組合方案、問題與新科技

　　康明斯等人只有空蕩蕩的辦公室，一切從無開始，身為倡導脫歐的總監，他運用自身對於新政治的掌握，也將政治謀略結合大數據技術，於發動全民公投之際，透過社群數據分析選民、精準廣告投放，操作焦慮與恐懼去炒作議題。

（一）調查社會需求，瞭解底層的焦慮及恐懼

1. 到庶民生活場域親身接觸一般民眾。康明斯實地到酒吧、遊樂場、撞球館、咖啡廳等地方與民眾接觸，用閒聊方式獲得真實的社會想法，甚至到從沒有政治人物到訪過的家庭去拜訪。在形形色色的接觸中，詢問民眾對歐盟有什麼看法？對新移民、新會員國有什麼看法？對土耳其即將加入歐盟有什麼看法？當然，從提問中就能看見預設立場或誘導式答題。

2. 底層民眾需要推力重新掌握自己的生活（take control）。從訪談過程，也揭露出真實社會的某些面向。許多東歐小國加入歐盟，越來越多移民進入英國，也與英國中下層勞動者爭奪就業機會，整個社會越來越不滿：不管你們吹噓得再好，實際上我的生活越來越糟。

3. 當權派傳統調查方法，得出「傳統」的意見。與游擊式訪談相比，當權派的競爭對手採用的是傳統焦點團體訪談，也就是透過一組精心挑選、身分背景都不同、但是有人口代表性的參與者，引導他們分享彼此對歐盟的經驗和看法，並從他們的討論中得到更多意見。

（二）新科技、新方案：社群媒體與大數據分析

　　在獲得真實社會聲音後，接下來就是要滲透及鼓動民眾去投票脫歐。康明斯的做法是利用社群媒體，配合大數據分析的各種宣傳技巧。

1. 找出過去在選舉當中的「沉默多數」。包括：鎖定平日不常參與政治活動，但對當前政府政治充滿憤怒，卻又很少去投票的一群人，針對其個

人偏好，計畫性地投放令他們看了會感到義憤填膺，甚或焦慮恐慌的假新聞予以誘導，乃至左右他們的投票取向。

換句話說，要用感情、恐懼、理想與抱負去反覆說服，引發心理共鳴，而不是傳統的做法，例如訴諸理智、數據與經濟預測。

2. 利用大數據分析去影響更多民眾。傳統拉票方式是與民眾直接接觸、發放海報、傳單等，但是康明斯轉向接觸「聚合分析」（AggregateIQ, AIQ）[3]的創辦人馬辛漢（Zack Massingham）。根據馬辛漢的說法，英國公投提供足夠大的樣本數量，可測試他們的人工智慧、社群網路與大數據分析技術。在英國有近300萬人不去投票，因此從未被納入民意調查的政府資料庫與樣本當中，這是各方從不知道的一大群對象，他們想脫歐，但又擔心生活水準、工作機會被影響，以及對脫歐後的未來感到不確定，因此這是值得關注的一大群體。

3. 運用人工智慧下的精密演算法，精準鎖定政治族群。人工智慧蒐集民眾的網路行為與模式，定向投放廣告，這又涉及到「假訊息」的作用，也就是利用數十億個誘導性廣告，以及釣魚式有獎徵答，讓那些原本遠離政治之人的數位足跡被發掘出來[4]。

聚合分析能從按讚、點擊、分享等日常不經意的網路行為，由人工智慧透過深度學習，檢測出特定廣告或訊息的效果，點擊越多，越能瞭解民眾，廣告就能精確鎖定，針對成千上萬人的聯絡人，可以蒐集他們網路行為模式與偏好，進而透過他們去宣傳。

4. 小結：任何人只要上網，不管是看新聞、點讚或分享、或是到Google當

---

[3] 「聚合分析」是一家設立於加拿大，運用新科技的政治公關與諮詢機構，2013年由馬辛漢所設立（就是脫歐之戰出現的年輕科技男），進行資料探勘、分析與數位行銷，也設立劍橋分析軟體平台。

[4] 「假訊息」原是指不會造成社會恐慌、沒有真正惡意的訊息，例如用運動比賽有獎徵答，猜對比賽結果可贏得5,000萬英鎊（但是誰會真正在乎能夠獲得大獎？），由此追蹤每個人的數位足跡。後來發展出殭屍帳號、假的社群粉絲專頁等，甚至還有買下整個粉絲專頁，或是操作網路投票。

中搜尋、找地圖等，都會被聚合分析這樣的組織或機制觀察。例如最大規模被滲透的社群網站是Facebook，根據人們到Facebook的上網行為，就可以推測他為何熬夜、他何時不愛一個人了。

（三）組合各要素，推動政策變遷

康明斯透過聚合分析，找到那些有脫歐傾向的人，或是過去不願投票的人，這些都是傳統民調4,000萬人資料庫中，未被發現的潛在選民。這讓康明斯的公關策略有個強有力的工具，讓他心動又不安，畢竟倡導脫歐的力量並不是執政黨，沒有任何權力，也無法保證脫歐之後就會有他們所稱的那些效益，完全只是給選民一個希望的口號，他們無法承諾，也不用負擔責任。

最後的結果大家都知道了，就是脫歐公投成功，但直到2020年初，英國都還在處理脫歐日程。我們要強調的是，電影所呈現的人事物，與政策企業家發揮影響力的過程十分相近，包括要有適合的環境、臨門一腳的機會、方案、問題等，全部都組合在一起，缺一不可。

陸、政策企業家與其策略對高階文官的啟示

政策企業家成功推動政策變遷，需要透過長期的社群經營與實體社會策略，以倡議團體形式、科學事實為基礎，致力於公共議題之推進。對於高階文官來說，這意味幾個層面的啟示。

一、政府及高階文官當是外界政策倡議與抗爭的對象／「防備方」，要更敏銳感受時代的脈動與社會期待，用創意去化解更大的衝突。

體制外力量嘗試提出新的提案以改變政策形象，是否意味目前政府做的不夠，或某些社會需求被政府忽略且遺漏？我們目前政策是站在熟悉且好處理的立場去扼阻新提案？還是站在弱勢利害關係人立場？是不是我們做錯了？這些都是政策風險的警訊。

政策會發生改變、政策企業家的行動成功，甚至政黨輪替，真正的原

因是，**慢慢聚積起來在社會的各種問題、累積於人心裡的憤怒與恐懼。這些憤怒與恐懼，被舊政治、操控話語權與資源的傳統政治菁英所忽略，而被政策企業家、新政治、新科技所分析，精確地挖掘出來。**

當社會提出新呼聲，不要視之為洪水猛獸，而是用更包容、寬廣的態度，到現場去蹲點、接觸當事人，實地體會究竟發生什麼，別太信任當權者、底下文官（常常只報喜不報憂）、優勢團體與既得利益者的話語。

二、政府高階文官最有機會促成政策變遷，應該嫻熟與運用合宜政策變遷策略。面對未來二十年至三十年少子化／老齡化、氣候變遷、食品安全、水資源、防災與都市更新等策略性議題，應該領先社會做好前瞻性規劃。

三、政府應該善用大數據技術。在社群媒體時代下，可以很低的成本，透過網際網路對社會大眾進行政策推銷，甚至跨越國界快速將訊息擴散。

四、注意新媒體、新政治的侷限，以及對民主政治的傷害。社群平台能接觸到相當大部分群體，但是對於不常接觸網路、不常使用智慧型手機或平板電腦的民眾，政府仍需要與他們進行實體接觸，包括實地到市場、學校門口（上下學須要接送學童的時候）、遊樂場、咖啡廳、小吃店等地方，與民眾接觸，用閒聊方式獲得真實的社會想法，甚至到曾經發生社會矚目爭議事件的家庭去拜訪。

第二節　利害關係人各理論及政治可行性分析

高齡社會、少子女化、貧富不均及青年就業問題等公共治理議題，無一不是相互交錯、互為影響的跨域政策議題。政策方案能夠被接納必須考量政治因素，那麼，評量政治可行性的重要因素有哪些？推動政策能夠被接納的政治策略有哪些？

壹、利害關係人會接納改革方案嗎？

一、利害關係人概念的重要性

公共問題與決策過程，重要且困難的問題就是：「誰的意見應該被考量？」（Who should be counted?）理論上，當然要考慮全民（或是功利主義者所說最大多數）意見與利益，但是基於專業知識、參加成本、資源與資訊集中等因素，最常參與決策的，往往是政府技術官員、民意代表（代議士）與優勢利益團體（符合寡頭鐵則）。

然而，以往封閉、密室性的決策過程受到批評，專業上「好」的政策並不一定等同於「能通過」，過分注重技術與專業性議題，沒能注意到政策的政治可行性評估及失敗風險，因而立意良善的政策鎩羽而歸，或是政策急轉彎、朝令夕改的情形比比皆是。

隨著台灣民主化、參與化、知識普及化與資訊科技的持續發展，決策也逐漸向外開放，因此有「參與式規劃程序」（participatory planning process; Forester, 1999）與「參與式政策分析」（participatory policy analysis; Druning, 1993; Geurts and Joldersma, 2001）、參與式預算等參與式治理的各種主張。

二、「利害關係人」的意義與分類

1980年代開始在企業管理受到重視的「利害關係人」觀點，受到公共政策理論引用，轉化成為政治可行性分析、政策行銷或是政治公關的實踐基礎。

政策分析學者William N. Dunn（1994: 85）將「政策利害關係人」（policy stakeholders）定義為：「**不論是能夠影響政府決策，或是受到政府決策影響的個人或團體，都是政策利害相關人。**」時至今日，利害關係人的分析與政策網絡管理（network management）、政策倡導聯盟架構（the Advocacy Coalition Framework, ACF）結合，可作為問題解決與策略

規劃的重要內涵。要能強化政治可行性與社會接受度，起點是指認利害關係人。

（一）Dunn的分類方法

Dunn（1994）認為，從政策的直接關係來看，利害關係人有三種：

1. 政策制定者：設計、規劃與執行政策的團體或個人。
2. 政策受益者：政策執行過程中，直接／間接受到利益的團體或個人。
3. 政策犧牲者：政策執行過程中，直接／間接喪失應得利益的團體或個人。

（二）從認定的方法／途徑角度分類

1. 因為法令強制與規範，例如法律所界定的弱勢團體。
2. 地位：參與者在政策制定結構中占有一定地位。
3. 聲譽：在社會上具有聲望，認為他對政策領域有影響力。
4. 社會參與：參與社會／抗議活動之積極程度去認定。
5. 意見領袖：社會上某些人具有影響輿論的力量或管道。
6. 人口統計：依據年紀、性別、族裔、職業、教育程度等進行分類。
7. 組織：由政策所涉及的各種團體、組織與機構，例如承包商、內部成員、消費者等。

（三）Brinkerhoff與Crosby的分類方法

如果就所有的人民都當作利害關係人，對實務工作幫助不大。因此，Brinkerhoff與Crosby（2002: 142）提出三個標準（劉宜君等，2005）。

1. 社會壓力團體：一個組織對於某項政策，在民眾支持上能夠產生建設或破壞的影響，這個組織必須被考量。
2. 政府機關或政治團體：如果一個組織的出現，能夠對政策合法化或是執行單位的正當性產生正面影響，這個組織必須被考量。

3. 專業團體：一個組織能夠影響政策內涵與方向，這個組織必須被考量。

　　若從具體策略與操作面來看，可注意到具有否決權的「否決點」（veto point; Immergut, 1992: 66），也就是有能力左右法案修正通過的相關個人或團體，也就是他們說了就算數。

（四）技術、組織與人的TOP觀點

　　學者Mitroff與Linstone（1993: 101）認為，理性技術、成本效益、計量分析呈現出技術觀點的政策方案，難以解釋為何執行失靈。公共政策不只是技術能力，更要看人的需求、接納程度，以及組織之間的協調配合。

1. 技術（technical）觀點：反映出政策的最適化模型、因素分析、成本效益分析等技術理性面主張。

2. 組織（organizational）觀點：每個組織有既定的歷史、記憶、利益、作業程序與規範，以及對於哪個政策預算最優先會有不同觀點，但其他機關不見得一定支持或一定反對。若要其他機關配合，需要考慮溝通與協調，例如我國離岸風力發電政策，須考量到風場面積最大的彰化及雲林縣政府的立場（詳見本書第五章）。

3. 個人（personal）觀點：個人感知、需求及價值都不同，看問題的立場也會不同。

　　政策之成功或失敗，未必是政策本身因素，有些立意良善、論證清楚、合乎成本效益的政策也常會挫敗，原因很常是標的團體（人）因素，以及其他機關的配合與否的問題。因此，Mitroff與Linstone（1993）認為，單一論點無法解釋複雜的政策系統，決策者應該察覺並蒐集三種不同類型的資訊，只有綜合考量，才能提供豐富且堅實的決策基礎。

（五）更簡便的分類方法：支持、反對與中立

　　更寬廣的利害關係人界定：任何組織或實體，或是任何自認對於組織及政策運作有興趣的人，不論他們基於什麼理由，都可稱為利害關係人。

　　這種界定意味著任何組織或人，都可能是利害關係人。雖然這種定義

◨ 表2-2　TOP多元觀點比較圖

	技術觀點	組織觀點	個人觀點
目標	解決問題	要採取什麼行動、組織穩定性、要符合我們的程序	追求權力、影響力、特權的最大化
一般特性	實事求是、理性、追求「真相」	利他、慈善、人際互動	競逐、自我中心、追求權力
分析模式	功能是否達到	詮釋、理解（彼此體諒尋求共識與調合）	批判性
決策標準	是否與事實相符	社會整體獲益	個人獲益

資料來源：Mitroff與Linstone（1993）。

太過空泛，實際上卻是最常被使用的定義，因為政策內容會受到不知道何時興起的意見、輿論與主張所導引，而此，往往是政策與策略規劃之初所始料未及的。

1. 支持者：基於個人利益而希望組織或政策、計畫能夠成功，例如內部成員、一般消費者。
2. 反對者：希望組織或計畫失敗，而可不再受到影響。
3. 中立者：即使會受到影響，但並不是很在意或關心爭論什麼。這類是最常見的，例如許多國家大多數電力來自核能，理論上每個民眾都是利害關係人，然而多數人對此議題不感興趣，他們的意見儘管未被表達，但這也是民主。

　　一般來說，議題的正面、支持意見，最好有二成以上，至於負面、反對者，最好低於一成。各方要爭取的，就是居間的中立聲音。

三、利害關係人特徵分析

　　接觸利害關係人之前，要先分析他們，例如誰是支持者或反對者？過去他們是否與我們有過接觸或互動？誰認識他們等。對此，我們需要做特

徵分析與繪製網絡圖像，從這些資訊中找到提高政治可行性的策略。

　　網絡關係路徑圖的簡報，要涵蓋以上各參與者，每個參與者都要蒐集成長背景、國會或議會表現（因在參與者中，各級民代最重要，但也有一些人具有差不多或稍少些的重要性及影響力）、對環保等社會運動與議題的興趣程度、是否打算連任。此外，要說明地方各級議會或代表會狀況、其他組織或協會、媒體等。

（一）必須知道誰是關鍵的參與者

　　政策議題的支持者與反對者是誰？力量大或小？從網路的公開資訊中，要蒐集以下資料：

1. 現任國會議員。
2. 誰是前任國會議員？如果他很重要，而且想要復出。
3. 各級地方議會或代表會：蒐集他們的政治組成與發言紀錄、媒體報導等。
4. 地方各種協會的領導者，及其立場與觀點。
5. 地方矚目的議題，例如是否關閉學校或醫院？想要新的道路？
6. 地方媒體與競爭態勢。
7. 地方團體與競爭關係。
8. 全國性利害關係人、工會、商會等。
9. 其他重要資訊。

　　以上問題，可依據每個人或實體組織規模去修改調整。其中，議員或民代相當重要，所代表的選民極多，若公部門面對的議題是全國性的，國會議員的重要性就非常顯著，要知道他的問政議程（agenda），例如他是環保人士嗎？他對罷工等工會運動的觀點？

（二）繪製詳盡的政策網絡圖像，分析關係路徑

　　當代的政府開放形式、公開的資訊以及新聞自由，都能讓我們方便蒐集到豐富的公共領域資訊，這些能夠公開取得的資訊，可以製作各種比例

尺的網絡關係與路徑圖，有助於釐清政策資源、資訊與影響力的來源及走向，對決策者或分析者來說都是採取行動的指引。

　　政策網絡關係路徑圖的背景資料極為重要，每個專案及領域都要建立一份路徑圖，越詳盡越好，有助我們認識利害關係人或有用人士。

（三）關鍵利害關係人的細部區分

1. 隸屬關係，如供應商、顧客、員工等。
2. 受影響的，如住在工廠旁的居民。
3. 無法確認的，那些不知名的一般人士。
4. 可提供協助者，這些是可以幫上忙的。
5. 不聽話的、難以掌握的反對者。

　　網絡關係與路徑分析，對於政策問題及危機解決沒有太大用處，因為這類研究只是找出誰是敵人。反對者其實只有一小部分講話最大聲，但其實沒有代表性（他不是被選出來的，只是表達自己的意見）。利害關係人中，真正有助益的是第四類人士。

（四）找到可協助的中道力量，讓他們發表公允意見

　　在議程設定與政策規劃過程，對象區隔不是為了「好處理」，而是鼓勵他們講出該講的公道話，或發表前瞻性研究成果。每個可提供協助的利害關係人，他們的名字都要個別、深度討論，並正面思考以下問題：

1. 還有誰能夠幫我們、幫助政策？
2. 有其他組織或個人跟我們立場相同嗎？
3. 誰是最關鍵的人？
4. 他們立場是一致嗎？
5. 政府要做什麼，獨立、公允意見領袖才願意出面講講公道話？有時候會發現新朋友，支持者會從最不可能的地方出現，這些都需要平日的培養，也需要時間。

　　能提出公允意見的政策利害關係人，通常是獨立的，別想去指導他們

該講什麼或做什麼。越是不加干涉，他們的政策論述越是有利／有力。這些意見不是政策網絡的核心力量，沒有機會在常規政策設計中出現，但這不代表特定議題在支持或反對之外，或是沒有其他主張或研究，他們是相當專精的研究者，默默觀察、分析、知道當前最新研究與發現、甚至對政策議題有更前瞻性想法，即使是強勢的反對力量也很難反駁，這可是重要的槓桿與視角。

很多失敗、轉彎、無疾而終的政策方案，都是太晚接收公允的主張與論述。組織不能孤軍奮戰，務必要找聯盟幫忙。就像在國際的區域性戰爭中，美國即使不缺坦克、大砲、飛機，但仍需要英國等盟國的認同，以及感情與政治上的支持。

貳、政策網絡、政策社群與議題網絡

一、政策網絡

在政策的規劃、實施與整體形象上，「利害關係人」都不是獨立活動，彼此會產生相互依賴的群體，形成所謂政策網絡。換句話說，每個政策都有一些主要或次要的參與者，他們形成一個圈子，有自己的政策論述、影響政策內容、決定權力利益與成本的分配對象及方法，以及決定誰可以參加這個圈子，這就是政策網絡的基本內容。

（一）政策網絡的定義與要素

網絡是一種比喻，在於說明具有自由度的行為者之間，有著相互依存的、相對穩定的結構，他們之間的決策、互動、聯繫與溝通行為產生了決策（O'Toole, 1997: 117; Alter and Hage, 1993）。因此，行為者之間的互動關係與結構是網絡分析的重點（Whetten, 1981; Mandell, 1990: 34）。

政策網絡可以說是：「**兩個或兩個以上彼此互相沒有隸屬關係、但業務上有聯繫、有依存度的行為者（含機構機關）之間的結構與互動關係，並對互動關係加以管理以達成共同目標。**」（Whetten, 1981; Mandell,

1990: 34）這個定義，包括五個要素：1.兩個以上；2.互不隸屬的機構或行為者（相對自主）；3.相互依存與互賴；4.穩定結構與人事（至少維持一段時期，網絡內的行為者彼此認識甚至瞭解）；5.在網絡內從事一些管理行為（採取主動態度，為方案與政策爭取支持與資源）。

　　在圖2-1政策網絡示意圖中可以看出，雖然網絡是以A組織為中心建構出來的，並以粗實線與參與者B、E進行互動與聯繫，但是B、E兩組織各有資源以及網絡，具有相對於A組織的自主力量。如果A能夠拉高視野，設法整合與管理全部參與者，將能善用其他外部資源，使政策的影響層面向外擴大。

　　在日常生活中，網絡管理與協力關係的重要性俯拾皆是。以地方政府打掃街道為例，除非公民不再隨地丟棄垃圾，否則單憑政府設立清潔隊投

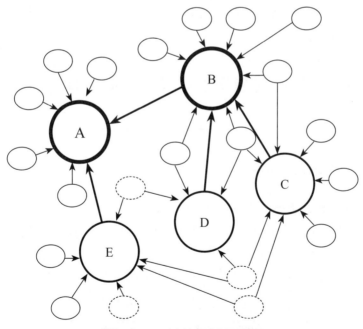

▣ 圖2-1　政策網絡示意圖

資料來源：Huxham（2003: 412）。

入大量人力，也不容易維持道路整潔。另方面，政府可與學校、社區團體合作，增加學生、住民等大眾對環境維護的體認，也可增加資源回收的價格誘因，鼓勵民眾參與環境維護。

推而廣之，中央層次的永續發展，不能只靠單一機關（環保部門），也要靠計畫、經濟、企業，及其他管制機關的協力參與。因此，如何經營、維持與管理網絡中的協力關係，甚至評估協力網絡的成效，應該針對整體組織體，而不能只單獨評鑑單一組織或參與者的績效。

（二）政策網絡的特性

1. **政策形成過程的參與者是多元的**。中央與地方政府機關、非營利組織、企業團體、勞工團體等基於各自的利益與目標，都會涉入政策過程當中，形成交互依賴的複雜關係。

2. **這種複雜關係可能是正式的，也可能是非正式的（也就是不在組織圖當中）**。無論何種形態，任何一個參與者都無法全面掌控網絡關係，而必須以相互合作與資源互賴的方式，完成政策的制定與執行。

3. **網絡中的每一組織，都依賴其他組織提供奧援或支持**。交互依賴、相互依存的互動關係（interdependency），是網絡中最為核心的概念，每個政策所需要的支持，再多也不嫌多、多多益善。

（三）政策網絡的管理

1. 傳統與當代的網絡管理模式之對比

(1) 傳統的網絡管理模式──國家機關中心論。過去學理及實務經驗指出，政策／網絡的管理是國家機關的責任，國家以高高在上的態勢，建構森嚴的法規體系，對於政策網絡採取高度限制與規範的管理方式。隨著民主政治的進展，這種管理方式已無法為公眾所接受。

(2) 當代的網絡管理模式──國家與社會共同治理論。國家機關已經無法單獨治理政策網絡，但是國家與社會又是彼此依存、互相需要，形成資源交互依賴的政策網絡。

Kooiman等（2003）指出，當前政府面臨複雜性、動態性與多元性的環境，已經無法成為唯一的治理者，必須與民眾、私人部門共同治理、共同管理、共同生產與共同配置資源。

2. 宏觀面的政策網絡管理

從政策議題設定與前瞻性策略規劃來看，高階官員有義務與責任妥適處理宏觀治理議題。經營與建構宏觀治理的網絡架構，要注意以下面向（Sørensen and Torfing, 2005: 228-230）：

(1)設計及授權各式網絡，群聚利害關係人。每個公共事務需要不同面向的支持與資源，越多越好，宏觀面的網絡管理應該設法向外擴展，尤其是向民間企業、社區組織延伸。

首長要建立制度性誘因結構，例如種子資金（seed money）或是創意創業資金，吸引各種利害關係人參加，鼓勵社會參與者組成多樣、甚至是競爭性的網絡關係。

接著，挑選符合條件的人加以授權與訓練，並給予資源與決定權，讓他們在政府網絡當中承擔關鍵的角色，決定執行細節。

(2)探索問題、需求以爭取認同。不是給參與者什麼，而是要問他們需要什麼？要解決什麼問題？透過連結參與者的需求與問題，建立與我們政策核心的價值與策略。

(3)盤點資源。每個社群、團體、組織或個人，都可能有獨特但自己認為沒什麼重要性的人脈關係、技能、知識、經驗、歷練。只要志同道合聚在一起，都有機會盤點整理彼此的資源。即便都沒有資源，至少我們還有雙手雙腳與氣力，這就可以成就事業。

(4)共榮。好的網絡建構者，應該用願景、故事，描述未來以鼓舞大家，把餅做大而共生共榮。

3. 微觀執行面的網絡管理

以有意義、有挑戰性的客觀評估指標進行引導，透過願景、目標與指標，進行當面溝通與對話的積極協調，包括（Crosby and Bryson, 2005）：

(1)持續闡述共同政策目標的意義，提醒各部門採取共同步調。

(2) 蒐集關於其他國家政策發展的資料與報導，提醒當前共同的新問題、新挑戰，與提出解決方法的建議。

(3) 讓各方利害關係人都能在問題界定階段參與協力關係。鼓勵大家共同探索問題、提出方案，而不是由主政官員提出草案。

(4) 各業務承辦單位應辦理常態性聚會。針對廣泛的跨部會、跨層級政府、甚或跨領域議題，建立定期的高階文官、業務主管的經常對話機制或是例會，並且公開分享資訊，建立平日的資訊通報系統。

(5) 設置專司政策協調的組織或人員，例如合理擴增（或商調人力）、善用專案經理擔任任務編組的協調人。

(6) 辦理共同教育訓練、危機與急難事件的演練。除了在公務上要能認得出臉孔、叫得出名字，更要在日常建立起相互關心的私誼。

(7) 設計與使用正式或非正式的論壇及委員會機制，讓非政府部門的人士擔任主席或是召集人，共同促成政策變遷。

二、政策社群與議題網絡

（一）Rhodes關於政策網絡的五種分類

Rhodes（1999: 38-39）根據互動關係的穩定程度、成員的整合程度、資源互賴的程度三項指標，提出政策網絡五種類型，包括：政策社群、專業網絡、府際網絡、生產者網絡、議題網絡，分述如下：

1. 政策社群（policy communities）：關係穩定、常態的少數成員，在共同分擔服務責任基礎上所建構的關係結構，通常是以政府或有關政府主要功能的利益為關注焦點。

2. 專業網絡（professional networks）：以參與決策的專業人士為主所構成。

3. 府際網絡（intergovernmental networks）：以地方政府的組織或單位為主，廣泛地代表地方政府所有部門的利益。

4. 生產者網絡（producer networks）：經濟利益的主要代表，提供商品和專業知識。

5. 議題網絡（issue networks）：參與者數量龐大，互賴關係薄弱。

參考孫同文、林玉雯（2011）所寫〈一個或多個政策網絡？：中部科學園區開發與營運的個案分析〉，該研究繪製了中部科學園區的選址時期與營運時期的不同政策網絡（請見圖2-2、圖2-3）。Rhodes的五種政策網絡類型可以同時存在，而這些類型之間的相互運作影響了政策產出。另一方面，在政策執行的不同階段，新的行動者可能參與並且在某種程度上影響政策。

就全國科技發展而言，當時以行政院、國科會、經建會等中央政府部會所構成的政策社群一直主導著相關政策的發展，但是在科學園區的規劃、設置與管理方面，卻是以行政院、國科會以及所屬的各地園區管理局的影響力最大，每一個科學園區各自有獨立運作但彼此相關的政策網絡。

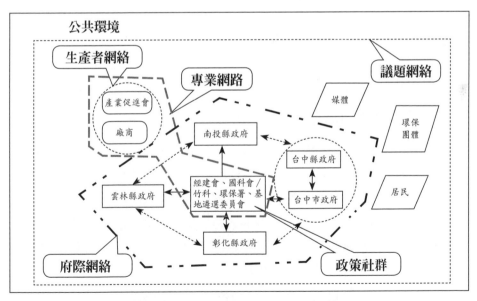

▣ 圖2-2　中科選址時期的政策網絡圖

資料來源：孫同文、林玉雯（2011：34）。

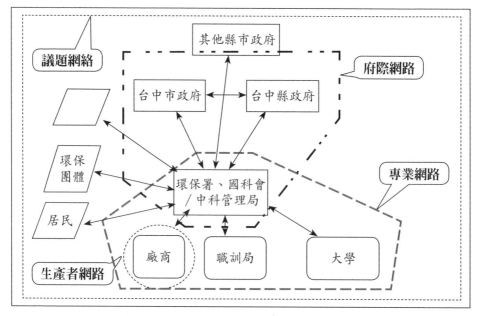

⬛ 圖2-3 中科營運時期的政策網絡圖

資料來源：孫同文、林玉雯（2011：39）。

（二）政策社群與議題網絡之區別

　　Rhodes與Marsh關於政策網絡的分析是「中間分析層次」（meso level），他們依據成員資格、整合程度、資源分配和權力關係等五項標準，詳細說明常見的「政策社群」和「議題網絡」區別：

1. 成員資格與參加人數：政策社群的成員有限，且並非任何人都能參與，在利益上以經濟或專業利益為主；議題網絡的參與者為對該議題有興趣者，數量較多，且涉及的利益廣泛。
2. 整合程度：政策社群的成員針對相關議題的事務進行高頻率的互動，成員關係及價值具持續性；議題網絡因成員廣泛、利益不同，故互動頻率和程度不一，且持續變動中，而成員可能在某些議題上有共識，但衝突仍持續。
3. 資源分配：政策社群的參與者都擁有自己的資源，基本上為交換關係。

整體呈現出層級節制體系，領導者可分配資源；議題網絡中有些成員資源有限，基本關係是協商妥協，資源分配因各團體的影響大小而不同。

4. 權力關係：政策社群內有支配性團體，成員間權力已趨衡平，為非零和賽局；議題網絡因成員影響力不一，故反映出不平等的權力關係，為零和賽局。

簡單來說，議題網絡可看成新興公共議題的初始狀況，參加者及利害關係人比較多元、缺乏資源、散亂。當議題慢慢成熟，各方都會慢慢尋求理念相近者結盟，而形成比較大與比較小的緊密團體，有機會走向政策社群的形態，甚至會有主導性社群與其他次要、小的團體。

表2-3　「政策社群」和「議題網絡」的異同

	政策社群	議題網絡
成員資格與參加人數	極度有限，非每個人都能參與	多數，只要有興趣者皆可參加
整合度與共識	高頻率互動與成員關係、參加者具有共同的基本價值觀	互動頻率和程度不一，在某些議題上有共識，但仍有持續明顯的經常性對立
利益種類	經濟和（或）具支配性的專家利益取向	廣泛包含受影響的利益
相互作用及權力關係	頻繁、有支配性團體；成員間權力平衡，有高度相互作用；為非零和賽局	接觸的頻率和強度是變動的；影響力不一，反映出不平等的權力關係
持續性及資源分配	層級節制的交換關係；成員、價值及政策結果是長期持續的	加入成員方式的靈活、流動性；資源多寡不一致，需要協商分配資源

資料來源：筆者自行整理。

（三）政策社群包含的團體及在政策規劃中的角色

1. 政策社群包含團體

　　政策社群是指關係穩定、常態的少數成員，在共同分擔服務的基礎上所建構的關係結構。也就是說以政府機構為主，包括了各有關機關、政務委員、跨域的政策委員會或小組，乃至於地方政府首長，甚至是重要的業者等。如果要以較寬鬆的方法去認定，包含立法機構、立法委員或委員會、主要利益團體、智庫等，主導政策內容的行為者，或是對政策內容有否決權者，都可納入。

2. 政策社群能夠扮演的角色

　　(1) 保障與穩固現有利益與政策價值。每個社群都代表一群人的現狀、期許、信念及利益，沒有誰比較重要或不重要。當想要促成政策變遷時，應該慮及誰會受到重大衝擊，從而用審慎的觀點思索政策設計，或是彼此交換及互退一步。

　　(2) 透過論辯而釐清最優先解決問題。政策並非不能改變，資源變少、社會期待增加，一定造成社群壓力與失衡。政策社群可以組織正式或非正式的機制，透過論辯、溝通、對話、爭執與衝突，釐清最優先事項。

　　(3) 用既有方法解決新問題。當嶄新政策議題產生時，政策社群成員會嘗試運用已知的方法，或過去經驗來逐步解決問題。

　　(4) 吸納新主張而重新引導政策方向。社群內部成員會在新議題執行過程中引導政策方向，以降低損失，重新獲得權力。

　　(5) 對新議題讓步而促成政策漸進式變遷。社群成員有時會為了避免因議題的高度政治化而導致的失控，願意對網絡外的改革者讓步，甚至攏絡使其加入。

參、政策倡導聯盟

一、意義與基本論點

「政策倡導聯盟架構」（the Advocacy Coalition Framework, ACF）是從公共政策的利益互動、政治聯盟與仲介、長期的信念與政策學習／調整等角度，討論不同政策場域中，持不同信念的政策團體，如何藉由互動來維繫或是改變公共政策的內容，這是一個較為總體性的政策變遷架構（Sabatier, 1988; Weible, 2007）。

政策倡導聯盟架構是廣義政策網絡理論的一種，主要由Sabatier在1980年代所提出。他認為過去理論過於強調「鐵三角」關係（iron triangles），也就是國會專業（暨小組）委員會、行政部門、利益團體所構成的緊密結合，但既然是緊密的「鐵三角」，又為何發生橫跨數十年的政策變遷？

Sabatier將政策社群或「政策次級系統」（policy subsystem）內成員互動、外部環境、成員間政策導向學習（policy-oriented learning）（他們有可能改變政策信念）等，作為分析政策變遷的工具（Sabatier, 1988/1993; Sabatier and Jenkins-Smith, 1999）。這個分析架構有四個基本論點：

（一）政策變遷與形成，需有十年或數十年時間，以及透過政策導向學習，慢慢改變成員的部分信念。

（二）觀察政策次級系統內不同成員間的互動。

（三）政策次級系統應該包含政府內相關各層級單位。

（四）公共政策被理解／歸納成信念或價值體系，便於讓人瞭解。

二、政策倡導聯盟的主要區塊

如圖2-4所示，政策倡導聯盟架構中有幾個主要區塊，包括：（一）相對穩定變項；（二）外部環境與事件；（三）內在結構／政策次級系統。這些區塊的關聯性如下：

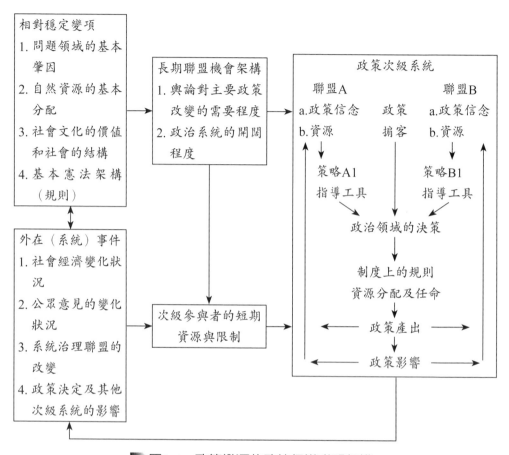

◼️圖2-4　政策變遷的政策倡導聯盟架構

資料來源：Sabatier（1999）；轉引自楊武勳（2015：46）。

　　（一）政策變遷的發生，常與外部因素有關，因而促成政策變遷。外部系統事件在幾年或十年內可能發生重大變化，足以改變參與者所遇到的限制和機會。對次級系統參與者而言，外部因素持續帶來挑戰與刺激，他們需要預測變化，做出符合聯盟基本信念和利益的行為調整（Sabatier, 1993）。

　　（二）因為政策信念、資源分配的不同而產生兩個（或以上）不同的聯盟，這些結盟體都會嘗試運用策略去影響政策走向，並有政治掮客居中

斡旋，使聯盟共同決策。

　　（三）政策最後由掌權者決定形成政策產出，最後反饋至聯盟的政策信念與資源及外在系統的動態變項，形成一種循環（Sabatier, 1993）。

三、政策信念

　　政策菁英的信念體系主要有三個層次，最難改變的是深度核心，次為政策核心，最容易改變的是次級觀點（Sabatier, 1993/1999; Sabatier and Weible, 2007）。

　　（一）深度核心（deep core）或規範核心（normative core），簡言之就是難以改變的基本價值與信念，例如維持政權。

　　（二）政策核心（policy core）或接近核心（near core），也可說是次要價值與信念。

　　（三）次級觀點（second aspects）。與上面兩種相比，可說是細部、比較容易改變的主張。

　　當基本信念與價值遇到抗爭，贊成與反對陣營的競爭常會持續存在達十年或更久的時間，雙方會堅持某些重要價值與信念，不過，他們也會放棄一些細部、不那麼核心的主張，換取對方承諾讓步。

四、政策倡導聯盟與政策變遷之過程

　　政策倡導聯盟架構以動態的方式，從內、外部的因素與政策次級系統，解釋政策形成與變遷過程。政策形成過程中，不同的人共享特定的信念系統而形成聯盟，而政策變遷的主要原因，是透過政策取向學習而改變聯盟的政策信念。

　　（一）**政策倡導聯盟可適切說明政策形成過程**。政策形成過程包含的政策學習及移轉，以及各群體（部會、大學、政黨、內閣、國會等利害關係人）利益與細部主張，會依時空背景不同而學習、改變與調整。

　　（二）**各時代有不同的政策主張以及論述**。重大政策的改變，需要時間醞釀與不同參與者加入，才有變革的可能性。革新／改革勢力相關主張

及論述雖然時而出現，但掌權體制派皆以歷史傳統加以抵制與反對。

　　（三）**外部因素往往是推動政策變遷的重要因素**。1980年代新自由主義的興起、財政困難等外部因素，爲許多新政策主張帶來正當理由。政黨輪替、經濟危機、公務員與成本刪減的論述，也會讓政府及政策社群飽受壓力，進而引進新政策思維。

　　（四）**政策信念不同與政策導向學習，也會觸發政策變遷**。換言之，在堅守基本價值與信念下，次要政策核心、細部主張等，都可能透過政策導向學習，而被重新考慮及取捨，以保護自身最大利益。

　　（五）從政策生命週期與循環角度來看，**政策變遷與施行後帶來「政策產出」與「政策影響」，會回頭斷斷續續影響社會**，成爲外在事件因素，潛藏下一波政策變遷的暗流。

　　（六）從提高政治可行性而言，政策倡導聯盟架構的意義，包括：

1. 製造足以改變對手政策次級、細部信念主張的證據或數據。
2. 利用外部衝擊事件，改變對手聯盟。當發生重大危機時，儘管令人措手不及、感傷與難過，但是不要浪費這個時機，善用外部事件往往可推動政策變革。這也意味著，隨時備妥完善分析的備選方案，等待時機。
3. 善用「僵局」與衝突。多數決下的決策，經常忽略少數的權益與主張，相對地，衝突、對峙與僵局，反而有機會從頭檢視各政策的基本假設，協調與放棄各自原先牢不可破的次要、細部主張。

肆、政治可行性分析與策略

一、政治可行性的意義與内容

　　公共政策無法避免地會受到政治的影響，許多學者認爲政治因素可能是影響政策最重要的因素。丘昌泰（2013）認爲政治可行性分析爲「評價政策備選方案在政治系統中被接受的程度」。吳定（2003：119）認爲政治可行性分析爲「政策方案在政治方面受到支持的可行性」。

　　丘昌泰等（2001：368）認爲，「政治可行性」可以分爲三層：

（一）發現社會的偏好；（二）瞭解政治系統對於決策者所偏好的備選方案有何意見；與（三）瞭解究竟政策分析家與決策者應該要採取何種行動，才能讓備選方案爲參與者所接受。

柯于璋（2009）主張政治可行性探討的項目包括：公共政策的參與者偏好、限制與機會、回應、成本與機會成本、接受程度、影響與策略。換句話說，政策的政治可行性分析必須先瞭解參與者的偏好、預測政策替選方案的限制與機會，以及參與者的可能行動，藉此推測政策的成功機率與可能付出的政治代價、成本與影響。最後，據以提出可行的策略，即爲最終政策。

綜言之，政治可行性分析的內涵可包括：

（一）**釐清政治與政策所面對的限制**。社會價值的權威性分配不是沒有界限、可以爲所欲爲的，常受到制度及資源稀少性的限制，以及分配給誰的規範。爲了爭取更多的政治支持而需要某些政治與行政技術，也要考慮到政策不利衝擊是否導致受損者不舒服與採取強力反彈。

（二）**進行可行性或利害關係人分析**。政策方案會影響到利害關係人，也左右他們對政策方案的支持可能性。採取具體行動前應該釐清與政策有關的行動者，他們的動機、信念、資源清單、影響力舞台等資訊。

（三）**規劃政治可行性的提升策略**。政策並不是理所當然地能夠獲得利害關係人一致支持或是容忍，而是需要施行某些技術或是進行妥協。

二、政治可行性的分析方法與評量因素

（一）PRINCE可行性清單

在可行性的分析方法上，可以運用類似檢核表的政策清單，將可行性分析所涉及的參與者、價值、權力、立場等相關項目清楚記載。例如Coplin與O'Leary（1972）在政治問題的分析指南一書*"Everyman's Prince: A Guide to Understanding Your Political Problem"*，提出「PRINCE」清單，其中PR代表偵測，IN表互動，C表計算，E表執行（Probe, Interact, Calculate, Execute）四個步驟。

　　該清單的建立首先須畫出一個表格，並標示出參與者對政策問題所持的態度、所擁有權力、議題對參與者的重要性、參與者彼此間互動，作為思考政治因素在政策過程的情形及程度（柯于璋，2009）。

　　Meltsner（1972）也提出類似清單（表2-4），將問題分析的要素分為參與者（actors）、參與者動機（motivations）與信念（beliefs）、參與者所掌握的資源（resources）、政策制定地點（sites）與交換（exchanges）。

■ 表2-4　Meltsner政治可行性分析清單

參與者	動機與信念	參與者掌握的資源	政策制定場域與舞台	參與者之間的交換
A				
B				
C				
D...				

資料來源：參考Meltsner（1972）；轉引自徐仁輝、郭昱瑩（2014：179）自行整理。

（二）Weimer與Vining政治可行性分析表

　　Weimer與Vining（2004）認為，完整政治可行性分析，應包含以下四個面向：

1. 列出政策利害關係人：只要任何人與該政策具有重大利益關聯，不論在經濟上、黨派上、意識形態上、或專業上，都可以假設其為政策利害關係人。

2. 分析利害關係人的動機與信念：將自己置於利害關係者角色，思考自己在這個立場上的需求為何？會採取哪些行動？

3. 評估參與者的資源：參與者擁有許多不同的資源，如財務、人力、接近決策者程度、宣傳管道、個人影響力等。

4. 選擇政策的決策機關：每個政治機關都有其獨特的決策規則，瞭解這些
　正式及非正式的規則，對政治預測和策略擬定而言是非常重要的。

　　爲使政治可行性分析可以操作化，學者史塔林（Grover Starling）
提出「整合性政治分析技術」（Integrated Political Analysis Technique,
INPAT，見表2-5），將分析要素區分爲：參與者、參與者動機與信念及
扮演角色、對政策問題所持立場、和政策問題相關程度、參與者所掌握的
資源（包括物質的、象徵的、資訊的及技術的資源等）、政治力量（決策
影響力），建立政治可行性分析表，作爲分析資料蒐集和研判的依據（參
考表2-5）（Starling, 1988）。

🔲 表2-5　Weimer與Vining政治可行性分析表

參與者	動機、信念與角色分析	對問題所持立場（A）	與問題相關程度（B）	參與者掌握的資源分析（包括物質的、實質的、象徵的、資訊的及技能的資源）	政治力量（C）	整體支持度（A*B*C）
A					合計	
B						
C						
D...						

註：參與者欄位ABCD由本文筆者自行添加。分析者判斷欄位說明：

　1.每位參與者均被賦予「對問題所持立場」自「強烈支持」（+3）至「強烈反對」
　　（−3）共七個尺度。

　2.與問題「相關程度」自「高度相關」（+3）至「不重要」（0）共四個尺度。

　3.「政治力量」自「強」（+3）至「無」（0）共四個尺度。

資料來源：Starling（1988: 451）；轉引自柯于璋（2009）。

（三）Crosby（1997）利害關係人分析架構

　　Crosby認為，不同利害關係人或利益團體對其所關注的議題有重要或潛在的影響，並且會進而影響政策制定者，對某項政策採取行動或不行動。Crosby提出的利害關係人分析架構如表2-6，透過列表方式可理解利害關係人或利益團體名稱、影響力、議題、資源等要素，知道他們對政策關注焦點或影響力。

■ 表2-6　Crosby利害關係人分析架構

內容	利益團體利害關係人名稱	團體有興趣的議題	考量利益團體或利害關係人所擁有的資源	促使資源流動的能力	團體或參與者對於議題的立場
	A				
	B				
	C				
	D...				

資料來源：Crosby（1997: 261-286）；轉引自徐仁輝、郭昱瑩（2014：182）。

（四）政策備忘錄與政治可行性分析

　　根據哈佛大學政府學院的政策備忘錄寫作指南（Policy Memos. John F. Kennedy School of Government. Harvard University），曾以農藥使用減量議題（pesticides）為參考範例，從兩種角度進行可行性的「PEST分析」。第一個是備選方案角度（options），第二個是利害關係人角度（政治面向）（朱鎮明，2018）。

　　研究者個人可依據主觀判斷，或是用小團體評選方式，分派加減號（如表2-7之正負號）或是分數（例如–2、–1、0、1、2），進行計分及判斷。例如農藥減量使用議題，常見的政策選項不外乎：維持現狀（不予處理）、課（加）徵農藥使用稅、增加農藥使用的法令限制、對使用環境友

善工法提供賦稅減免、對特定作物限制農藥使用量。

1. 備選方案的可行性分析

　　PEST分析僅是四個大面向的歸類，使用者可自行在四大面向挑選適合的評估標準。例如政治可行性（feasibility）、行政可行性、公平（equity）、對環境的衝擊（impact）、經濟衝擊／成本效益五種標準。其次，透過質化／主觀的整體正面或負面評估之後，從分析者角度來看，似乎採行第二項「課（加）徵農藥使用稅」這個選項較佳。

表2-7　農藥使用政策之備選方案評估比較表

標準＼備選方案	政治可行性	行政可行性	公平	對環境的衝擊	經濟衝擊／成本效益
1. 維持現狀（不予處理）	-	+	-	-	+/-
2. 課（加）徵農藥使用稅	+/-	+	+/-	+	+
3. 增加農藥使用的限制	+/-	-		+	-
4. 對環境友善工法提供賦稅減免	-	-	+/-	+	+/-
5. 對特定作物限制農藥使用量	-	+/-	-	+/-	+/-

註：原文中評估標準置於表格最下方，筆者將其調整到最上方。

資料來源：Herman（2012）；轉引自朱鎮明（2018）。

　　從表2-7來看，分析的重點在於：

　　(1)五個建議選項都對環境有正面影響，但僅有「課（加）徵農藥使用稅」的正面效果較多，而且從行政可行性、公平性來看都有優點。

　　(2)若推薦「課（加）徵農藥使用稅」選項，應提早強調此項建議。

(3) 在政治可行性方面會有負面效應與反對意見，分析者要對政治爭端進行簡要說明，不可隱晦不談。

2. 備選方案與利害關係人的交叉分析

　　此分析可屬政治可行性評估，針對五種備選方案可能攸關的利害關係人與利益團體，進行正面與負面的交叉分析。如表2-8顯示，仍是以第二項「課（加）徵農藥使用稅」選項優點較多。

■ 表2-8　農藥使用政策之備選方案與利害關係人交叉評估表

利益團體 備選方案	一般公眾	傳統農民	農化公司	農場勞工	環境	有機農民
1. 維持現狀（不予處理）	-	+	+	-	-	-
2. 課（加）徵農藥使用稅	+	-	-	+	+	+
3. 增加農藥使用限制	+	-	-	+	-	+
4. 對使用環境友善工法提供賦稅減免	+	+/-	-	+	+	+
5. 對特定作物限制農藥使用量	+	-	-	+/-	+/-	+/-

註：原文評估標準置於表格下方，筆者將其調整到上方。

資料來源：Herman（2012）；轉引自朱鎮明（2018）。

　　若備忘錄執筆者欲推介農藥使用稅方案，則可參考表2-8的交叉分析表，將利害關係人區隔為不同次級團體，依據農藥對人、對環境不同程度的毒害，設計出不同的賦稅組合，或是不同類型的農藥使用稅。另外，為降低政治反對與障礙，執筆者也可針對受到政策負面衝擊者，計算比例、規劃補償或配套措施。

（五）腳本撰寫法（情境分析法[5]）的政治可行性分析

　　吳定（2009）認為，腳本撰寫法的可行性分析，可研究主要行為者的角色，瞭解其支持或反對某方案的立場與理由，再設法加以克服。腳本撰寫法的具體內容為：

1. 確定哪些人或機關為主要行為者。
2. 分析行為者的動機，瞭解其需要、願望及目的。
3. 分析行為者的信念，瞭解其價值系統或參考架構。
4. 分析行為者的資源，瞭解其在政治上擁有哪些權力、地位與影響力。
5. 分析方案決定的場合、時間與機關，可謀求因應對策。

　　柯于璋（2009）參考並修改Starling（1988: 451）所建議之政治可行性分析方法，採用腳本撰寫法，針對最好、中等與最壞三種情況，將各參與者對問題所持立場（A）、問題相關程度（B）與政治力量（C）合併計算相乘，結合成整體支持度（A*B*C），以量化方式表達特定參與者的整體支持度，詳如表2-9。

　　由表2-9可以大略看到，在最好、中等與最壞三種情況下，可以加以說明，並計算分數與闡述政策或方案的實際情形。

1. 政治可行性高：在最好的情況下，所有利害關係人均支持政府的政策規劃內容，對相關配套措施，均採合作態度並表達出誠意。
2. 政治可行性中等：這代表民眾對政策規劃內容不盡滿意，卻也不是誓死反對，政府部門必須花費更多行政成本及時間進行溝通。
3. 政治可行性低：在最壞的情況下，政府的規劃案無法獲得當地民眾或社區的認同，正、反雙方支持度幾乎相等，雙方力量互相抵銷。因此，可能的情況是民眾群起反抗並集結動員，加上政府不願更動既有立場或計畫內容，雙方形成僵局，政策無法有效規劃與推動。

---

[5]　更詳盡的情境分析法請參看本書第四章第一節，不過，這裡的情境分析法與第四章第一節的內容有所不同。

■■■ 表2-9 藤枝部落新舊部落遷建案的政治可行性分析

參與者	動機、信念	所持立場 (A)	相關度 (B)	資源	決策模式	政治力量 (C)	整體支持度 (A*B*C)
		最好 +3　中等 0　最壞 -3					最好 +18　中等 0　最壞 -18
民選官員與機關							
高雄縣長與原民局	政治生命、縣利益、依法行政	+2	+2	具豐富政治資源與關鍵決策能力	決策者、省長制、地方觀點	+3	+12
桃源鄉長與鄉公所	政治生命、鄉民利益、依法行政	+2	+3	具備行政資源、具重要決策影響力	決策者、省長制、地方觀點	+2	+12
孔立委支吉	政治生命、縣利益	+1	+1	具少數的決策與影響力	諮詢與關切本案進度	+1	+1
非民選官員與機關							
原民會主委與官員	全國利益、依法行政	+1	+2	具備財務資源、具關鍵決策影響	財務補助、全國觀點	+3	+6
經濟部、農委會、環保署	官僚政治、依法行政	0	0	具備一般行政資源	省長制	+2	0
災防會	官僚政治、依法行政	+1	+1	融資、銀資協調機關、具普通影響力	省長制	+2	+2
內政部	官僚政治、依法行政	+1	+1	國土管理機關、具備普通影響力	省長制	+2	+2
財政部	官僚政治、依法行政	+1	+2	土地所有機關、具重要決策影響力	省長制	+2	+4
利益團體或非營利組織							
社區組織	社區環境維護	最好 +3　中等 0　最壞 -3	+3	(非)正式管道、具重要決策影響力	意見表達或納入遷建委員會	+2	最好 +18　中等 0　最壞 -18
民眾							
土地所有權人	土地權利與分配、財務	最好 +3　中等 0　最壞 -3	+3	(非)正式管道、具重要決策影響力	視規劃內容而定	+2	最好 +18　中等 0　最壞 -18
其他社會人士							
新聞媒體	社會公益	0	+1	普通決策影響力	報導、輿論	+1	0

註:參與者被賦予「所持立場」自「強烈支持」(+3)至「強烈反對」(-3)共七個尺度;「政治力量」自「強」(+3)至「無」(0)共四個尺度;「相關度」自「高度相關」(+3)至「不重要」(0)共四個尺度。

資料來源:柯于璋(2009:144)。

三、提高政治可行性之策略

　　在蒐集完畢政治與利害關係人的有關資訊，並且列表比較之後，最後就是提出方案以提高政治可行性及增加政治支持。除了可運用腳本撰寫法去預測政策風險、隨時備有完善方案等待政策窗開啟、找尋適合人選擔任政策企業家打開政策窗之外，以下提出一些可提高可行性的策略。

（一）利害關係人策略管理過程

　　Malvey等（2002）從策略管理角度，評估利害關係人管理策略之成敗。這個過程包括：

1. 定義所有外部相關、有接觸的利害關係人，以及內部的利害關係人。
2. 定義關鍵的次要利害關係人。
3. 界定關鍵的利害關係人。
4. 規劃一般利害關係人管理策略。
5. 執行策略。
6. 評估利害關係人管理的成敗。
7. 回饋到前面4.檢討與修改「一般利害關係人管理策略」。

　　在定義與列出利害關係人時，可以依據其影響力（1-5）與關心程度（1-5）去區分重要性，再從1-25的分數中排名重要性。

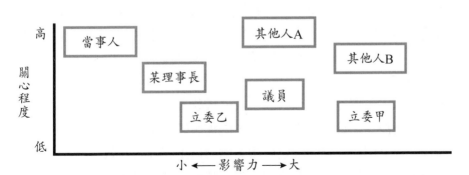

▣ 圖2-5　利害關係人重要性評估框架圖

資料來源：筆者自行繪製。

■ 表2-10　利害關係人評分與接觸清單

編號	姓名	影響力 (1-5)	關心程度 (1-5)	感興趣的議題 或需求	接觸／ 聯繫方法或備註
1					
2					
3					
4					

資料來源：筆者自行整理。

　　列名在前面的利害關係人，可以製作其人物誌，並且思考如何接觸對方、或是透過哪些人可以接觸對方、邀請對方參加自己舉辦的活動，提供文宣資料等。每個人都可能相互連結，一定可以找到影響重要人士的關鍵事務或聯絡人。

（二）政治策略

　　徐仁輝與郭昱瑩（2014：183-184）提出政治可行性提升策略，包括：

1. 吸納：將利害關係人意見融入政策規劃過程或方案當中，降低阻力。
2. 妥協：與利害關係人溝通時，要特別注意用字遣詞，就利益進行協調，以觸及非立場或價值等基本政策信仰，由此找到大家都比較能接受、受惠的方案。
3. 政治操作：包括操作議程、動員政治行動者推動議題。接著，透過投票策略、技巧等，讓某些人並非表達真實偏好的投票，讓方案通過。
4. 雄辯：用勸服性的言語表達政策，例如以正確資訊包裝規劃案，而以不相關的資訊模糊其他方案選項，讓有利於己的方案通過。

　　不過，好好與參與者溝通、說故事，仍是最好的推動策略。將政策的

用意、利益取捨、多元價值釐清與評比等，清楚表達呈現，是促成政策方案通過的最良好策略。

（三）市場區隔與小眾行銷策略：尋找公允第三人

在前面有關利害關係人及其特徵分析中，本文曾經建議，應該繪製政策網絡圖像分析與關係路徑圖，掌握關鍵的政治或其他參與者，區隔利害關係人（支持者、反對者，以及占最多比例的中立者），尋找可提供協助的中立第三方人士，讓他們願意發表公允意見。

（四）注意潛在的、沉默的輸家

政府應該要想到，政策大多是針對社會上絕大多數的人與其利益、關注及福祉，這是功利主義的政策思維（不管你承不承認）。然而，是不是有某些我們未知的意見及利益，尤其是「沉默輸家」（silent losers）的權益及需求被漠視？

「沉默輸家」意指：「（社會上的某些人）不清楚自己是有利害相關的、知情但是負擔不起參與公共討論的成本、或是尚未出生以及其他原因而無法發聲」（Weimer, 1998: 118）。真正政策的標的對象未必占據核心或有力的位置，也可能在決策場域中沒有代言人。

對於政策上這類沒有組織的「沉默輸家」，他們對於政策改革建議的認知、贊同度、贊成或是反對的理由、對其他利害關係人的政策意見評估等項目，是否該另找方法加以認定與陳述？我們可以注意：

1. 在官僚體系中鼓勵去接觸沉默輸家。
2. 官僚應該到社會的最底層蹲點研究，做決策的人尤其應常到社會現場長期觀察。
3. 針對社會重大矚目事件，分析當事人的生命歷程與個人成長背景，訪談家人，看看是不是政府政策漏接他們的問題與需求。

第三節　參與式治理與應用

壹、參與式治理的基本概念

一、參與式治理的意義

參與式治理（participatory governance）是指，透過與利害關係人有效且持續溝通、對話，讓受到影響衝擊的公眾有機會接收資訊，表達意見、主張與疑慮，促成常民知識與專家知識的溝通與交流，由此進行政策規劃與制定。

參與式治理在近年來逐漸受到重視與廣泛應用，尤其能夠針對爭議性政策議題採行有效的溝通與討論，以審議式民主（deliberative democracy）的精神，使得政策投入與產出更具合法性與正當性。

二、參與式治理的特質與議題

就其內涵來說，參與式治理具有幾項核心特質與議題：

（一）具有社會動員性。除了傳統文官、地方政府、專家、利益團體、非營利組織之外，還應該有更多元化的參與者，例如受到決策影響的在地民眾，乃至於常缺乏參與途徑與發聲動力的弱勢團體等。

（二）具有公意討論的審慎思辨（public deliberation）性質。參與式治理重視不同政策階段中，民眾意見與利害關係人的參與，持續一段時間的多面向溝通與對話，認真考慮民眾與利害關係人的期待與異見。

（三）決策過程的開放性與民主學習。決策過程應具備社會學習與政策偏好的可移轉性（policy transferability），讓參與者有機會、管道取得更多政策有關的知識與資訊，進而提升政策智識。

（四）決策者的體諒性回應與採取行動。討論的結果能夠化為具體行動，而且被持續監控落實程度，不是「錄案存參」。

（五）每個人都能成為積極推動者，而不只是被動受益者。參與及共

同生產的運作方式及思維模式，不同於傳統服務的提供，根本改變服務提供者和使用者之間的關係，每個人都應該成爲積極推動者，而不是旁觀及仰賴政府的補助。

三、參與式治理的流程／步驟

林子倫與李宜卿（2016）曾以歐盟能源政策爲例，說明參與式治理的流程如圖2-6[6]，其中大致包括幾個重要面向：

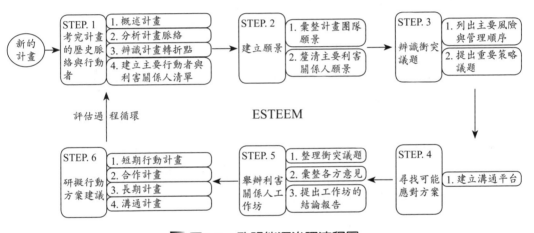

▣ 圖2-6　歐盟能源治理流程圖

資料來源：林子倫、李宜卿（2016）。

---

[6] 在流程圖當中，所謂的ESTEEM是Engage Stakeholders Through a Systematic Toolbox to Manage New Energy Projects的縮寫，意思是「創造接受度計畫」（create acceptance）。ESTEEM模型的特色在於，任何先期規劃的能源計畫或政策內容，都會由計畫管理人和利害關係人反覆確認，過程中持續納入新的修改意見。透過反覆溝通、反省各利害關係人的關注議題、對計畫的不同期待，以及持續資訊的整理、更新與告知，建立各個行動者之間的信任關係。

（一）計畫背景脈絡與利害關係人的初步分析

1. 背景及脈絡分析。背景分析得以對計畫本身與場域的脈絡，及當中所具有的機會與挑戰有所瞭解。一項新政策、計畫或科技得以成功實施，很大程度上取決於如何能更適合環境或在地脈絡。
2. 利害關係人分析。確認計畫相關的主要行動者與利害關係人，可以進一步瞭解到他們對於此政策、計畫的關注，以及資源、社會網絡和影響力的潛在來源。
3. 邀請代表進行溝通。應該蒐集當地的科技、社會、經濟、文化和地理環境與政策資料，邀請20、30位來自社會各領域的代表（至少應該包括支持者、反對者，以及公允的第三方人士）參與討論，透過問卷和訪談，瞭解不同利害關係人多元觀點、差異，及對未來發展抱持之看法。

（二）未來願景的初步建立

　　不同參與者對關切的議題層次、利益，以及對未來願景會有所不同，在與各個參與者互動中，應該協調利害關係人之間的期待，並彙整民眾同意改變的共同方向與原則，勾勒計畫共同願景的初步共識。

（三）辨識潛在衝突與爭議議題

　　政策或計畫能否被接受，最重要與最敏感的議題，以及造成歧異的理由，應該可在前面步驟中慢慢浮現出來。這些問題或阻礙常常是：
1. 政府相關法規架構、限制與規定。
2. 政治上的不確定和策略決策的缺乏。
3. 民眾或社會對新科技或新政策的接受度，以及對安全的疑慮。
4. 財務投資，以及政策或計畫實施後的經濟效益等。

　　參與式治理主張應該建構常態性、小規模的工作坊，作為意見交流的平台，邀請不同的利害關係人，例如政府業務主管、地方政府、實施業者、產業與利益團體聯盟、非政府組織、在地意見領袖等，共同找出政策過程中的潛在衝突與阻礙，以及找出可以解決當前問題的策略。

（四）提出初步應對方案與行動策略

在釐清各個歧異議題的性質之後，就應該進行以下工作：

1. 以願景為目標，提出解決方案或行動策略的初步選項。
2. 對初步的方案選項，評估其所帶來的影響與成本效益。
3. 根據重要性、急迫性、可行性等進行分類，訂定與不同利害關係人協商討論的優先排序。
4. 統整民眾意向及未來擘劃，向政府有關單位申請經費資助。

（五）辦理工作坊或是公民會議

必要時應舉辦工作坊或是持續一段期間的會議，邀請利害關係人共同檢視前階段所提出的願景、解決方案與行動策略選項，聚焦出具體建議的內容與排序。

（六）具體行動與後續評估

在工作坊或參與式會議之後，應該總結第三至第五階段的主要成果，確立每個議題的行動策略與所需資源的類型。最後，也要對整體操作流程進行回顧，並評估過程中的狀況。

綜觀前述六個主要程序與步驟可以看出，參與式治理重視在不同政策階段中，將民眾意見與利害關係人參與納入政策過程，並透過在地網絡的描繪、利害關係人列表、以及持續多面向的訪談與溝通，將民眾與利害關係人的期待與紛歧，導入政策規劃與執行考量之中。

我國公共政策中，也有類似的參與式治理設計。工研院綠能研究所智庫「懂能源Blog」規劃了系統性公民參與機制與實踐（見圖2-7）。

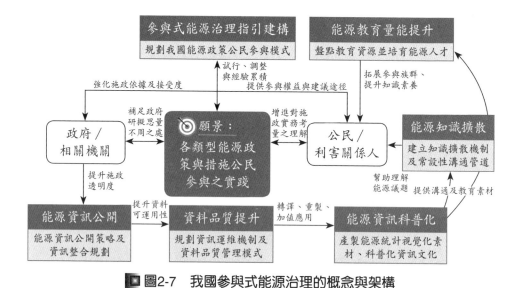

圖2-7　我國參與式能源治理的概念與架構

資料來源：工研院綠能研究所智庫「懂能源Blog」，http://doenergytw.blogspot.com/2018/06/blog-post_92.html，檢索日期：2019年4月1日。

貳、參與式治理的實際經驗

一、我國原住民地區司馬庫斯部落

　　湯京平等（2013）在〈參與式治理和正義的永續性：比較兩岸原住民發展政策的制度創意〉一文中指出，台灣的原住民政策以及社區營造政策，是揉合部族傳統等各種要素的參與式治理模式，鼓勵草根組織以網絡為主要機制，提供自我治理的服務，政府從旁提供基礎設施與補助，結合其他民間組織（如教會、學術單位）的培力努力。

　　透過公民參與、共識建立，以及社區產業培植等過程，讓部分部落或原住民族人找到獨特的發展模式——**依循古制並融合了當代的市場運作制度**，展示出兼顧永續發展與分配正義的治理制度，堪稱是以參與式治理追求「正義的永續性」的具體實踐。

（一）志願基礎下的集體主義制度。新竹縣尖石鄉的泰雅族司馬庫斯部落，一方面以股份制將個人資金投入多寡和收益掛鉤，二方面其優渥的社會福利制度也實踐利益共享的精神。

（二）徵詢村民意見。他們會徵詢村民意見，協調爭議，決定發展方向，擬定重要政策，再由共同經營會議或部落會議通過。

（三）教會扮演重要功能。長老教會的牧師、長老與執事，都由村民選舉產生，其決策時會有順應民意的動機，否則下次可能無法當選。與此同時，長老們也具備神職身分，受到村民的敬重，一旦長老們達成共識而決定推動時，則具備倡議政策的利基。

（四）共同經營與結果的公平。在泰雅族的傳統概念中，非常強調「結果」的公平。司馬庫斯的「共同經營」經過多年的運作，證明其不但能夠成功地保育資源，也能不斷強化社會成員之間的連結。

（五）社會支持強化韌性。除了保育資源，這些部落座落在生態敏感地帶，隨時可能遭受天災襲擊，原本就需要鼓勵其發展出更厚實的社會支持網絡，方能在災難時相互依存，提升對抗災難的韌性。

二、荷蘭烏特列支市

荷蘭烏特列支市在2015年透過「城市對話」（stadsgesprek），歷時一個半月，利用三個週六全天的時間，辦理「第一天：作夢」、「第二天：選擇」、「第三天：完成」的公民會議活動，讓參與者集思廣益，協力產出「目標2030年讓烏特列支市成為碳中和城市」的具體行動計畫。

三、德國2050氣候行動計畫

氣候行動計畫的概念緣於基督教民主聯盟、巴伐利亞基督教社會聯盟及社會民主黨於2013年的聯盟協議（占84%德國聯邦議院席次）。2015年6月舉辦會議進行廣泛對話，針對邦政府、市政府、協會與一般公民代表陳述該計畫之目的、架構與可能情境，並提供簡短討論報告作為「背景資訊」，希望透過廣泛的對話過程以研擬具體措施，達成2050年相較1990年

減少80%到95%排碳量的目標。

　　對話過程雖無正式法源依據，但仍作為德國政黨間的共同協議，擬定至2030年中期（2050年設定為長期）減碳目標具體做法與措施。其對話過程分為兩個群體，一為邦政府、市政府與協會，二為一般公民，採用不同的對話設計方式，以達成「多元參與」目的，最終透過代表大會討論，歷時十八個月產出「2050氣候行動計畫」[7]。

　　另外，本書第五章第三節關於瑞典風力發電網絡的政策協調經驗，稱是參與式治理的成功經驗。該議題含括瑞典中央政府、地方政府、地方大學、當地民意及業者，在特設的專案管理者專職協調下，大幅推進風力發電的進程。

參、小結：磨擦代表火花的誕生

一、組織在做決策時常會出現「團體盲思」（groupthink）的現象。出現團體盲思的原因很多，組織應該採取有效策略以避免團體盲思。其中，參與式治理代表著運用集體智慧（collective intelligence），若輔以資訊科技，更可以協助避免團體極化效應（group polarization effect）及團體盲思。

二、書面、數據及資料無法完整呈現現實，必須從每個人的立場及思考著手。他們為何做出某個決定？看到什麼，聽到什麼，但沒收錄在資料中？利害關係人自己以為不重要的，有可能是關鍵決策根據。

三、在不同政策階段中，都應將民眾與利害關係人納入政策過程。透過在地網絡的描繪、利害關係人列表、以及持續多面向的訪談與溝通，建立與公民社會組織的對話參與，使得政策投入與產出更具合法性與正當性，避免政策僅反映政府官員或技術專家的意志與利益。

---

[7]　關於荷蘭與德國經驗，請參考徐昕煒、張瓊之（2017）。〈國際參與式能源治理做法與我國建議——透過「資訊公開」、「多元參與」與「常態性」三大構面，提前參與能源政策〉。

四、喚醒公民意識，深度討論是優秀決策的搖籃。面對公部門眾多議題，
　　政府、企業、公民、社區共同決策及生產並不是一顆萬靈丹，但卻能
　　夠更積極喚醒民眾的公民意識，讓他們增加參與和發聲的機會。

CHAPTER

3

策略規劃、績效管理與執行

第一節　策略規劃、SWOT分析與績效管理

壹、策略規劃與管理

一、使命、願景與策略的基本觀念

（一）使命、願景、策略之金字塔型關聯

1. 使命：指組織或法律當初設立與存在的本旨，常常可見於組織法或組織條例的第1條。這是長期穩定的價值與法定任務，更是上上下下每個組織成員在不同時間效力於本機關時，在心裡所默默許下的承諾與初衷。雖然可能會因年代久遠，或是歷經變動與人事更迭而遺忘，但若能適當引導，當初的承諾與初衷一定有機會復甦。

2. 願景：首長對達成使命的想法。使命、組織法定任務不變，但是十年前、現在、十年後組織或政策所面臨的環境變化、困境等，都會影響首長理念與企圖心，首長的願景也會有很大的差異。我們常可在機關網頁中之首長專欄、首長的話看見這些願景說明。

3. 策略：界定如何達成願景的廣泛且相關聯的一系列行動。策略陳述應該包含對環境SWOT分析、組織的特質與定位，可帶領各層級成員全體，實踐使命與願景。

4. 使命與願景的區別：

   (1) 使命，指的是法定任務，或是組織成立的宗旨，無論誰擔任首長，使命與宗旨基本上保持一致，不會改變。

   (2) 願景，則會因首長或領導者而不同，每個首長承載民眾或上級任命者的期待，加上自己的企圖心、野心，對未來會有不同的想像及施政藍圖，而機關成員有責任助其實踐。

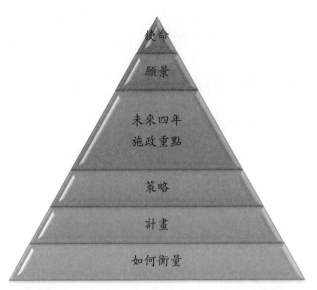

圖3-1　使命、願景與策略的金字塔關聯圖

資料來源：筆者自行繪製。

（二）組織成員應聚焦於施政願景，而非埋首於日常工作

　　公部門設立目的，都是要提升公眾福祉的某一面向，有成效／有效率的落實使命。但時日久遠，施政優先性會因爲首長更迭而改變，讓使命、方向模糊不清，忽略其他能夠達成使命的更好做法，甚至把「依法行政」當成工作。

（三）策略形成要透過面對面的對話與諮詢

　　在組織內，使命、願景、策略與具體工作之推動，應該是個高層與中層面對面對話、討論的聚焦過程，不應該是由下而上彙整業務的作業流程，也不該只委託企管顧問製作精美的報告。

　　在組織外，策略規劃應該是由行政部門發動，經由政治參與過程，落實民眾所期待的價值，並以此課予行政部門績效責任。「政治」參與的眞

義，在於公民依著自由意志，進入公共領域參與辯論，做出政治判斷並採取行動，承擔建構共同生活和集體命運的責任。

二、策略規劃及策略管理的意義

（一）策略的意涵與層次

　　策略是指為了達成目標與配合環境趨勢，所擬定的原則、方向與指導綱領。明茲伯格（H. Mintzberg）從五個P的概念陳述策略的意涵與特性。

1. 策略是一種計畫（strategy as a plan）：強調策略的「未來性」與「方向性」，指出組織或政策從現在到未來的方向與途徑。
2. 策略是一種在歷史中成形的行為模式（strategy as a pattern）：強調策略是回顧過去的整合性行為模式。為了提升策略有效執行力，必須關切過去政策或是組織發展的歷史，考慮並尊重原有模式。
3. 策略是一種定位（strategy as a position）：強調策略的特殊性與價值性，也就是考慮外部環境、競爭態勢，以確定自己在某個產業或服務對象中的定位，和達到該定位所應採取的各種措施，藉此有選擇性地配置資源。
4. 策略是一種新的觀點與看世局的視野（strategy as a perspective）：策略反映出價值觀、文化和理想等，以及對客觀世界認知方式。策略是主觀而不是客觀的產物，當決策者的主觀判斷符合內外部環境的情況時，所制定的策略就可能成功。
5. 策略是一種計謀（strategy as a ploy）：強調策略的競爭性，視為與他人競爭的計謀或是令人驚訝的奇謀，足以威脅或是戰勝對手的戰術性計策。

　　在策略的層次上，大致可以分為三種層次，這三種層次具有向下指導、向上回應的關聯性。

1. 總體策略：由首長所提出，具總體性與宏觀性，可以對應到「政策」。
2. 部門策略：實現總體策略，屬中層策略，可以對應到「計畫」。
3. 功能策略：研擬具體行動策略，可以對應到「方案」或「專案」。

（二）策略規劃（strategic planning）：著重規劃面

　　指一種管理組織變遷方法與工具，以創造最佳可能的未來。透過檢討組織的內部優勢、劣勢條件，以及外部環境的機會、威脅，尋找重大策略性的選擇。要點如下：

1. 形成願景之後，要求下一級單位主管依據願景，發展執行方法。
2. 重點在於做對的／正確的事情，要確認關鍵性大方向，而不是把事情做完、把細節執行完畢。
3. 要進行績效追蹤與考核執行成效。

（三）策略管理（strategic management）：整體策略的決定、執行與落實

　　策略管理涵蓋整套決策與行動、規劃與管理，使組織能更適應環境，包括：界定組織使命、設定具體目標、發展執行策略，以及評估執行績效，使策略能在環境中提高執行力。策略管理包含以下基本過程：

1. 策略規劃，始於清楚地認識組織的使命與所期待的結果，這需要利害關係人的參與，以及對環境的評估。
2. 組織的活動、核心資源的配置，應該與使命、期待結果緊密連結。
3. 策略的執行，這是最重要、也是最困難之處，即使策略再有創意、偉大、或是企圖心，若不能提高執行力也是枉然。
4. 績效衡量與評估，產生有用的反應資訊，報告運作的成績，據以回頭調整策略、組織與資源配置。

三、策略規劃基本步驟

　　一般策略規劃與制定程序，包括：願景使命→決定目標→環境分析→SWOT分析→決定績效指標體系→確認關鍵績效指標與期望數值→擬定實施策略→設計具體政策與行動方案→考核執行成效與校正→編列預算與獎勵措施。

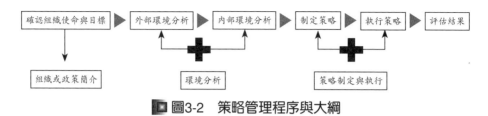

■ 圖3-2　策略管理程序與大綱

資料來源：筆者自行繪製。

（一）確認使命及願景

　　策略規劃與管理的基礎，首要建立願景、使命、目標，並且由上而下督促各部門研擬、調整各自計畫或方案，聚焦並落實願景與使命。設計及落實首長願景，應該要注意：

1. 需與首長施政與競選理念揭示之重要政策扣合，也要**納入利害關係人之多回合協力參與，共同擘劃策略與目標。**

2. 向上垂直配合。要關切、注意中央重大建設規劃、中央重要考核項目、各類民意調查結果，以及城市競爭力評比等重要資訊。

3. 向下垂直整合。向下延伸擘劃各機關、單位的施政重點，以及業務推展之需求。

4. 策略使命、願景的檢核。透過以下清單的檢討，行政部門可以督促自己完成以下工作，並且說明哪些具體措施。

■ 表3-1　策略目標聚焦檢核清單

工作清單	做到／沒做	採取哪些行動
1. 利害關係人曾參與多回合程序？		
2. 已經確認他們在意的成效或結果？		
3. 是否與上一層的使命、願景與策略有顯著關聯性？		
4. 成員都知道本組織／政策的緣起及設立宗旨？而且流傳感人的故事？		

資料來源：筆者自行整理。

（二）決定策略性目標

　　所謂策略性目標，是指依據優先性的願景及策略等，所做的目標設定。其內容為：

1. 發展各部門的策略規劃，包括部門願景、策略績效目標的建構，以及達成這些目標的具體策略方案。
2. 績效計畫的推動，包括目標的客觀衡量、衡量指標、指標類型、評估標準與評估方式的建立，還有建立評估各項政策結果與目標之間落差的標準。
3. 年度績效報告的發表與各年度之間的比較。

　　簡單來說，策略性目標有：1. 使命、願景及施政重點；2. 關鍵策略目標及重要執行策略；3. 關鍵績效指標及共同性指標；4. 經費總需求等。策略性目標之設定要注意：

1. 應該聚焦於特殊性、專案性，而非例行性的工作。由此來看，諸如收文次數、公文處理天數、活動辦理次數等，都不宜放到策略性目標或指標當中。
2. 需具有上下垂直的顯著關聯性。策略目標應該與使命、願景、價值、上位計畫等基本任務高度相關。在策略發想過程，可能提到的80%構想，經常是例行性業務，屬於各單位及個人的本分工作，例如：預算執行率，這屬於本分與法定工作，不要也不宜列入關鍵目標。
3. 關鍵策略會有中心思想，相同的目標可以整合，縮減到關鍵性、少數、有意義的幾項。

（三）聚焦於策略，決定績效指標體系

　　這是指要設計由願景、策略目標、關鍵績效指標（KPI）所形成的指標體系／指標樹（參考圖3-3、圖3-4）。

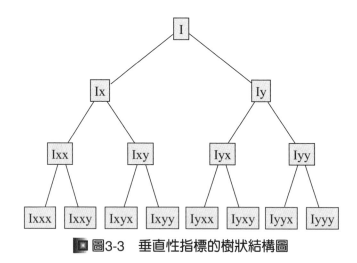

◨ 圖3-3　垂直性指標的樹狀結構圖

資料來源：筆者自行繪製。

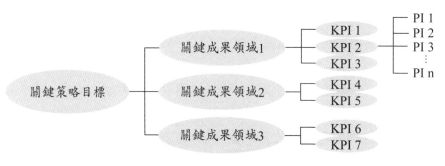

◨ 圖3-4　水平面的指標樹

資料來源：胡龍騰（2017）。

　　這個階段重點在「結果」，要納入公民參與及公共的結果諮商，從服務對象（民眾或利害關係人）角度去設計KPI，而不是組織自己判定。其次，組織內部的指標設定常見的兩種途徑如下：

1. 正確的指標體系設定途徑：由上而下去推演進行。

　　(1) 由高層與中階主管討論，在較高層級訂出幾個重大的目標作為策略方向，並且設計合宜的KPI。

(2) KPI指標總數要寧少勿多，以少量的KPI聚焦重要成效。

(3) 繼續責成各單位依相同程序，由上而下訂出策略、目標與KPI。如此，可建構簡明有效度的指標樹。

2. 錯誤的指標體系設定途徑：大多數公部門組織是由下而上彙整陳報，以致各承辦人會把他們平素業務工作當成指標向上陳報，以致指標龐雜、瑣碎且不關鍵。

（四）依據SMART原則設計、評選及選擇妥適指標

檢討指標是否妥適設計，可依據「SMART」原則評估。所謂的「SMART」原則，包括：

1. 具體且明確（specific）：指標要逐步、分部門、分科，將組織或政策目標落實到個人，且依據年、月、週分派目標值。

2. 可測量（measurable）：指標達成的程度可以衡量。

3. 有挑戰性（achievable）：指標不是遙不可及，但稍有難度及挑戰性，成員可以努力達成。

4. 顯著的重要性（relevant）：指標要與目標、成果之達成有顯著關係。

5. 有時限效果（timetable）：設定期限與時間的作業流程。

胡龍騰（2017）曾綜合「SMART」原則及決策矩陣分析法（Decision Matrix），以輔導青年轉職就業為例說明應用方法（參考表3-2及表3-3）。

1. 在「有效提高青年轉職就業率」的關鍵策略目標下，可能初步規劃設有「職業訓練開辦班次」、「參與職業訓練人次」……等六項備選指標。

2. 將前述SMART原則設為評價面向，並設定不同權重。

3. 以0到10分數區間，針對各項備選指標，依其相對應的面向進行評分。

4. 經過評分之後，各項備選指標可獲得其總得分。

依得分之排序，便可得知「就業半年後未再尋求輔導之比例」及「媒合成功比例」較具挑戰性，且具成果導向特質，為排序前兩名之指標，即可考慮選擇作為合宜的KPI。關於設計KPI指標體系的作業，表3-4列出檢核清單，可作為各機關或單位之參考。

▣ 表3-2　指標SMART選擇矩陣

評價面向 權重備選 指標	明確性 （0.05）	可衡量 （0.2）	可達成& 具挑戰性 （0.3）	成果導向／ 與目標相關 （0.35）	時限性 （0.1）	得分	排序
指標一							
指標二							
指標三							

資料來源：胡龍騰（2017）。

▣ 表3-3　輔導青年轉職就業之指標SMART選擇矩陣

評價面向 權重備選 指標	明確性 （0.05）	可衡量 （0.2）	可達成& 具挑戰性 （0.3）	成果導向／ 與目標相關 （0.35）	時限性 （0.1）	得分	排序
職業訓練 開辦班次	10	10	1	1	8	3.95	6
參與職業 訓練人次	10	10	3	2	8	4.90	5
職業訓練 結業人次	10	10	5	4	8	6.20	4
媒合成功 件數	9	9	7	6	7	7.15	3
媒合成功 比例	8	8	8	8	7	7.90	2
就業半年 後未再尋 求輔導之 比例	8	7	10	10	10	9.30	1

資料來源：胡龍騰（2017）。

▣表3-4　建構關鍵績效指標的檢核清單

工作清單	YES / NO	採取哪些行動
1. 參考及整合到各競爭力評比機構所設定的指標？		
2. 已經建構指標體系／指標樹？		
3. 聚焦於少數的關鍵績效指標？		
4. 已經依據SMART原則評估過？		
5. 每一個指標之間，都有一對一的顯著因果邏輯性？		
6. 利害關係人之間，對於策略目標、指標有歧見？		

資料來源：筆者自行整理。

即使不用矩陣方法進行評價，一般來說，人次、班次的指標意義，遠不及媒合成功比例、持續就業長達半年比例的指標意義，這就是前述SMART原則中所提到有挑戰性、顯著重要性的意義，這也是絕大多數政府組織、政策指標最貧弱的環節。

此外，為與國際評鑑、地方治理評鑑接軌，各機關在設定指標時，應該儘量參考及整合國際評比機構及知名媒體所做的競爭力指標。

（五）設定衡量指標的期望數值

在設定評估與衡量指標的期望值，應該是以成果、效果面去設定，例如可以是自償率25%，或是失業率下跌20%，而不是活動次數／參加人數等投入面數據。在設定數據時，可以注意：

1. 應該要有達成的可能性，且具有值得一試的挑戰價值。
2. 參考過去同期、其他相近機關的平均表現，設定期望數值。

▣表3-5　設定衡量指標期望值的檢核清單

工作清單	YES / NO	採取哪些行動
1. 期望值已經具體且量化？		
2. 曾經與過去做比較？		
3. 可由內部各單位分工／分割，在期限內完成？		

資料來源：筆者自行整理。

貳、環境分析／SWOT分析

組織與政策要時刻適應世界、環境的變化，反覆評估自身能力來面對新的現實。SWOT分析就是重要的整體評估工具。SWOT分析又稱為優劣機威分析法，是由哈佛大學的安德魯（K. Andrews）所提出。

一、SWOT分析概述

機關在制定策略時，應結合環境中的機會與機關自身優勢，並避免讓機關的劣勢過度暴露在環境及所選擇的策略中。適用於決策情境，須考量時間、金錢、人力等，擇定最佳的可行方案。

運用SWOT分析法的目的，包括：

（一）利用槓桿原理，以最小成本規劃能發揮最大效益的方案。

（二）發展出獨特的策略，作為研擬策略性目標的基礎。

二、SWOT分析之應用與執行步驟

（一）描述組織面對的外部環境。

（二）確認影響組織的外部因素，包括機會與威脅，其涵蓋的面向則包括：政治、經濟、社會、科技、媒體、環境與法律（PESTEL分析）。

（三）檢視組織內部的優勢及劣勢；接著，利用SWOT分析架構研擬可行策略。

（四）最後進行策略選擇。

影響組織推動方案的內部環境因素，主要包括：人力、組織、經費、整合、協調、領導、執行力等。以政府處理食安問題為例，首要檢視身處環境對於食安的態度、媒體與民眾對於食安威脅的重視程度，以及對政府角色的定位與期待。

其次，確認外在環境因素，包括是否有跨機關協力合作之機會，或媒體對於食安事件不當報導之威脅。

第三，除對於外在環境之掌握，亦應檢視機關內部具有哪些優劣

勢，進行交叉比對後，針對不同情境研擬可行對策並進行策略選擇，範例如表3-6。

表3-6　以SWOT分析政策問題之範例

外部環境 內部環境	O（opportunity）機會 1.已有跨機關協力合作 2.與國家政策契合度高 3.政策誘因高	T（threat）威脅 1.流動攤販不易掌握 2.媒體不當報導資料
S（strength）優勢 1.相關部門的支持 2.具食品安全專業能力 3.能獲得何種資源優勢	SO策略	ST策略
W（weakness）劣勢 1.人力資源不足 2.執行經費缺乏	WO策略	WT策略

資料來源：國家文官學院（2017）。

三、SWOT策略組合架構與方法

參考圖3-5，組織所面臨的優勢、劣勢、機會、威脅四個面向，各面向的情勢不僅一項，可能有S1、S2、S3……，或是W1、W2、W3、W4。

（一）由首長召集少數、主要業務的一級主管，共同討論優勢、劣勢、機會、威脅四個面向中，每個面向的議題、情況與困境。更好的方法是，由外界顧問協助執行這個過程（或代替首長主持）。

（二）依據四個面向的交互矩陣，列出各種策略。每個組織的重點策略不宜太多，但也不會只有一個。

（三）這個階段不僅要創新、獨特，更要決定「什麼」是不要的。若想什麼都要，收納每個單位提報上來的業務，就沒有優先性。大約僅有20%可以留下，作為策略性優先方案。

在客觀分析組織面臨的情境之後，再依據兩兩配對狀況，可分為四類基本策略組合或矩陣。包括：

（一）上上策的增長策略：本欄位策略組合的目的是，掌握機會、利用優勢而快速增長。

Strength：優勢	Weakness：劣勢
列出企業內部優勢：	列出企業內部劣勢：
◎人才方面具有何優勢？	◎公司整體組織架構的缺失爲何？
◎產品有什麼優勢？	◎技術、設備是否不足？
◎有什麼新技術？	◎政策執行失敗的原因爲何？
◎有何成功的策略運用？	◎哪些是公司做不到的？
◎爲何能吸引客戶上門？	◎無法滿足哪一類型客戶？
Opportunity：機會	Threat：威脅
列出企業外部機會	列出企業外部威脅
◎有什麼適合的新商機？	◎大環境近來有何改變？
◎如何強化產品之市場區隔？	◎競爭者近來的動向爲何？
◎可提供哪些新技術與服務？	◎是否無法跟上消費者需求的改變？
◎政經情勢的變化有哪些有利機會？	◎政經情勢有哪些不利企業的變化？
◎企業未來十年之發展爲何？	◎哪些因素的改變將威脅企業生存？

▣ 圖3-5　SWOT分析架構圖

資料來源：國家文官學院。

		內部分析	
		S優勢	W劣勢
外部分析	O機會	上上策（SO）之增長策略 1. S1O1、S1O2 2. S2O1、S2O2 3. …	中下策（WO）之移轉策略 1. W1O1、W1O2 2. W2O1、W2O2 3. …
	T威脅	上中策（ST）之多元化策略 1. S1T1、S1T2 2. S2O1、S2O2	中下策（WT）之防禦策略 1. W1T1、W1T2 2. S2O1、S2O2 3. …

▣ 圖3-6　SWOT分析與各類別策略之思考

資料來源：筆者自行整理。

（二）上中策的多元化策略：本欄位策略組合目的是，利用內部優勢去開創新機會，避免威脅而無法發揮效用。

（三）中下策移轉策略：本欄位策略組合目的是，善用機會，克服劣勢。劣勢不是擅長部分，當機會與內部資源不符合時，可尋找其他資源，以迎合外部機會。

（四）下下策防禦策略：本欄位策略組合目的是，阻止不利情況發生，將損害降到最低。

在本章第三節有關平衡計分卡之運用部分，介紹了政大吳安妮教授關於匯豐汽車中古車部門的SWOT實務經驗，可以明瞭上上策（SO）最優增長策略的範例。[1]

四、可兼採波特的五力分析

SWOT分析法簡便實用，但是顯得籠統、主觀。麥可‧波特在SWOT分析法的基礎之上，提出產業結構的五力分析（Michael Porter's five forces analysis，見圖3-7右上角），以求策略分析的細化和深化。

（一）現有競爭者與競爭力

在制定策略與執行策略時，必須面對現有競爭者。同行競爭的激烈程度，是由競爭各方的布局結構和所屬產業的發展程度所決定的。一個產業的格局，可從完全壟斷、寡頭壟斷，再到壟斷競爭、自由競爭，屬於哪一個層面，決定著同業者所面臨的競爭態勢。

對於政府運作與政策來說，公共議題的關係結構常用政策社群或政策網絡去比擬，每個議題都有主政者、利益團體，以及正反力量的對峙，每個利益或力量，都在爭取政策的主導、發言權，由此分派人事、預算、經費

---

[1] 本書引用一些吳安妮教授在《哈佛商業評論》刊登的文章。吳老師用開放胸懷，無償地、積極地促成知識的流動與延伸，本人至表佩服與感謝。《哈佛商業評論》行銷部也與本人針對著作使用上提供有意義的建議，也一併致謝。

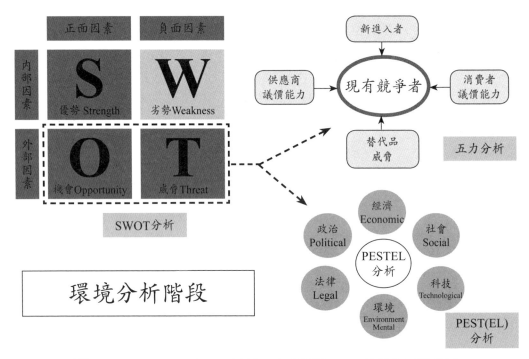

圖3-7　SWOT、麥可‧波特五力分析及PEST共構的環境分析

資料來源：Gogo Partners夥伴行銷設計，https://www.gogopartners.com/about-us/，檢索日
　　　　期：2019年6月13日。

等。另方面，正反力量也在爭取各自主張政策的形象、支持率以及市占率。

　　波特強調，這些影響現有競爭強度的因素，彼此間也存在著相互抵
銷的關係，因此要判斷現有競爭者的競爭強度，就必須針對各種影響的面
向，進行詳細且具體的全面分析。

（二）潛在進入者

　　任何一個產業，只要有可觀利潤，勢必會招來其他人對這一產業的投
資。投資必然會造成產業的產量增加、價格回落、利潤率下降，並衝擊原
有在位企業的市場占有率，統稱為進入威脅。

　　若放在公共議題上，每個政策領域或網絡，都會有大大小小的主導力量，必然也會有對政策方案不滿的力量，伺機推出創新政策以促成政策變遷，那麼，新興勢力是誰？主要的提倡者、利害關係人、新興政策企業家又是誰？進入的專業技術含量是否很高？目前政府管制造成的門檻與障礙（如法定的核准進入條件等）為何？如果利益主導者會施壓、報復，也會對進入威脅產生影響。

（三）替代品、替代服務或是方案（solutions）

　　替代品指的是和現有產品具有相同功能的產品。世界上有許多東西都可以被替代，但有替代的可能，並不見得就會發生替代。替代品是否產生替代效果，端看替代品能否提供比現有產品更大的價值／價格比。

　　運用在公共問題解決上，現有政策或方案為何？目前成效怎樣？有哪些問題？是否有未能顧及、忽略的面向與服務對象？現有服務對象是否滿意？等，這些問題都攸關公共服務的設計／再設計，進而吸引民眾的關注、支持與否，乃至影響投票行為。

（四）客戶

　　一般而言，客戶的議價能力會受到以下因素的影響：顧客集中程度、占顧客採購比重、目標產品差異性、顧客的經營利潤、顧客向後整合的力量等。對企業來說，選擇客戶的基本策略，是判別客戶議價能力，找出對公司最有利的客戶，設法對它促銷。

　　公共議題所涉及的對象，從來都不是空泛的「公眾」，而是一群群標的對象，每個群組的標的對象都不相同。每次市場或民意調查中，都要針對性別、學歷、職業、年齡、偏好等因素，進行人口特性與支持率的交叉分析，並且與實際投票行為中各投開票所的開票狀況，追蹤某個公投案或候選人（兩者都代表一個個的「方案」）的選票分布狀況，釐清哪些小眾或群體有特殊需求與偏好。

（五）供應商

供應商和客戶的價格談判能力，具有很大的雷同性。用產品流程來看，下游企業就是客戶，上游企業就是供應商。當企業進行銷售時，就是供應商角色；當企業採購時，就變成了客戶角色。

從廣泛的利害關係人角度來看，公部門不僅是與服務對象、標的人口打交道與滿足他們的需求。同等重要的（可能更重要的）還有上級授權機關（或說太上機構，overhead），這些機關任命我們的正副首長、認列我們編列的預算、核備我們草擬的法令等，得要積極主動地向上課責、向上報告與向上管理，才能確保機關的正當性與合法性。

此外，立法機構、媒體、全國性公益／利益團體、智庫等，從公共治理／公司治理／社會責任角度來看，都是我們的供應商，提供價值、授權、資訊、預算等組織運作與政策成敗不可缺少的政治支持，是組織與政策面臨危機時，能夠化險為夷的關鍵。

五、PEST(EL)分析

五力分析較適用於單一組織所面對的產業環境，若用以分析公共組織、非營利組織及公共政策時，涵蓋面更廣泛的是PESTEL分析。

（一）利用PESTEL（或只用前面四項的PEST）分析組織外部環境

對於組織所處環境中政治、經濟、社會、科技、環境與法律分析（Political, Economic, Social, Technological, Environmental, and Legal analysis），可依各項列出有重大影響因素的清單，評估自身的競爭優勢與核心能力。

PESTEL分析需要甚多的時間與人力，但分析者可自行在這幾大面向中，挑選適合的評估標準，搭配以上兩種（SWOT分析以及五力分析），以便清楚掌握內外環境因素。

（二）利用PESTEL分析政策或新的選項的可行性

　　我們可以利用PESTEL的架構，製作表格來檢視哪些政策更符合政治可行性（feasibility）、行政可行性、公平（equity）、環境衝擊（impact）、經濟衝擊／成本效益等標準，透過質化／主觀的整體正面或負面評估（+號或–號），累加計算各項方案選項各自正號及負號狀況，判斷可行性高低。（參考第二章第二節之表2-7、表2-8）

參、策略制定執行及績效評估

一、策略方案的執行與校準

　　策略選定之後，即需將之執行，定期緊盯各單位是否依上位策略及指標落實，且要向下延伸擘劃各機關及單位的施政重點，擇定各機關、各單位個別施政計畫。

　　（一）分層授權之業務分工：各機關及各單位負責研擬該單位「使命及願景」、「施政重點」、「業務面向關鍵策略目標與績效指標」。例如你是公關室主任，要在總目標之下，配合訂定什麼公關室單位目標？注意不能無視總目標，更不可與總目標衝突。

　　（二）績效方案的執行與校準：將各階段策略性工作與評估作業，加以落實與執行，需要定時檢討，使策略、目標、關鍵績效指標、目標值設定等都在正確路徑中，每年並依環境變遷與政策調整需要，滾動修正。

二、績效資訊的分析與報告

　　績效報告撰寫，應該從總體與個別面進行比較、解釋與分析。

　　（一）可參考官方紀錄、顧客意見調查、實地訪查，以及使用儀器監測設備（例如污染數值）等資料，於標準化後轉為績效等級或是燈號。

　　（二）給予評價時，要從長期績效觀點，分析量化數值以及描述變化的意義。

（三）要從策略路徑圖、指標樹體系去評估策略落實之成效。

三、績效資訊之運用：預算及獎勵

績效資訊反映出政策、計畫、人力資源與組織設計的缺失，應該依此重新分配與編列。

（一）政策面的意義

1. 應用於機關施政成果考核，決定經費補助之參考。
2. 作為下屬單位施政考評及獎懲依據。
3. 據以考核專案政策或計畫之成效，決定下年度經費之配置。
4. 編列預算時，應該先落實有優先性的關鍵策略計畫。

（二）績效獎勵面的意義

企業常有經濟、金錢、不次拔擢之誘因，足以吸引成員投身變革。儘管政府機關福利、薪資都受限於預算與核銷規定，但仍可運用公開讚譽、給予更多預算、專案計畫管理裁量權、彈性、升遷優惠等，獎勵成員努力提高執行效能。

肆、小結：執行架構、優先事項與公共參與

策略規劃的核心，在於瞭解問題、確認問題的本質，以便規劃優先待辦事項清單。其次，對於政府來說，在策略思考之外，等同重要的是民主思維與公共參與。每個問題都沒有簡單的答案，我們不僅要相信研究分析、明確的商機、明確的政策，更需要良好的溝通，讓公民參與。

一、策略規劃是政治溝通的過程

策略規劃不只是機關內部的作業，更是整合內部員工、外部利害關係

人的一個溝通、互動及參與的過程。藉由拉近與社會的互動，從而澄清公共價值、釐訂目標。例如績效預期水準如何指認？由誰指認？

　　簡單來說，就是問問各類民眾，你面對什麼難題？你需要什麼？這不僅是管理，且具有民主與課責價值，從所服務的對象（民眾或利害關係人）角度去衡量整體表現，而不是組織或官員單憑一句「國家利益」做主觀判定。

二、策略規劃是統合性作為

　　策略規劃要統合重要的組織、資源與努力，聚焦於長期、策略性方向，這要透過邏輯嚴謹的策略路徑圖去推演與導引。

三、績效管理是策略落實的過程

　　績效管理是把使命、願景、策略加以落實、調整施政方向的管理過程。組織與政策都應該用有效的途徑做正確的事情，並且達到期望的水準，而此，要將策略目標、指標等內涵整體連結。

四、績效管理需要正確的比較心態

　　績效管理是落實使命／願景／策略的工具，而不是側重於與其他機關比較。各機關的使命與價值都不相同，無從比起。正確的比較，應該是與自己相比，例如：去年的、前年的、現在的自己，與預測相比，看看方向是否正確？有沒有進步？

第二節　政策或方案的規劃與設計

　　公共政策是整體性、完整性的有機功能，必須依據上位策略或施政計畫，思考本身計畫如何配合，從中制定出明確的政策目標。因此，政策目

標不是憑空杜撰的，其源自上位計畫與環境需求，並且由此督責所屬單位配合政策，進行更細部的計畫或方案制定。

壹、政策規劃1.0：基本原則與過程

當公共問題被政府機關接納，願意認真考慮，就會被排進施政的議程，由政府機關內外的相關人員規劃解決方案。因而政策規劃的意義是：政策分析人員或公務員為了解決政策問題，採取科學方法，廣泛蒐集資訊，設計一套未來行動方案的過程。這個意義包括：

一、系統性：須以系統的方法進行規劃，例如依據一定的程序認定關鍵問題、蒐集資料、設計備選方案、採行方案等，也可能運用問卷法、訪談法、觀察法、文獻法等，蒐集相關資料或資訊以為佐證。

二、做決定的過程：是為了促進政策變革或變遷所做的「抉擇」過程，以改變當前現狀問題。

三、集體性：是集體互動下的產物，不（宜）只是高層或是少數人決定。

四、考慮總體環境：從事規劃時要注意總體環境因素（例如政治、經濟、社會、法律及文化面向等），也要與其他部會及政策強化協調整合。

如前所述，政策規劃不僅是行政機關中公務員的活動，立法機關（民意代表、助理或幕僚）、利益團體（包含公益或特定產業與利益的團體，如公會、工會、漁會、農會、商會、社區發展協會、消費者保護團體）、政黨、智庫或學術研究單位、媒體（揭露某些公共問題以及行政人員的不良行為），都與政策規劃有關聯，有時候甚至能夠公開地、或透過管道提出另一套政策建議，所以有政策社群及議題網絡的概念。

既然圍繞公共事務的處理，有很多的利害關係人，因而有一套通用且基本的政策規劃指引，可以讓參與者享有共同術語、認知與程序。

一、卡普蘭所提政策規劃原則

國內談到政策或方案的規劃，最廣被認知的概念，是卡普蘭（Abraham Kaplan）所提的七項規劃原則。這包括：

　　（一）公正無私原則（principle of impartiality）：即從事政策規劃時，應以無私無偏之態度，對當事人、利害關係者、社會大眾等，均予以通盤慎重之考慮，避免受到不當遊說或壓力的影響，也不要偏頗、圖利特殊利益團體。

　　（二）個人受益原則（principle of individuality）：即從事政策規劃時，應考慮無論是採行何種方案解決問題，最終之受益者都必須落在一般人民身上，讓民眾真正分享正面利益。

　　（三）劣勢者利益最大原則（maximin principle）：即從事政策規劃時，應考慮使社會上居於劣勢的團體及個人，例如低收入、失業、殘障、婦女（性別平權）能得到最大照顧。

　　（四）分配普遍原則（distributive principle）：即從事政策規劃時，應盡量使受益者擴大，而非僅限少數人。

　　（五）持續進行原則（principle of continuity）：即從事政策規劃時，應考慮事務之延續性，從過去、現在及未來之角度研究方案之可行性。行政首長任期不確定，但政府機關不宜設計短期、無連貫性、為爭取選票的短期錢坑方案。

　　（六）人民自主原則（principle of autonomy）：從事政策規劃，應本於輔助原則（地方優先、民間優先，中央是補充性功能），考慮政策問題是否可授權地方政府、民間社團、社區決定並處理。

　　（七）緊急處理原則（principle of urgency）：即從事政策規劃時，應考慮各項公共問題輕重緩急後，對於較緊急、急迫與重要之問題，應即刻加以處理解決。

二、政策規劃的過程

　　理性的政策規劃過程及步驟，大致包括：（吳定，1999：222）

　　（一）決定目標（goal）。決定目標是政策規劃中最重要的工作，因為必須決定整個政策制定的方向、原則及方針。有了目標之後，才能依序規劃較具體的目的、設計替選方案等。

　　（二）評量需求。指評量某一族群之需求程度，與現行方案之間的差異或是缺口。

　　（三）敘明目的。係指對計畫或方案所欲達成的成就或狀況，做明確的、詳細的、具體的及操作化（也就是數量化）的陳述。

　　（四）設計替選方案（alternative）。替選方案係指當採行某一項行動後，即不可能再採行的另一項行動。其次，被稱爲一組替選方案的所有方案，均與達到同一個目的有直接相關。

　　（五）評估替選方案後果。各替選方案之相對優點與缺點，必須詳細地分析，以作爲下一步驟選擇方案的基礎。在比較各方案的優缺點時，主要係評量各方案執行後的可能結果（參考圖3-8）。

▣ 圖3-8　蘇花改全光譜改善方案示意圖

資料來源：李元唐等（2013）。

　　（六）選擇替代方案。在此步驟中，由決策者負責針對前面各步驟所得出的結果，例如目標、需求、目的、各替選方案之內容及比較等，進行最終方案之決定。

　　（七）設計執行辦法。當計畫已經選定後，對於如何將方案的內容轉換成具體的行動，亦即詳細執行計畫的辦法，亦應一併予以研究擬定。

　　（八）設計評估辦法。對於已選定的方案，將來如果執行後，究竟如何才算成功？是否有修正的必要？或是否有停止執行的必要？在政策規劃階段，也應事先予以擬定。

　　（九）檢討與修正方案：係指在規劃政策計畫時，應設計適當管道，使未來政策的評估結果，能夠回饋到規劃階段，以決定是否有修正政

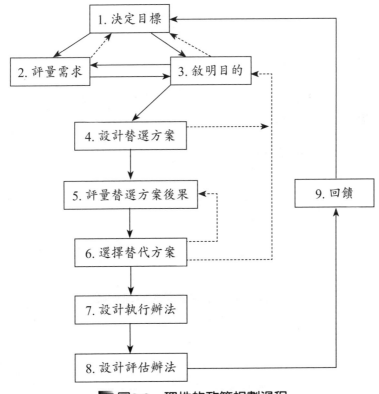

■ 圖3-9　理性的政策規劃過程

資料來源：吳定（1999：222）。

策目的之需要。此項回饋步驟,使政策規劃工作具有反覆進行的特質,現在常稱為滾動式檢討。

　　李安妮等(2013)從施政計畫落實的角度,執行行政院經濟建設委員會(現在國家發展委員會的前身之一)《提升「國家發展計畫」規劃效能之研究》時,提出我國版本的理性規劃過程。(參考圖3-10)

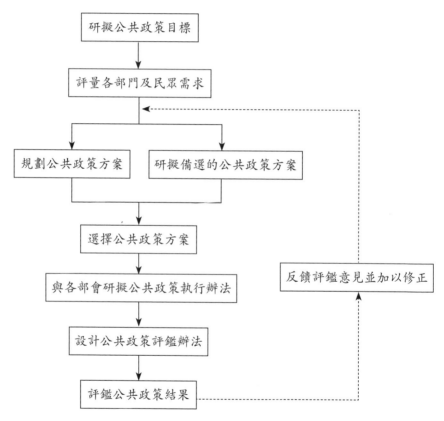

▌圖3-10　公共政策規劃流程圖

資料來源:李安妮等(2013:45)。

三、政策可行性分析（feasibility study）

　　在規劃的備選方案提出之後，還要進行政策可行性分析，更全面且務實檢討各備選方案的可行性與優缺點[2]。可行性分析是周詳考慮方案可不可行？以及如何落實？這個分析結果不是二分化的「做或不做」的問題（通常已決定要做），目標是：系統化思索政策的各種可能狀況，以及找到攸關成敗的關鍵因素。可行性分析的內容通常包括（Dunn, 2008; Weimer and Vining, 1999）：

　　（一）經濟可行性：指經濟資源的配置是否充分，足以實現備選方案，通常以成本效益分析來進行。這還包括：

1. 一般性資源的金錢預算等，是否足夠或是有穩定來源？
2. 特殊性資源的專業性人力、物材與資訊，特別是國家重大建設所需資源是否足夠？以及是否有穩定來源？

　　（二）技術可行性：科學、技術、知識、工程、人力等執行上是否足以實現該備選方案。

　　（三）行政可行性：評估機關管轄權、組織配置、程序等面向，有無意願與能力承擔政策方案的執行作業。這包括執行機關的安排、層級高低、內部結構、管理人員、一般人員的素質、管理技術、上下與平行的連絡互動管道。

　　（四）法律可行性：當前法律及法制面體制是否相容與授權？裁量程度多少？能否克服法規上的障礙？是否違反法律規定？要不要修法？

　　（五）社會可行性：就社會民情、文化與習慣、價值面上，分析是否與備選方案相容？例如觀光遊憩區的飯店劃設一小部分空間開放博弈賭

2　例如《促進民間參與公共建設法》第6條之1即規定，「主辦機關依本法辦理民間參與公共建設前，應先進行**可行性評估**。前項可行性評估應納入計畫促進公共利益具體項目、內容及欲達成之目標，並於該公共建設所在鄉鎮邀集專家學者、地方居民與民間團體舉行公聽會，對於專家學者、地方居民與民間團體之建議或反對意見，主辦機關如不採納，應於可行性評估報告中具體說明不採之理由。」

場，或是性交易除罪化等。

（六）環境可行性：評估對環境的影響，或是否要進行環境影響評估，瞭解能否克服環境保護法令的限制。

（七）時間可行性：分析政策或計畫要達到目標所需的時間，或是完工時間，乃至於方案執行後產生效果的時間等，能否滿足當前與未來需要？例如北宜高速公路、蘇花改的工程都橫跨十數年。

（八）政治可行性：分析政治行動者對於備選方案之態度與立場，也就是政治方面接受的可能性，包括一般民眾、政策對象、首長、意見領袖、議會、政黨、利益團體等。這其實是最重要的項目，詳細方法可參考第二章第二節。

貳、政策規劃2.0：決策的新典範

所謂政策規劃2.0版本，與第壹部分的基本原則相比，我們希望能夠納入一些重要元素，或是過去討論不足之部分。

一、民主原則

公共問題各有其發生脈絡，而這些根著於過去特定地方風土與時間成長出來的地方經驗與地方知識，影響政策的發展與嚴重性，要充分認知與評價議題，必須完整知道問題脈絡與當事人情境與身影。

我們可以到各處尋訪探查、聆聽更多當事人陳述、問更多問題，經由現地觀察去梳理問題的成因與人性的荒原，完整評價後再尋找對策。因此，我們應該在民主與過程面當中，注意到：

（一）參與性

政策規劃應該首重參與性，參與性包括很多層面，例如受到政策直接影響的公民、社區團體、廠商、甚至是地方政府（應該有機會參與國政討論）等，都應該有多回合機會，在規劃過程表示意見與疑慮。

（二）代表性

公民參與的機會不常有，而且實務上不易進行，但是應該讓受到決策影響的群體，有其自選的適當代表參與決策過程。

（三）臨場／現場性

現場的事情，要到現場去思考，規劃人員應儘量到政策議題現場，去發現不尋常之處以克服盲點。到底當場發生什麼事情？當事人講的是否為真？過陣子再到現場勘查，會不會有不同的當事人與迥異的觀點？

二、倫理原則

能被拔擢擔任政府高階文官，是因為在升遷序列與公務生涯中，像不規則的馬賽克拼貼，「嵌鑲」在某種政治、扈從或人際網絡，被推擠向前，才比其他人有機會被拔擢，因而也有不得不考慮、揣摩心思的對象。簡單來說，當公務員要希望被推擠向前、官運亨通，揣摩上意是必不可少技能，當長官交辦可行性分析時，其態度可想而知。

倫理議題，提醒政策規劃人員在設計政策時，不只是為了升遷與揣摩，「不管怎樣，你還是國家公務員！」回想年輕時擔任公務員或從政初衷，從長遠與公共利益角度，儘量公允呈現資訊的多元性，為沉默的社會弱勢、未來世代發聲。人類善意之深，遠遠超過你我之想像。

（一）SMNT的測試（sleep, mirror, newspaper and time, SMNT）

這是指心安理得、面對鏡像中的自己、媒體頭版、時間等四大考驗，也就是政策規劃過程，你心安理得而睡得安穩嗎（sleep test）？你能面對鏡子中的自己嗎（mirror test）？如果你的決定出現在媒體頭版，你能接受嗎（newspaper test）？以及是否有信心，在經過一段時間後，決策同樣讓人信服（time test）？

（二）注意政策副作用，誠實且忠誠地分析

任何政策、方案或是變革都有副作用與反作用力，政策規劃應該列出新政策的受益者、受傷害者或誰被排除。

評估備選方案並且列表比較時，應該忠實地描述利害關係人當中受益、受損狀況，計算政策可能的支持者、反對者與輸贏之間的比例，進而在政策建議中設計補償措施，降低政治障礙（Newhouse, 1993; Bardach, 2000）。

（三）務必客觀臚列多項可能方案

決策可視為拼圖的過程，把情報、資訊蒐集起來，一片片拼成完整的事件全貌。不同的拼圖或是重組，都會改變議題的本質，因而解決問題會有很多思考方向，不可能只有單一途徑（其他方法何時被拋棄了？），多想一些備選方法，並以均等篇幅去做成本效益、正面負面效益評估，並且製表呈現。

三、實質原則：策略性、自償性及協力性

（一）落實上位施政計畫的策略性

每個政策或方案，都與其他政策方案有上、下游關係，而不是孤立或隨機的個別計畫。

1. 政策或方案都該設計有意義的「關鍵策略目標」（KPI）

KPI除了要能反映施政主軸，也須標示要透過哪些KPI來反映、落實上位施政主軸的KPI。

KPI要真正關鍵，須符合80/20法則（柏拉圖法則）。例如若某個KPI達成後，能夠產生至少三成到四成的問題解決能量，而累積二個到三個KPI的能量，可以達到七成到八成的問題解決能量。如果設計的指標，乃至於政策方案，達成之後只能處理細瑣的問題，就是不優良的設計。

2. 進行政策的調控

　　各機關要進行由上而下的管制與調控，使其不致偏離施政或政策主軸，引導人力、預算、關注力等資源，優先配置於施政主軸。

3. 建立各項施政主軸，與各計畫或方案策略目標的對應關係

　　各政策都應該明確指出哪項關鍵策略目標與KPI，有助於哪項施政主軸的達成。

　　策略性是整合資源、聚焦政策目標的最重要原則，需要注意四個管理面向：

1. 向上管理－與機關施政使命、首長理念揭示之重要政策扣合。
2. 向下管理－邀請利害關係人參加多回合公民參與，共同擘劃策略與目標，反映出民眾期盼的需求與結果。
3. 向內管理－往下要求各附屬機關及單位業務推展，須聚焦於整體關鍵策略目標及其衡量指標。
4. 向外管理－在正式場合，協調外部有關機關或組織、企業與社團，採取達成策略的共同作為，也利用非正式人際網絡（例如讀書時的同窗情誼等）進行相同勸誘。

（二）永續經營的自償性

　　一般的投資或是營運，大概都會評估成本多少？每月／每年收益或現金流入多少？殖利率以及多少年可以回本？若是評估結果是每月（或年度）現金流量不足以償付貸款，為避免拖垮財務，大概就不會投資該項目。

1. 自償能力的思考

　　公共事務（尤其是公共或地方建設）也應該或多或少建立類似的投報率、殖利率、本益比（P/E）的觀念，提升自償能力[3]。公共建設或服務

---

[3]　「自償性」意義，是指以未來營運管理所得資金，作為償還財源債務，或是償付方案總成本，也可說是營運所賺的錢，拿來償還所投入建設成本。例如自償率為30%，就

雖不爲營利，但也不宜過於浪費，淪爲錢坑。

2. 財政紀律的基本認知

我國在2019年制定《財政紀律法》[4]，要求各級政府應該重視財政責任與國家利益，編列預算與計畫時，不要受到政治與選舉因素影響。政策規劃能夠幫尚無法發聲的下一世代代言，而落實財政紀律、避免拖垮財政就是其中重要方式之一。

反對看自償率數字的人主張，「政府做事不能想賺錢」、「地方最瞭解基層需要，不應施加過多枷鎖或門檻」、「政府投資不能只看回收比例」、「自償率應該不是評論公共建設的標準」等，我們覺得千萬不要、絕對不要把消化預算、浪費、討好民眾與選票，與公共利益混爲一談。

(1)財政紀律、自償能力等要求，從未規定100%自償。在自償率以外部分，就都是政府補助責任。

(2)自償率極低的計畫，經常代表的就是需求很低、受惠者很少，換句話說，就是沒有多少人去利用。許多低度使用，或是閒置的蚊子館舍、公共設施，就都是相近問題：原先大言不慚的公益性到哪去了？只有你們要綁樁吧！

(3)資源有限下，自償率較高的方案會被「優先考慮」，比較低自償率的，並非不予考慮，但提案機關可以再想想，如何提高使用人數、或是增加公共資產的使用效率與創造收益。

是這個計畫在評估年期內，營運之現金淨流入能償付30%之投資建設成本。至於另外70%，通常是由中央政府對於建設或方案的補助。因此，國家或中央仍舊要負起補助的責任。就實務規劃上，現金流入部分主要如本業營運收入（例如軌道運輸票箱收入）、附屬事業收入（例如車站內超商），及資產設備處分收入（例如合建分售的車站大樓，可出售或出租分配到的樓地板面積）。

[4]　《財政紀律法》第2條第1款，「一、財政紀律：指對於政府支出成長之節制、預算歲入歲出差短之降低、公共債務之控制及相關財源籌措，不受政治、選舉因素影響，俾促使政府與政黨重視財政責任與國家利益之相關規範。」

3. 跨專業、跨領域去提升附加價值

面對財政資源短少的情況下，為讓公共事務永續經營提供服務，簡單的類比思考就是：如果這是你自己的資產（土地、建築），你會如何持續二十年、三十年不間斷提供照護、文化、社教等服務？

(1) 長期的跨領域專業整合規劃。例如整合有關業者，進行土地整體規劃開發，合資興辦服務。若是自己想不到具有創意的方案，可以拜訪或委託顧問公司、土地開發公司、建設公司，或是複合型場站商城的業者，請他們提供建議與想法。

(2) 若是想不出本機關有何特色資源，可邀請外界幫忙檢視與盤點自己的優缺點。每個政府機關都有優勢、劣勢，甚至是信譽、特點，或是一些閒置的資產設備或是區分地上權等[5]。從他人角度去盤點，可以找到很多創造公共價值的亮點。

（三）石頭湯與公私協力之原則

美國前總統雷根是共和黨，該黨的意識形態是主張小政府，讓市場及民間社會去扮演主要角色，政府、乃至於聯邦政府，都應該越小功能越好。他曾經講過一句名言：「最駭人的九個英文字就是：『我是政府派來幫忙的！』（I'm from the government and I'm here to help.）」[6]

我們無需跟右派共和黨或是更右派社群主義一樣，對政府抱持戒心，但是，的確要注意政府冗長繁瑣的程序、非人性化、年度預算執行／消化，不利於公私協力暨信任關係累積，政府經費與介入，甚至養成民眾對政府或國家的依賴。

5　公共資產的上方與下方（區分地上權）都可加以利用，例如中小學要改建或新設，校舍、運動場上方、下方可否運用？附屬運動設施可否讓社區居民使用？可從最大化受益者、需求者角度，把直接、間接受益者都納入思考。

6　請參閱雷根總統基金會網站，https://www.reaganfoundation.org/ronald-reagan/reagan-quotes-speeches/news-conference-1/，檢索日期：2020年4月10日。

1. 石頭湯故事

　　把事情做好，其實並不需要花大量公共經費，政府可扮演輔助、導航的角色，鼓勵民眾、社團與企業等民間社會力量，靠自己的雙手來滿足自身需求。以下舉出「石頭湯」故事，說明公私協力夥伴關係。

　　一個飢累交迫的和尚走進貧瘠的村莊，想向村民化緣，但是害怕陌生人的村民紛紛把門關起來。和尚無奈，向村民借來大鍋煮水，水慢慢沸騰時投入石頭，好奇的村民問：「您要煮什麼湯？」和尚說要煮石頭湯止飢。村民們心想石頭湯怎麼喝，於是貢獻各自擁有的些許雜糧、蔬菜、肉與麵粉等，每人貢獻一點，湯就煮好了，大家也都分享好喝的湯。翌日早晨，和尚向村民告別，村民對和尚說：「從今以後，我們再也不會挨餓了。我們會煮石頭湯了。」[7]

　　石頭湯故事可以呼應前述政策規劃原則1.0中的「人民自主」原則，民眾不是不能解決自身問題，但是仰賴政府這個習慣已行之有年，政府也習於大政府思維，從搖籃到墳墓期望幫民眾包辦。我國《禮記》之〈禮運大同篇〉也說：

　　人不獨親其親，不獨子其子，使老有所終，壯有所用，幼有所長，矜寡孤獨廢疾者，皆有所養。

---

[7] 這是2018年公務人員地方三等特考考試題目。石頭湯故事原則也被應用於實務，例如台北市社會局於2016年（迄今）推出「石頭湯計畫」，從社區端出發，透過社區居民對長照的參與，整合醫療及照顧服務，為長者、失能或獨居老年人提供更有效益的服務。之所以取石頭湯計畫的用意，就是希望每個人都貢獻一點點，來成就社區整合照護的服務，由一個人把這些資源整合起來，提供給有需要者，而不是有需要者自己去到處找各種服務。詳見台北市政府「市長新聞稿專區」，https://www.gov.taipei/News_Content.aspx?n=2044902FC839D045&sms=72544237BBE4C5F6&s=5ED0A7F5F506170A，檢索日期：2020年4月4日。

要做到天下為公，不見得非得要政府包辦。戰國・鄒・孟軻《孟子・滕文公上》有說：

鄉田同井，出入相友，守望相助，疾病相扶持。

《漢書・卷二四・食貨志上》也說：

出入相友，守望相助，疾病相救，民是以和睦。

公共議題延伸到最後都有地方性，在地人之間都存在某種程度的羈絆、人情或親屬關係，與多多少少的共同體意識、社會資本與信任。政策的規劃，應該注意到地域性連結關係，誘引出這種人際黏度與鑲嵌特質，讓地方社群、個人可運用其靈活與彈性之特性（這是政府機關最缺乏的），共同生產公共服務。

2. 盤點獨特資源，雙手萬能，就地取材

每個地區、社區，乃至每個人，都有各式各樣的資源或稟賦、興趣或是專業，就地取材，把林林總總的這些人礦、腦礦等資源，盤點、激盪與整合起來，這些都是營造一鍋「石頭湯」的食材。

例如某人可能有閒置的土地、某人會手工造紙、會製作小木工或是粉刷、善音樂、樂於與異國文化或外地人打交道、會景觀設計或園藝、擅長小吃甜點冰品製作、退休人士會程式設計，也可能認識大媒體記者、知名部落客等，再不濟每個人還有最原始的體力。人的雙手很靈巧，什麼事都能做。真正缺的東西就沒辦法變通，利用手上的資源自製或改造自己做的東西，也不用包商維護及技術支援。

至於政府，不用非得出預算，本來就有的權威、治理正當性、公共組織、來自中央的資訊、號召力等。「石頭湯」食材收集好了，此時，仍需要一個廚師指揮，那就是「政策企業家」。

3. 政策企業家技能：吸引人礦及腦礦參與公共事務

　　本書第二章有提到政策企業家，本質上善於結網、熱衷於地方事務，他們有機會引導在地資源與人脈去發揮地區特質。這可以是公務員，也可能是計畫或扶植團隊的行政經理，但絕對要有的認知是：政策企業家不是朝九晚五的上班族，可能得在大家工餘之際或假日才開始上班，一般公務員很難做到這樣。此外，政策企業家可以磨練或熟悉必要技能：

　　(1) 透過外人之眼，做資源盤點、優勢及劣勢分析。透過第三人的視野，找到本地獨特的「食材」或「烹調方式」。做這些事不用花錢，雙手萬能可就地取材自行製作，端看主事人是用政府預算去黏著大家，還是用非金錢因素去黏著大家。

　　(2) 找到創意後，看缺什麼食材或技能，尋找合適夥伴。只有團隊合作才能夢想成眞，主事人要把所有機會、資源及可用技術分類，爲每個創意找到必要的人，或是透過教育訓練與實作去嫻熟技能。

　　(3) 擔綱食材的廚師，扮演好「結網者」角色。政策企業家要與外界互動溝通，與其他公私參與者建立資訊分享與交換機制。

　　(4) 各機關專業行政或技術人員要克服行政與法規障礙。政府要認眞把公共事務／在地創生產業，當作一個產業來經營，將政府的行政流程、預算核銷等配合在地創新團隊，不是讓地方團隊去配合行政流程。

四、工具原則

（一）意義

　　「政策工具」就是政府欲達成政策目標，所運用的各種方法、技術或機制，也就是我們應該用哪些工具來影響標的團體的行爲，才能達到政策目標。因此，政策工具有以下內涵：

1. 工具，是目標與執行、受眾之間的中介。

2. 是有目的的系統思考與設計。

3. 要注意標的團體的意見與觀點，才能影響其行爲、獲得其順服。

4. 最有效果的工具設計，應該促成標的團體主動參與政策，或是消極地配

合或是容忍。

（二）工具種類

具體來說，我們常見的政策工具，包括：道德勸說、市場、貸款保證、稅式支出（抵稅）、財政補助（如抵用券）、管制、罰款、政府直接提供、能力建立、誘因、符號勸告、學習等。這些工具可以從強制性高低排序，產生政策工具的強制性光譜。

不同的問題，需要不同的方案與工具來回應，每種政策工具有不同的行為假定與生效條件（Schneider and Ingram, 1990）。政策設計機關可以依據環境因素、政策性質來決定，從政策工具箱中選擇合宜的工具（Hood, 1983; Bressers and O'Toole, 1998: 226-230; Salamon, 2002）。以下舉幾個例子來說明工具種類。

1. 管制與法律性工具：例如法令、管制、禁令

2020年春節前後，世界各地遭逢新冠肺炎侵襲，我國「管制」口罩價格，由國家統一收購、統一週期配售，每個口罩5元（過去每個可能不到0.5元）。比起其他國家搶購、囤積與缺貨，國內每位民眾都能滿足基本口罩使用需求，而且將口罩主要供給予抗疫、防疫的第一線醫護人員。

另外，農田水利會是台灣源自日治時期的「水利組合」法人農業組織，2020年10月1日後，全國的農田水利會改為行政機關，會長與會務委員改為官派，組織納入農業部的農村及農田水利署管理。不管官方理由或說法為何，都代表政府對農業事務的加強管制。

依據學理，傳統類的管制，甚至政府補助款支付等，通常與集權化有關聯，可能削弱地方政府、民間社會的能力，讓地方政府、民間社會認為某些公共議題是國家的事情，與自己沒有關係。

2. 補助與經濟工具：例如補貼、委外、採購

經濟部為鼓勵民眾使用高能源效率的瓦斯器具，同時協助產業發展，因而自2019年10月起為期半年，「補助」民眾購買節能瓦斯爐及瓦斯熱水器。凡能源效率分級標示一級或二級雙口（含）以上的瓦斯爐每台

補助1,000元，自然排氣式瓦斯熱水器每台補助1,000元，強制排氣式瓦斯熱水器每台補助2,000元。預計成效是：預計補助31萬台，每年可節省瓦斯2.63萬公噸，相當於10.3萬家庭用戶年瓦斯用量，預估可帶動銷售產值26.1億元。[8]

　　這裡值得注意的是，工具的使用會學習與進步，例如不再是無條件提供補助，而搭配其他工具，例如標章、認證等，引導到特定的其他政策目標。

3. 資訊與溝通類工具：例如認證、能力建立、跨國學習、群聚

　　「資訊」這項工具，被感覺不太重要，也沒有立竿見影之效果，但其實這是花費最少、且不虞匱乏的一項工具。正確使用這項不具威脅性、沒有強制性的工具，能夠正面強化地方、公民、企業去承擔責任。

　　當代政府都在警示溫室效應、推廣能源節約，也花費大筆廣告宣傳隨手關電燈。英國前首相大衛・卡麥隆曾在TED中以「新時代的政府」為題，舉例如何認同人性、順應人性去做聰明的政策規劃。

　　如圖3-11所示，只要在寄給民眾的電費單中，用視覺化的比較圖顯示：你的電費（2,304度）、附近鄰居平均電費（744度）、以及其中最省電鄰居的電費（362度），用行為經濟學可以轉換民眾行為，比威嚇、勸導、巡查等方式更有效果，而且成本更低。

4. 工具組合

　　政策或方案很少只用到單一工具，往往是多種工具的組合，例如衛生醫療保健政策，除了由民眾到市場購買商業保險、政府建構制度強制納保等兩極選擇之外，還有提供資訊、勸告多運動並定期檢查、補助貧困者、

8　經濟部能源局，https://www.moeaboe.gov.tw/ECW/populace/news/News.aspx?kind=1&menu_id=41&news_id=16469，檢索日期：2020年4月7日。依據公布的補助金額、預計銷售量、節省瓦斯度數，值得進一步估算的是，補助效率與效能是否合算，或是有沒有更好的其他補助方案。例如各補助1,000元、1,000元、2,000元，抓平均補助1,333元，合計補助4億1,323萬元（1,333元×31萬台）。此際需要計算節省的瓦斯總費用等，透過成本效益分析去做「其他」備選方案比較。

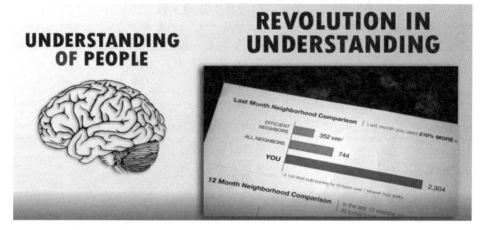

📥 圖3-11　運用行為經濟學做電費單比較

註：kWh即電費單上的一度電。

資料來源：擷取自大衛・卡麥隆的「新時代的政府」演講，該影片發表於2010年2月，圖
片擷取大約在第10分鐘，詳見https://www.ted.com/talks/david_cameron_the_next_
age_of_government?language=zh-tw#t-643679，檢索日期：2020年4月7日。

對醫療機構進行管制等，有不同程度、不同工具的並行運用（Howlett and
Ramesh, 2003: 82）。

　　黃裕翔（2004）歸納出歐盟促進科技研發所規劃的各類方法（見表
3-7）。這些科技創新常用的政策工具，不脫補助、市場機制（例如採購
與委外）、政府直接提供、能力建立（教育訓練）、貸款等。

📥 表3-7　促進研發投資的政策工具

政策工具	政策內容
支援基礎研究	援助大學及公共實驗室
公共研究部門與產業的連結	大學基金 促進產學合作 促進資源及設備共享 支援委外研發

表3-7　促進研發投資的政策工具（續）

政策工具	政策內容
對人力資源訓練的支援	為企業設計專業課程 企業能力的訓練 創新技巧的訓練 對研究人力聘僱的補貼
產業研發的補助	針對研發活動的補助 針對產學合作的補助 研發貸款
對研發活動的財政支援	提供企業在研發支出上一視同仁的財政支援
對創投基金提供支援	對創投市場的補貼
設立研發中心	設立研發園區、善用知識外溢效果 設立育成中心 設立科技園區
資訊傳播支援	建立研發資料庫 提供顧問服務 提供外國科技發展資訊 提供專利資料庫 提供標竿資訊
網絡建立	協助同業成立資訊交流平台 建立育成中心或科學園區內知識傳遞網絡
採購計畫	研發採購計畫 創新財的公共採購計畫 對私人採購計畫的支援 利用採購計畫引導創新方向
有關組織的政策	群聚政策 供應鏈政策

註：筆者按：表格中的創新財的公共採購計畫，可能指「購買」智慧財產權或是專利，取
　　代比較耗時的自行研發。

資料來源：黃裕翔（2004：72）。

5. 政策工具的選擇，需要長期的學習與調適

政府公共目的之達成，不見得要直接插手管理或是提供服務，運用可能沒有效能且很花錢的官僚體制，會造成民眾事事仰賴公部門的心態（除非這個政府本意即是如此）。相反地，設法建構行為者的互動網絡，可讓社會有更多誘因與興趣去激盪火花、參與公共事務。

（三）政策工具運用的原則

自由民主的社會，較偏好公平、有效、強制性較低的工具，因而不會只想到棍子與胡蘿蔔（管制或經濟誘因），會考慮各種工具的可能性，儘量減少干預與管制，可從人性、行為經濟學角度去設計誘因。以下從第二代政策工具角度，提出工具設計時的建議：

1. 輔助原則

政府依據輔助原則（subsidiary）而扮演策略性的協調功能，儘量將服務提供的功能，交由地方政府、民間團體、企業、銀行或信用合作社承擔，也就是俗稱的「民間能做，政府不做；地方可做，中央不做」。中央或公權力僅在政策失靈時才介入，扮演次要、從旁協助的角色。

2. 注意比例原則

當政府打算運用公權力進行管制、禁止或補助時，應該注意到：

(1) 是否有其他更少強制性的方法？例如勸告、建議等。

(2) 達到政策目標的各個強制或禁止方法之間，挑選影響、衝擊、強制性質較低的方法。

(3) 當運用財政補助等方式時，也要評估除了全額、大量補助之外，同樣能達成目標，但大幅減少財政負擔的方法，或是更有多元外溢效果的方法。

3. 多運用資訊、認證機制、網絡管理技術

政府若要政策協調、維持政策一致，一個可常用的工具是「資訊」：蒐集更多資料，公告宣傳，提升大眾對公共議題的認知與警覺性。

「資訊」這種資源不虞匱乏，成本很低，且對公民的限制也比較少。只要讓大家知道，就可用資訊公開的方式，影響一般公眾的認知，改變標的團體的行為（Howlett and Ramesh, 2003; Salamon, 2002）。

4. 建立群聚機制，促成學習與變革

「科技創新與技術變革」通常會透過一個跨國、跨部門、跨區域的產業網絡，從中進行學習與潛力發展。所以，促成人際互動的群聚（clusters）是個重要工具，而且，可能花不到什麼政府預算，漣漪效果又相當深遠。

例如許多國家設立創業孵化器、共享辦公室（co-working space）、創新育成中心或園區（business incubators），這類群聚可使新創企業之間，透過密切且頻繁的交流獲得更多的訊息。政府可能只需提供閒置的公共空間，讓民間企業接手管理，例如分隔成許多個小單元，分別承租給不同的小企業、社會企業、個人，共享辦公場地。管理的企業還可向承租的企業提供融資、諮詢、共享設備等服務。

5. 透過「知識社群」的「資訊交換」，進行政策知識擴散與移轉

群聚效果不見得只在區域之內，國與國之間也可能形成，重要的是它創造一個聯絡的平台，讓訊息得以有效地整合與流動。因為全球化的跨國活動頻繁，國際組織、專業團體暨網絡的固定會議，提供極大量的互動、開會、溝通與對話機會，產生學習、經驗汲取及實務仿效等外溢效果。

五、風險原則

風險原則的基本概念是，**每個規劃與方案都是「假設」**，假設問題已經正確掌握、假設資訊都已足夠、假設方案切中問題痛點與要害、假設大家都會體諒與配合……。決策的假設是否可靠？如何確認假設為真？

（一）注意烏鴉嘴與各種警告

組織、團體內一定有不同聲音或其他顧慮。如果組織內沒有不同聲音

時，這就是警訊。每個決策、方案不可能毫無缺點，組織內部必定有某些人發現潛藏的問題卻不方便明說，或是被主管壓制下去。

好的決策過程，不僅是內部的公文流程，而是更應該多用正式諮商機制，或是非正式拜訪異議或外部人士，聽聽不同意見。不同的見解或是警告，都應該認真聆聽與對待，或者應該考慮「第二意見」[9]或其他方案。

（二）設想政策失靈下的最糟情況

政策可能因為過度樂觀、假設的基礎錯誤、甚至是資訊不足，因種種原因而遭遇阻礙或失靈。如果發生政策失靈，狀況會有多糟？最糟糕的情形為何？夠糟糕嗎？我們是否有設計避險措施？可以構思一個故事或情境，去描述問題如何發生，並且為最糟糕的狀況預做準備。

（三）切實考慮其他可能選項，並反省那個階段放棄的其他方案

公私組織都習慣先有方案，或是長官先交代下來，再去找資料、證據來佐證方案的可行性。這種決策習慣不是理性思考下的產物，而是揣摩首長心態及偏好、依據過去慣例、直覺思考下的結果。

專業年資不能保證決策絕對正確，事實上，年資及權威常造成思考的盲點，無法探索全部的可能性，想像力也受到侷限，容易對已知現象採取已知做法。良好的決策，應設法找更多的類似個案或是數據進行參考，尤其要參考失敗的案例。決策需要有數據作為佐證，然而，手邊是否有足夠的數據？數據從何而來？來源是否可靠而沒有偏見？還有誰有更關鍵的證據與證詞？

---

[9]　在醫療術語當中，第二意見諮詢是常用概念。當民眾被診斷出罹患疾病後，尤其是重大疾病如癌症、腦中風、心臟病，在動手術之前，病人會再次尋求其他專業醫師的診斷和醫療建議，以接受更正確和有效的治療服務。

（四）不要以貌取人，更要善待內外所有的利害關係人

組織是由不完美的人所組成，但透過內外利害關係人的開放溝通與協力，可以共同編織安全網、應變計畫，提升風險與危機應變能力，當我們出紕漏時，會有公道人士出面幫忙講話與緩頰。

六、小結：政策規劃2.0的檢核清單

以下彙整前述各種政策規劃2.0的要點檢核清單，可供使用者一一檢視所處理的政策或方案，有沒有哪些地方忽略或是進度落後，進行系統性的檢討。

▣ 表3-8　政策規劃2.0之檢核清單

政策規劃原則2.0	做到　　☑ 沒做到　☒	事實說明
一、民主與過程原則		
（一）參與性		
（二）代表性		
（三）臨場性		
二、倫理原則		
（一）通過SMNT的測試		
（二）注意政策副作用		
（三）務必客觀臚列多項可能方案		
三、實質原則		
（一）落實上位施政計畫的策略性		
（二）永續經營的自償性		
（三）公私協力之石頭湯原則		
四、工具原則		
（一）輔助性		

■ 表3-8　政策規劃2.0之檢核清單（續）

政策規劃原則2.0	做到　☑ 沒做到　☒	事實說明
（二）比例性		
（三）運用資訊、認證機制、網絡管理		
（四）建立群聚機制		
五、風險原則		
（一）注意烏鴉嘴與各種警告		
（二）考慮政策失靈下的最糟情況		
（三）其他可能選項？何時放棄？		
（四）不要以貌取人、善待內外利害關係人		

資料來源：筆者自行整理。

　　此政策規劃清單，可協助公共管理者在評估政策內容時，能做出價值、倫理與程序之多樣性思考，也可就個別政策立場，考慮到更廣泛的整體政策系統。在一項項勾選查對清單時，別忘了一開始所設定的政策或方案目標，乃至於使命，才是評量成效的最佳準則。

第三節　平衡計分卡暨其在策略規劃上的運用

壹、平衡計分卡概述及其重要性

一、緣起

　　傳統上，企業關切的績效標準只是各種財務比率與數字，但哈佛大學教授柯普朗（Robert S. Kaplan）及波士頓企管顧問公司的諾頓（David P.

Norton）在《策略性核心組織》、《策略校準》等書中，發展出當前相當著名的平衡計分卡（balanced scorecard, BSC）概念與理論。

平衡計分卡讓組織必須依序回答以下四類問題：

（一）顧客觀點：我們的顧客是誰？他們有何日常難題需要我們解決？我們在顧客眼中表現如何？

（二）內部營運觀點：目前流程或組織，能否滿足顧客當前的需求？我們會配合顧客需求改變規定，還是要顧客配合我們的規定？

（三）創新與學習觀點：為了因應顧客需求，我們能夠不斷改善及學習，以改變現有流程嗎？

（四）財務觀點：我們在股東／利害關係人眼中表現如何？我們是否因為顧客需求滿足而增加營收，或是讓利害關係人認可而增加預算或捐贈收入？

二、既是策略規劃，也是策略性績效管理制度

如果將平衡計分卡看成是飛機駕駛艙內的儀表板與指針，在航行任務中，飛行員要有許多有關飛行的詳細資訊，如油料、航速、高度、氣壓、目的地等，只用一項工具會造成致命的災害。

（一）平衡計分卡將許多看來零散的競爭要素，放在一份／一張管理報告中。高階主管可一併考慮所有重要的運作指標，例如顧客導向、縮短行政時程與辦理時間、提升品質、團隊合作等。

（二）平衡計分卡強調，指標應該聚焦於組織最重要的策略。在策略規劃上，只能針對代表策略的少數幾個關鍵的、重要的參數加以衡量，以及訂出具體目標或期望數值（targets），此可參考80/20法則。

（三）平衡計分卡有助釐清、簡化、落實高階主管的願景。計分卡的有限指標（總數目約15至20個，各構面約二、三個），是根據組織的策略目標與顧客需求而來，集中全力達成少數幾項主要目標，並且界定焦點與優先順序。

（四）平衡計分卡是個由上而下的策略營造與評鑑過程。在組織整

體的策略地圖設計出來之後，各部門也要根據上一級 / 整體的策略遠景，設計各部門各自的策略地圖（Dawe, 2007: 5; DeBusk and Crabtree, 2006: 44），甚至發展出個人的計分卡（DeBusk and Crabtree, 2006: 46）。

　　平衡計分卡的主要功能不是處理日常業務，不應該將政策、公司或組織全部指標，勉強塞進一張策略地圖中，模糊策略焦點，例如年度預算執行率、既定業務與工作、公文完成時間等（Certo, 1997: 123; Niven, 2003: 215）。

三、要妥善把握上下 / 垂直因果邏輯關係

　　績效衡量指標必須從組織的策略而來、而且要緊密結合在一起，連結成為一連串的因果關係。它透過四個構面，財務、顧客、內部流程、學習與成長來考核一個組織的績效。

　　在平衡計分卡或策略地圖中，每項指標或評估面向，都應該明確指出可以達成上層構面的哪一項具體目標值，若不能明確指出，該項方案與指標就是孤立的、非關策略主題的。

四、以顧客 / 利害關係人問題與需求滿足作為策略地圖核心

　　策略地圖是將「顧客需求」放在組織運作的核心，由此進行流程重組與教育訓練。一般而言（不討論例外狀況），顧客對服務感到滿意，下次就會再來消費與使用服務，組織就會增加營收或利益。

　　就此簡單邏輯，依據圖3-12所示，「顧客」構面是主要切入面向，做好顧客構面的價值提供與策略（例如更快且準時、更便宜、更省事等），財務數字就會好看，前者是領先指標（lead indicators），而財務是落後指標（lag indicators）[10]。

---

10 所謂「領先指標」與「落後指標」在BSC中是很重要的思考觀念。「領先指標」是指能提前反映變動情況的指標，用來預測未來變化；「落後指標」指的是能真實反映情況的指標。簡言之，我們應該深耕、專注於領先指標與項目，如能做好這些領先指標，自然能夠在落後指標中反映出成效。

　　至於如何做好顧客面策略？這要靠檢討內部流程，若做不到更好的服務，就要學習新的技能或流程。換句話說，這四個構面的關聯、領先與落後關係可以用圖3-12來表示。

| 學習、成長
與制度改變 | → | 改造／再造
內部流程 | → | 解決顧客問題、
滿足需求 | → | 增加營收 |

🔲 圖3-12　平衡計分卡四大構面的關聯性簡圖

資料來源：陳正平等譯（2004）；高子梅、何霖譯（2006）。

五、新加坡大學EMBA讓走投無路的吳寶春入學

　　以一個實際發生的案例，來說明顧客需求與流程配合的關係。

　　台灣的世界麵包冠軍師傅吳寶春，早已功成名就，奮鬥事蹟廣為人知。他為了精進財務與管理知識，於2016年陸續向政治大學、中山大學等校的EMBA敲門。

　　依當時教育部有關規定，就讀、報名台灣EMBA有兩個門檻：大學學歷，或是甲級證照，但吳寶春都不符合：他的學歷僅有國中程度，而證照類只有烘焙類乙級證照（全國沒有甲級烘焙證照考試），因資格不符被台灣幾所大學拒絕（即使有學校願意彈性認定，也表示很難通過教育部那關）。

　　相比之下，儘管新加坡國立大學招生簡章同樣白紙黑字寫著教育學歷要求，應該擁有正規大學本科學位，但是聽說吳寶春的事情後，選派課程負責人與他接觸，進行資格審核，瞭解吳寶春的特殊狀況後，認為可以努力彈性處理，前提是吳寶春必須通過「嚴格」的面試與審查。

　　為此，新加坡國立大學兩位商學院教授到了台北，吳寶春跟其他台灣申請人一起，輪流跟教授面談。新加坡國立大學教授也到中國、馬來西亞、香港等其他亞洲都市，跟其他國家的申請人面談。（注意，不是請吳

寶春等人到新加坡面談，而是學校選派教授到各國面談申請人，這就是顧客導向！）通過第一階段面試，才到新加坡進行第二階段面試。

　　當吳寶春事件慢慢躍上媒體版面，在當時總統馬英九指示下，教育部立即火速改訂「吳寶春條款」，也就是放寬規定，只要在專業領域有卓越成就或有乙級技術士證等，也可以報考碩士班，但新加坡國立大學早已捷足先登。

　　這個事件所彰顯的顧客構面、流程構面的意義在於：**當顧客有需求時，組織流程能否滿足顧客的需求？若不能滿足，不是只表示同情、愛莫能助，而是回頭思索我們該進行哪些改變、學習與制度成長，去改變當前的作業規定，滿足顧客期待。**

　　相比之下，新加坡國立大學的做法就符合顧客導向的流程，為招攬卓越商業成就的企業家，就算學歷不夠，也會破格錄取，甚至有可能開出專門的中文課程。對於向吳寶春這種想要進修的人才，甚至派專人越洋面試，也相應帶來每個學生可觀的學費、雜費收入，以及日後難以估算的附加價值。

貳、平衡計分卡重要項目說明

　　平衡計分卡內容包括財務、客戶（利害關係人）、內部流程、學習與成長四個構面，但這些都是為落實願景與使命（而不是為賺更多錢），透過四大構面的連結關係，建構策略與績效管理架構。以下從五個項目及建立步驟說明平衡計分卡。

一、策略：承載了使命與願景

　　柯普朗與諾頓論述BSC指標的時候，很強調策略性概念。「策略」搭載組織的願景、價值、目標與使命，不僅決定組織要做什麼，也決定了要捨棄或是不做什麼。

　　在設計平衡計分卡或策略地圖時，指標應該減少，聚焦於組織最重

要的策略上，只能針對代表策略的少數幾個關鍵的、重要的參數加以衡量
（陳正平等譯，2004：43；Dawe, 2007; Liang and Hou, 2006: 91），甚至
要訂出具體目標或期望數值（targets）。**不要把所有林林總總、近百個大
小指標企圖全部塞進策略地圖當中。**

二、顧客的觀點：我們在顧客眼中表現如何？

現在多數的組織都自詡以顧客為中心，因此「為顧客提供最高的價
值」是典型的使命宣言，平衡計分卡要求管理者將為顧客服務的宣言，轉
化為具體的評估指標。

一般來說，顧客關心的重點可分為四類：時間、品質、產品表現與服
務、成本。組織應明定這四類重點的目標，並將之轉化為特定的指標。

其次，不同的「顧客」對於需求有不同的定義，組織應該將每個主要
顧客的定義進行彙整與排名。組織按照顧客的角度來定義部分指標，可以
知道在顧客眼中的組織表現如何？組織可以定期請公關顧問或民調公司進
行顧客調查。

三、內部營運或流程觀點：我們應該如何做出內部的變革

以顧客為主的指標固然重要，但為了符合顧客的期望，組織內部應該
做哪些事？組織內部的流程、決策與行動，才能創造顧客滿意度，因此平
衡計分卡的第二部分，就是內部的營運作業。

內部業務與營運指標，應該從對顧客滿意度影響最大的業務流程中
發掘出來，並且影響組織成員的行為。例如前面提到吳寶春先生有意願讀
EMBA（顧客需求），我們就該思考流程規定的修改策略，及兩者之間的
邏輯關係。

四、創新與學習觀點：我們能夠不斷改善及創造價值嗎？

面對激烈的競爭環境，組織必須不斷改善現有產品與品質，因此組織

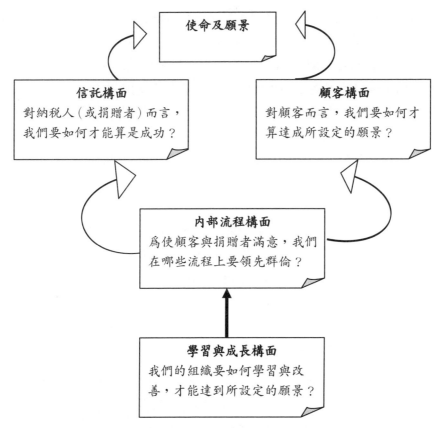

■ 圖3-13　公部門與非營利組織的策略地圖簡單模型

資料來源：陳正平等譯（2004：46）。

的創新、改善和學習能力與組織的價值直接相關，只有不斷創新、變革與推出新產品，為顧客創造更多價值，或是解決更多他們日常難題，才能改善營運效率。

五、財務觀點：我們在股東眼中的表現如何？

　　財務性績效指標可以顯示公司策略及執行是否改善了利潤。典型的財務目標和獲利、成長、股東價值有關，例如每季銷售成長、各部門營業利

潤、市場占有率、股東投資報酬率等。一套設計良好的財務控制制度，可以加強其他管理方案。

　　值得注意的是，財務構面對於企業來說極為重要，但是對於政府來說，財務不是目標，而是約束與限制，必須把開支控制在預算內。但是，衡量公部門組織，不能僅以開支控制為標準，**因此把預算執行率放入是錯誤的**，而是更應該評估能否滿足顧客（企業、選民和贊助者、捐款者）的需求，以及完成使命上的績效（朱道凱譯，1999：251；ARC遠擎譯，2001：207；吳安妮，2004）。

　　柯普朗與諾頓認為，原BSC的構面順序可以調整，將顧客、選民（constituents）移到最上層，賦予顧客與內部員工更為吃重的角色（也就是更強調顧客的重要性，以及善待員工與重視他們的意見），而不是控制預算與開支等財務構面（Kaplan and Norton, 2000: 136；轉引自吳安妮，2004：5-6）。

六、建立平衡計分卡的步驟

　　平衡計分卡不是要產生100、200個指標，也不是要建立龐大資訊系統，而是要焦點清晰、方便使用、願景明確。為此，可參考以下步驟。

　　（一）挑選推動小組，設計平衡計分卡的初稿。挑選五到六位跨部門主管，針對未來五到十年的組織發展，進行討論與溝通，可在外部顧問的協助下，設計計分卡原型。

　　（二）進行策略分析，設計長期目標。推動小組要跳脫部門本位視野，不僅找到組織的競爭優勢，並且選出15到20項指標，在一張紙上明確說明策略發展方向與路徑圖。指標要是客觀、能夠量化的重要結果指標，而不是流程指標。

　　注意，每個構面的二、三個指標要有足夠重要性，達成總目標或策略的影響力權重累積應達八成（80/20法則）。（參考本書第4頁及第5頁的策略思維）

　　（三）明確說明指標與策略的具體關聯性。短期指標都應該符合長期

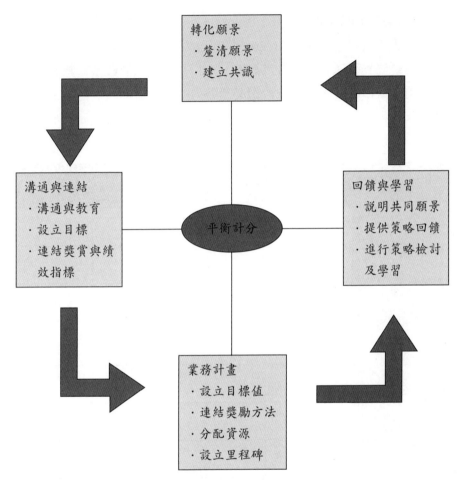

圖3-14　平衡計分卡策略管理流程要素

資料來源：吳安妮（2004）。

策略的發展，而且每個短期指標都要跳脫部門範圍，對應到一個長期的產出指標。

（四）完成策略性指標的設計後，依80/20法則，將主要資源配置於主要業務計畫。

（五）定期檢討，每季或是每月，都要有一份平衡計分卡指標的相關資料提供予高階經理人，也供各部門主管討論之用。

　　在依據前述流程完成規劃工作之後，可以參考表3-9，將討論結果記錄下來，尤其要注意：依據80/20法則設計眞正關鍵的指標（相關係數或重要性等要高到有顯著重要性及意義）、以及當前數值與預期數值之間的缺口。這個缺口，就是組織或政策必須致力改善的目標。

▣ 表3-9　平衡計分卡內容

	顧客構面	內部流程構面	學習創新構面	財務構面
1.策略性願景				
2.策略性目標				
3.衡量指標				
4.目標值或目標數據				
5.行動方案				
6.預算				
7.獎勵方案				

資料來源：修改自吳安妮（2004：3）。

參、平衡計分卡範例：好的與不好的

一、好的範例：航空公司的飛機地面迴旋

　　每次乘飛機，都必須提前九十分鐘到機場，空等三十分鐘，上機之後還要再等二十到三十分鐘才能起飛。如果能夠爲顧客改變流程，是否能爭取更多顧客搭乘？那麼，我們該如何跨越藩籬而再造流程？

（一）某航空公司的策略地圖

在《策略地圖》一書中（柯普朗與諾頓的第三本BSC專書），特別以某家航空公司針對「快速地面迴旋」（quick ground turnaround）主題所擬定的行動計畫以及業務情況，說明如何將策略化為行動的衡量、標的以及行動方案。航空公司總計選定八個行動方案，每個影響約一到二個績效指標，我們也能從中看到所謂的「因果邏輯關係」。

「快速地面迴旋」主題是：以最低票價、準時到達、準時起飛等，增加顧客滿意程度，乃至於促成未來營收的成長。除此之外，這些行動策略方案還可以實質減少營運所需的飛機和人員，在成本降低的情況下繼續促成機票價格的下降，順勢招納更多對價格敏感的顧客。

策略地圖（流程：營運管理　主題：地面迴旋）	目標項目	衡量項目	標的	行動方案	預算
財務構面 利潤與淨資產報酬 營收成長　較少的航機數	■獲利率 ■營收成長 ■較少的航機數	■市場價值 ■營收成長 ■航機租賃成本	■30%複合年成長率 ■20%複合年成長率 ■5%複合年成長率		
顧客構面 吸引並維繫更多顧客 準時的服務　最低的價格	■吸引並維繫更多顧客 ■航班準時 ■最低的價格	■重複顧客數 ■顧客數 ■聯邦飛航局準點評比 ■顧客評比	■70% ■每年成長12% ■#1 ■#1	■執行顧客關係管理系統 ■品質管理系統 ■顧客愛用方案	■$xxx ■$xxx
內部構面 快速的地面迴旋	■快速的地面迴旋	■地面停留時間 ■準時起飛	■三十分鐘 ■90%	■最佳周轉時間	■$xxx
學習與成長構面 策略性工作活動梯操作人員 策略性系統值班排程 地勤人員整合	■發展必須技能 ■發展支援系統 ■地勤人員與策略整合	■策略性工作齊備程度 ■資訊系統就緒 ■策略認知程度 ■地勤人員為公司股東百分比	■第一年70% 第三年90% 第五年100% ■100% ■100% ■100%	■地勤人員訓練 ■推出地勤排班系統 ■溝通方案 ■員工認股計畫	■$xxx ■$xxx ■$xxx ■$xxx
				總預算	$xxxx

■圖3-15　某航空公司策略地圖的飛機快速地面迴旋

資料來源：陳正平譯（2004：100）。

1. 財務、顧客、流程、學習成長各項目的指標之間，有非常清楚的「箭頭」，指明一個個指標上下的垂直關聯性，且箭頭不是泛泛地指向一大片方框（評估面向）。

2. 以「快速地面迴旋」來滿足顧客對於準時、低成本需求。如果顧客滿意，自然能夠吸引他們成為老顧客。

   此外，顧客構面訂出的指標有：重複顧客數（70%）、顧客數（每年增加12%）、政府機關準點評比與顧客評比維持水準，都是很客觀、有意義的指標與目標值。

3. 為落實「快速地面迴旋」的流程課題，航空公司訂出兩個具體指標：地面停留時間為三十分鐘，以及起降100次中，90次必須準時（90%）。

   那麼，該如何快速讓飛機完成在地面迴旋、裝卸登機行李、加添油料等地勤作業？這就需要活動梯操作人員及地勤人員的整合以及訓練、地勤排班資訊系統，以及地勤人員成為公司股東（員工認股）等。下面美國西南航空是否為柯普朗及諾頓所說的某航空公司，我們並不知道，但這些都是說明BSC本質的好範例。

（二）西南航空仿效賽車比賽，實現十五分鐘飛一航班的目標

　　根據先覺出版的《經營戰略全史》一書指出，美國西南航空公司在1970年代還只是地區航空公司，為了實現低價策略，仿效賽車比賽，展開破天荒的作戰方式，每十五分鐘就飛一航班。

　　當時西南航空的飛機平均飛行六十分鐘，在機場停機坪停留四十五分鐘，再飛行六十分鐘，如果一天營運十八個小時，飛機可以載客10次。但是，如果停留時間縮短為十五分鐘，飛機一天就能飛14次。除了燃料和機場起降費之外，航空公司的成本幾乎都是固定成本，只要能實現每十五分鐘一班，每一航班就能降低30%的成本。

　　按照航空業界的常識，這是不可能達到的數字。西南航空能實現十五分鐘一航班，靠的是「拒用業界專家」的招聘原則，以及向「印第安納波利斯500英里賽車比賽」（Indianapolis 500）學習。

表3-10　美國西南航空的策略性班表與績效指標

變革之前	平均飛行六十分鐘	停機坪四十五分鐘	一天營運十八小時飛機可以載客10次
參考與學習賽車補給站的作業流程			
變革之後	平均飛行六十分鐘	停機坪十五分鐘	一天營運十八小時飛機可以載客14次，成本減少30%

資料來源：筆者參考先覺出版社《經營戰略全史》自行整理。

　　西南航空廢除指定座位的機票，只給報到號碼，因而乘客都儘早到機場，儘早登上飛機，選自己喜歡的座位。西南航空考慮過標竿學習的方法，可是其他競爭對手的水準是每五十分鐘一航班，沒有學習意義，於是他們調查了運輸業界許多公司，決定以美國很受歡迎的印第安納波利斯500英里大賽為標竿。

　　印第安納波利斯500英里大賽中，賽車在繞行賽車場地40圈之後，必須進入補給站加油。在比賽結束前，至少要進入補給站四到五次，每次加油時間以0.1秒為單位計算。航空公司研究賽車補給站的作業流程，改善事前準備、開發專用工具、提升熟練度、團隊合作，最後實現了十五分鐘飛一航班的目標[11]。

二、不妥的平衡計分卡

　　平衡計分卡現在已經被廣泛應用於政府、公部門、非營利組織、大學等公共機構，但是仍有很多不妥之處。例如：

（一）將過多的指標，全部塞進策略地圖當中

　　實務上常見的問題，主要是將機關現在「所有」指標歸類／塞進四大

---

[11] 這裡所引用的數據並不相同，因而「某航空公司」不確定是否就是西南航空。

構面。過多的指標，意味沒能確認關鍵少數的績效指標，將全部指標塞進一張策略地圖當中，絕對會模糊策略焦點。解決之道就是「捨棄」，策略重點都在決定什麼不要，減少到最少、最重要。

（二）將施政重點或業務當成指標，也沒有設計預期目標數值

如圖3-16所示，台北市政府都市發展局可能把施政重要業務都歸類到四大構面作為策略地圖，導致太過抽象而沒有焦點，更沒有數據進行績效的衡量。或是可能有，但在其他的資料當中，這些我們都無從得知。

（三）模糊的因果連結

每個組織都口頭上宣示重視人才培育與教育訓練，但這必須有明確的組織使命、願景及策略作為目標，至少不能讓成員自行請公假去上碩士專班、或是人事行政總處、文官學院的公辦訓練課程，除非那裡某些課程與本機關、某政策的策略目標有直接關聯。

在圖3-16中，強化國際事務人才，是針對流程構面的哪個項目？它們有直接、顯明的關聯性嗎？強化國際人才，就能加速社子島發展？或是有助於國土計畫上位指導計畫？若沒有關聯性，對組織的人事單位來說，就等於是做白工了（見圖3-16左邊第二欄位）。

（四）錯誤的財務面指標

平衡計分卡的精神之一，在於滿足顧客需求、解決其問題之後，能夠增加財務營收，或是能夠增加利害關係人投入（例如讓理監事或企業樂於捐贈）。不過，公部門使用平衡計分卡時，「財務」指標經常用「成本控制管理」或是「預算分配」、「預算執行率」去填補，這與平衡計分卡精神不合。

例如大學院校的實務中，老師、學生等顧客面向的滿意度，與大學預算獲得、預算執行、成本節約之間，並沒有關聯性。「節省／節約經費」並不是不好，但這些都是本分工作，應該是各單位主管日常應該注意的。

【使命】 建構都市永續發展藍圖，營造優質都市環境		【願景】 打造宜居永續城市		【核心價值】 正直誠信、開放共享、創新卓越、團隊合作	
策略 主題	引導空間轉型 A	重塑都市意象 B	落實居住正義 C	強化建築管理 D	推動都市再生 E
顧客 構面 C	AC1建構臺北願景	BC1提倡城市美學	CC1提供可負擔住宅	DC1建物促進危老更新	EC1加強民眾溝通與整合
內部 流程 構面 P	AP1國土計畫上位指導計畫 AP2加速社子島發展 AP3全市都計通盤檢討 AP4研修合宜都計法規 AP5推動空間圖資數化	BP1形塑東區門戶 BP2打造西區門戶 BP3重塑都市總體景觀	CP1多元興辦公共住宅 CP2提供優質環境 CP3建立公宅專責組織	DP1維護公共安全 DP2減少建物違規 DP3推動無障礙實體空間 DP4建造執照雲端申請作業	EP1推動公辦都更 EP2協助民辦都更 EP3劃設策略性更新地區
學習 與成 長構 面 L	AL1活化本府國際事務人才	BL1提升專業職能	CL1強化政策知能	DL1提升專業知識與技能	EL1提升專業知識與技能
財務 構面 F	AF1覈實編列年度預算	BF1覈實編列年度預算	CF1覈實編列年度預算 CF2提高預算執行效能	DF1覈實編列年度預算	EF1覈實編列年度預算
權管 單位	都發局	都發局、建管處	都發局	都發局、建管處	都發局、都更處

圖3-16　台北市政府都市發展局2019年策略地圖

資料來源：台北市政府都市發展局，https://www.udd.gov.taipei/pages/detail.aspx?Node=511&
Page=11842&Index=1，檢索日期：2019年10月23日。

　　在前面台北市政府都市發展局2019年策略地圖，也很清楚看到公部
門運用策略地圖的錯誤使用，財務面向列出的業務或指標是覈實編列年度
預算，這是各機關的本分，難道以前都做不到覈實編列嗎？

　　其實，都市發展、住宅等單位最適合運用平衡計分卡來增加整體機關
的收入，並且利用獨立利潤中心概念，落實永續發展、宜居城市的目標。
因為「賺錢」本身不是公部門的目的，它只是度量單位，用來衡量組織能
多大程度做好民眾需求的滿足、解決民眾住的問題。

肆、平衡計分卡的延伸：與SWOT分析的結合

一、SWOT與平衡計分卡的結合矩陣

　　政大會計系教授吳安妮將SWOT與平衡計分卡四大構面結合，形成
SWOT計分卡（SWOT-Scorecard），協助企業系統地形成「創新策略」。

■ 表3-11　SWOT與平衡計分卡的結合矩陣

	優勢（S）	劣勢（W）	機會（O）	威脅（T）
財務	第1組策略群	第2組策略群	第3組策略群	第4組策略群
顧客	第5組策略群	第6組策略群	第7組策略群	第8組策略群
內部流程	第9組策略群	第10組策略群	第11組策略群	第12組策略群
學習成長	第13組策略群	第14組策略群	第15組策略群	第16組策略群

資料來源：吳安妮（2011）。

（一）從使命願景出發，分別由組織內部及環境外部，盤點財務、顧客需求、流程、學習成長等四個構面的每個關鍵問題，建立一個4×4的矩陣，透過腦力激盪，進行16組策略的發想。

（二）矩陣中的SWOT分析的16組結果與策略群，可連貫成為創新事業發展的主軸。尤其要注意SO（優勢＋機會）所能形成的創新策略。

（三）找出與眾不同、但是可行策略與執行計畫。優劣勢分析，要從顧客的主張、價值與需求出發，設身處地設想顧客需要什麼，而不是我們所提供的就是他們所期待的。例如，顧客的主張與價值，未必就是所謂綠色採購、永續發展、終身學習，他們所要的，可能只是方便、解決日常的困擾與問題而已。

（四）最後，發展執行計畫時，要看看目前流程面我們是否有此能力，若沒有，則透過學習及成長面去建構能力。

二、匯豐汽車的中古車部門

有關SO計分卡及四大重要條件的運用，吳教授以匯豐汽車為例，在2014年、2017年著文說明其形成「創新策略」之過程。2001年台灣汽車市場萎縮，匯豐汽車失去了成長及獲利的動能。吳教授協助匯豐汽車，經過近一年的討論，修改約10個版本的策略，終於提出創新策略，設立目前四處可見的中古車SUM優良車商聯盟（具體內容如表3-12所示）。

■ 表3-12　運用SO計分卡討論創新策略之指引

內外部環境 構面	優勢（S）（內部）	機會（O）（外部）
財務構面 ■財務表現 ■財務資源	■財務表現與競爭者比較（例如，毛利？營收規模？成本控管？） ■公司在財務資源的實力與籌措能力如何？	■從環境中取得財務資源的機會為何？（例如，利率、匯率、資本成本） ■財務表現在大環境中有何機會？
顧客構面 ■顧客／市場區隔 ■顧客價值主張	■從目標顧客眼中來看，公司提供的產品或服務價值與競爭對手比較，優勢如何？ ■在與顧客關係的建立上，公司有何優勢？ ■公司在顧客心目中的品牌形象與價值有何優勢？	■產業之市場需求及顧客價值主張的變化趨勢？ ■有哪些潛在市場或潛在顧客尚未被開發？ ■哪些產品及服務的潛在需求對顧客的價值性、重要性最大，但卻仍未被滿足？
內部流程構面 ■價值鏈 ■核心作業流程	■就價值鏈上的核心作業來看，公司的特色為何？優勢何在？ ■價值鏈中或作業流程上的優勢容不容易被複製？優勢可以持續多久？	■產業價值鏈（供應商與顧客）與大環境的趨勢為何？產業價值會如何移動？有何機會？ ■產業中最佳標竿（含國外）為何？有哪些流程值得公司學習以滿足顧客的價值主張？
學習成長構面 ■核心能力／技術／人員素質 ■資訊科技 ■組織文化	■員工的素質和能力是否足以支持卓越的營運與滿足顧客的期待？ ■針對事業目標的達成，公司資訊化的程度是否有優勢？ ■組織文化是公司的優勢嗎？	■產業中有何技術或管理可能影響公司的營運？ ■環境是否有助於公司取得核心技術，提升員工知識能力？ ■人力市場中的機會點何在？（例如，高素質策略人力資源的取得）

資料來源：吳安妮（2011：106-120；2017）。

（一）SWOT分析

　　思考的起點，是從SWOT分析當時汽車市場趨勢與困境。總言之，匯豐汽車的新車銷售市占率大幅下降，但當時總體的中古車市場大餅卻逐漸擴大。其次，該公司具有維修、授信等方面的優勢，故其發揮優勢以抗衡市占率下降的危機，開拓市場十數年的新營運模式，而不是採取節約、降

低成本等傳統變革方式。

（二）中古汽車市場的各類顧客需求為何？

平衡計分卡思考的起點，不是賺更多錢或是省更多成本，而是當前顧客、消費者需要什麼？消費者在買車時面臨什麼難題與疑慮？由此思考發現，投入已有數千家中古車商的市場並不明智，但是，構成中古車銷售市場的消費者、中古車商、銀行三者，各有服務的缺口。

1. 消費者：擔心買到泡水車、事故車，也需要汽車貸款。

2. 中古車商：缺乏統一、值得信賴的品牌平台。

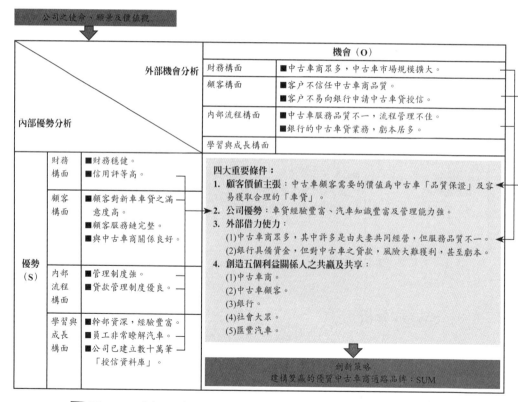

圖3-17　以SO計分卡形成創新策略——以匯豐汽車SUM為例

資料來源：吳安妮（2017）。

3. 銀行：雖然知道中古車有強烈貸款需求，但是不容易掌握授信品質，而單一中古車的放款金額遠不如新車，但卻要進行相同的徵信過程，成本偏高。

（三）將各方需求整合到內部流程

掌握了新的市場機會（中古車），考慮民眾對於中古汽車的疑慮與需求及銀行的難題，匯豐汽車創建SUM中古車銷售聯盟，將服務的中後端流程整合起來，鼓勵中古車商加入SUM平台。

1. 中古車商保證不銷售泡水車與事故車，由全省匯豐汽車維修廠提供維修或保固，讓消費者安心購買。
2. 匯豐汽車已有數十萬筆新車的授信資料庫，可以協助銀行端放款，並且保證呆帳的清償，降低銀行端的風險以及疑慮。
3. 加速車貸流程，讓中古車商能夠協助消費者辦理車貸而儘速銷售，並且取得車款。

（四）SUM開拓嶄新的中古車營運模式

對於匯豐汽車來說，整合維修、授信資料庫、徵信等程序，加速並滿足顧客（消費者、銀行、中古車商）需求，解決其難題，從而擴增中古車市占率之後，可促成財務面的表現，例如維修廠增加了來自中古車商聯盟的維修營收、貸款部門增加收益等，這都是顧客導向的思考而策略創新的過程。SUM每年為匯豐汽車賺取不少的收入及利潤，在之後的五到六年，競爭者才學習到此創新的「營運模式」。

伍、小結

多數組織成員僅能埋首於短期、當前的工作，常聽到組織成員說：「我忙死了，哪有時間想未來」、「能夠在年底之前完成預算執行就萬幸」。然而，從策略規劃的角度來看，政務階層（或其幕僚）、高階文官

卻該找時間想遠點：大家手邊的短期工作，能對組織或政策長期策略產生什麼具體效果？或是反過來想，我如何抬頭看未來，從策略方向去調整手邊的工作？

　　策略地圖及平衡計分卡正是這種工具，能讓組織成員看見，自己的工作如何連結到組織整體目標，也能從中瞭解該如何協調合作，共同努力。

第四節　策略意涵的行銷與溝通

　　個人層面的為善可以不欲人知，但是政府施政卻要人人皆知，若能得到眾人的注意與支持，將是政府施政成功的重要關鍵。一般公部門及非營利組織的行銷，主要內容包括區隔定位（針對利害關係人，見第二章第二節）、定價（與差別定價）、設計、通路（place/distribution）與促銷（promotion）。不管是買廣告的地毯式行銷，或是用4P、5P、6P，或是市場區隔、定位等操作面的專業分析，都可交代幕僚（薦任或委任層級）與委外的行銷公關公司合作辦理。

　　然而，政策溝通或行銷在策略面、民主參與面、問題解決面上有哪些原理或做法？**重大施政、政策統合、衝突管理等面向的策略性溝通，非得由高階文官親自為之，不能委由公關公司。**

壹、行銷的基本概念

　　關於行銷，有些基本概念需要先回顧與熟知，首先是「**顧客導向**」。無論是商業行銷、社會行銷到政策行銷，「行銷」的概念是建立在「顧客導向」的思維架構上，而不是產品導向或是服務導向（Snavely, 1991；吳定，1998；林博文，2002：116-118）。

　　多數政府機關或公用事業常常一廂情願地認為，只要用心規劃政策與服務，民眾、消費者就會買單，或是無條件配合、支持政策。這是迄今仍十分盛行的「產品導向」的政策執行模式。例如針對溫泉季之活動舉辦而

擬定一項行銷計畫，或是把非洲豬瘟防疫之管制、防範等訊息，傳遞給肉品進出口業者或養豬戶團體等，都應從受眾端去考慮，而不是思考政府該做什麼。

嚴格來說，目前多數政府機關所做的，不管是稱為行銷、溝通等，大多是單向的政令宣導，也就是過去那種片面且單方面的說明。如果運氣好，可獲得標的團體及目標對象的配合或容忍。運氣不好，那就是呼口號，嚴重一點，則可能會讓政策往錯誤的方向發展。

顧客導向不是全然配合民眾，也非全然自以為是，而是透過妥適的調查，尋找證據，換句話說，就是採取具策略性（要何去何從）、民主性及體諒性的措施。

一、策略性：落實組織及政策的使命

組織或政策的策略性，指出要達成的目標，須反映及符合多年期總體目標、多元參與者共同規劃、以及垂直、水平整合的重要性。

在使命、策略與願景的連鎖關係下，各部門、政策、活動都該由此開展業務，說明政策與策略使命及關鍵績效指標的其中幾項有關？如果各種單位的方案與計畫，與策略或上層指標的成敗因素無關，就要重新檢討。

二、顧客導向：行銷始於發掘需要、滿足需要

政策行銷本質在於政策方案「如何」產生，而不只是文宣內容、4P、5P、廣告、哏圖或迷因圖（meme）。我們要常到事件現場、問題起源的第一線，去感同身受。拜訪當事人、請教利害關係人，在工作、生活、教養或長照上遇到了什麼問題，由真正的問題意識、民眾的難題去規劃問題解方，藉由每一次互動，累積與民眾情感上的交流。

三、體諒性：越專業，越要放下身段去溝通

擁有成就的同時，依然要有謙虛的心胸。要**不斷給問題，直到當事人滿意為止**。政策需要民眾的支持，民眾需要政府幫忙解決問題，雙方彼

此需要，但是政策繁雜艱深，人民又爲生活而奔走，無暇理解政策內容與專業用語，如何讓人民體會政府所推行的公共政策？關鍵在溝通，而不只是專業服務。

問題嚴重性、政策失靈的不確定性與風險，最終只有受到衝擊的人去承擔。對於當事人的焦慮、恐懼或是對未來的不安，除了折頁、廣告、海報那樣喊口號之外，政府官員更應該放下專業的身段，誠懇地和比你資淺、年輕或年長、知識水準參差的民眾好好溝通，從別人的角度檢視自己的不足。

四、民主性：做好政策諮商，開展政策旅程

以前的施政邏輯是，只要把事情做好，顯現出很漂亮的數字，民眾自然能夠感受到政府對社會所做的貢獻。現在政策行銷更重視雙向的決策活動，例如諮商、市場與社會調查、證據基礎的決策與說故事，從而讓政策行銷具有某種程度的民主價值及意義。

決策是一個不斷探索的過程，有如面對支離破碎的馬賽克拼圖，公務員或許找到了其中幾塊主要碎片，但重要的、闕漏的太多了，一定在外面的某處有個圖案，我們向外諮詢與溝通，才能拼湊出完整的政策圖像。

以上所談的都是行銷的基本概念，接下來本文所整理的，不是4P、5P或傳播的「技術性」行銷，而是從三個案例說明「策略性」行銷的涵意，這也是高級文官使命之所在。

貳、美國阿薩科工廠案例

阿薩科工廠案例（Managing Environmental Risk: The Case of Asarco）[12] 在很多教科書中被提出，也被美國哈佛大學甘迺迪政府學院

---

[12] 詳見 *Managing Environmental Risk: The Case of Asarco - HKS Case Program* (harvard. edu)，檢索日期：2021年7月23日。

的個案計畫（case program）作為經典研討案例。此案例被標誌為四個分類，其中包括行銷溝通類（marketing and communication）與領導類（leadership）。

一、故事梗概

1980年代，美國西北岸的華盛頓州塔科馬（Tacoma，位於西雅圖南方），阿薩科（Asarco）是一家以高含砷量礦石為原料的鎔解精煉工廠（smelting plant），也是當時全美製作商用砷（可用於玻璃、除草劑、殺蟲劑）、工業砷（砒霜）最大的工廠，產量超過國內需求的三分之二，部分也提供外銷。

該工廠提供當地絕大多數民眾工作機會，而且大多數民眾三到四代都

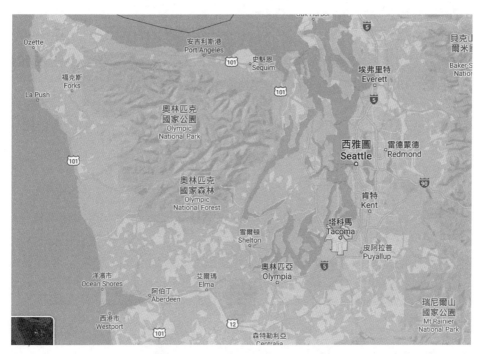

圖3-18　塔科馬地理位置圖

資料來源：Google map。

在廠內工作，因而對工廠抱有深厚情感，每年工廠支付數億的薪水與各種福利支出，以及提供鄰近城市每年億元的間接經濟效益。

但是，該工廠透過地標，也就是121公尺的大煙囪排放二氧化硫對空氣造成污染，加上冬天的東北季風吹拂，工廠成為當地最大的污染源，也污染海灘。據某些資料顯示，當時每年當地約有四人死於癌症，如果運用較先進的科技來改善污染狀況，每年死亡人數可降至一人；如果工廠選購污染程度較低的礦石，有毒物質排放狀況可以獲得更好的控制。但是，如果嚴格執行環保標準，工廠必定要關門，這將會喪失數百個工作機會。

當地民眾的兩難是：要工作還是要健康？生命的代價是什麼？患癌症還是失業？有人非常擔心會得到癌症，另一個觀點認為失業會造成全家燒炭自殺，與罹癌差異不大，差別在於並非人人都會罹病。

◼️圖3-19　阿薩科工廠

資料來源：維基百科，https://en.wikipedia.org/wiki/Asarco，檢索日期：2021年7月14日。

　　1983年，當時美國環境保護署（United States Environmental Protection Agency）署長洛克豪斯（W. Ruckelshaus）面對此一問題頭痛不已。但他仍然親赴該市，與當地民眾面對面協商解決之道（Reich, 1990）。

　　最後，他決定設計一套精緻的公共會議程序，將是否讓工廠停工並拆除工廠的問題，交由當地民眾與環保人士討論後決定。署長告訴塔科馬當地民眾，他們的決定將會影響未來的生活。討論之後，民眾決定保留工作機會，但對於工廠有毒物質的排放，會影響當地環境品質及人體健康的問題有較周全的認識。

◢◤ 圖3-20　塔科馬的阿薩科工廠簡圖

資料來源：http://rustonhome.blogspot.com/2012/10/，檢索日期：2021年3月17日。

二、溝通過程

（一）**基本時程**。在署長決定解決方針之後，環保署公布三場講座、一場聽證會的溝通活動清單，以及有關的科學數據評估與成本暨損害估算，並且投入30人、耗費四個月時間準備聽證會。三場專題討論在當（1983）年8月10日到12日舉辦，無線與有限電視全程轉播，吸引環保組織、居民、工會代表參加，場面不算和諧。三次講座程序相同，包括：

1. 環保署正式講解，包括現狀、最新排風設備、新的製程、砷檢驗點，以及工廠自行測量的報告等。

2. 讓參與者分成幾個小組進行討論，鼓勵大家交流意見，讓每個人都能充分發言。環保署的一級單位主管全程參與，並與各組互動、聆聽意見並且回覆問題。

3. 各組都有一位環保署邀請的專業主持人（他們都是具有公信力的中立、專業會議主持人，並非官方人士），並有環保署人員提供文書作業協助。每位與會者的發言都被全程記錄，立即整理、列印並且發送全部與會者。

（二）**數據資料差異很大**。除環保署公布調查數據與成本暨損害估算之外，冶煉工廠也發布本身的調查結果，而且與官方報告大相逕庭。平時工廠就有設置採樣點，經過儀器分析顯示，砷濃度比環保署電腦模擬結果低一半，而且官方的模擬是假設工廠位於平地，但實際上工廠位於丘陵當中，樹木會吸收、轉換不少空氣中的砷與二氧化硫。

雖然官方同意修正誤差、更新測算數值，但新的數值遠遠低於原先估算。而且，官方更新數值發布時間太晚，專題講座與聽證會都已經辦理完畢，讓人不知道哪份才是正確的？該相信哪份報告？即使是公衛專家，對於污染及污染對人體影響的評估，也都沒有共識。

環保署與各支持、反對者準備了測量數據、統計模型、氣象學等各種精心繪製的圖表，但是當地民眾所問的問題卻很多集中於：

　　「砷中毒的症狀？對其他身體健康的影響？」

　　「當地蔬菜是否仍可食用？」

「挖掉花園裡表層10公分的土壤是否有用？」

「是否對家裡動物產生影響？」

「家中養的狗在吃了一些蔬菜後死亡，是否與砷中毒有關？」

「請問我的小孩是否會死於癌症？」

簡言之，民眾關心、疑慮的是日常生活切身問題，而非高來高去的價值、環保、永續等課題，風險與危機，是由當地民眾與家庭承擔。

（三）**聽證會**。當年11月舉辦正式的聽證會，邀請正反各方達百餘人參加。除了官方繼續更新前述的測算數據之外，肺病患協會、健康環保協會、野生動物保護協會等環保組織則批評官方溫和的評估，要求採取更嚴格的標準。

冶煉工廠則聘請公關公司及知名大學的生物學、環境分析、病理學方面的權威專家，他們表示官方數據與推算方式錯誤。另外，工廠方面表示正持續更新製程以符合政府規定，但若政府要提高標準，依據市場競爭與成本結構，會讓已經連年虧損的工廠無力承擔改善費用，進而倒閉。

三、溝通成效

（一）**官員轉換心態**。因為與當地居民、組織不斷接觸，環保署才能獲得民眾的參與、信任，並且建立環保署的正面形象。過於專業的官員也明白，他們不適合直接對一般民眾滔滔不絕地講。公務員來到現場，才發現面對的是一群憤怒、但是相當瞭解情況的公眾。

（二）**公民團體與民眾理解決策的複雜與為難**。公眾參與也收到意想不到的好處，一位原先批評環保署的環保團體負責人，歷經專題講座、聽證會之後也表示，**「制定法規很需要公共參與，透過這個過程，民眾能夠理解制定法規命令面臨許多困難、複雜性與頭痛的問題，政府很容易被人謾罵」**。

（三）**工人更清楚風險，但也無計可施**。在工人、工會方面，代表們表示，**「我們不需要任何人告訴我們，高濃度的砷有害健康，我們很清楚砷危害著鄰居、同仁的身體」**，他們主張政府要繼續監督工廠進行技術革

新以降低污染。工會代表則表示，設備成本經費過高，可能讓工廠倒閉，工廠破產必對居民生活水準產生負面影響，「**工廠倒閉後六年內，失業對居民產生的生活壓力導致84位居民死亡。**」「**我今年已經年滿88歲了，而我還活著，還在呼吸空氣。**」「**工廠能讓我和我的家庭過上幸福的生活，一旦工廠倒閉，面對我的就只有失業，這附近沒有一家高科技企業會要我，因此，工廠就是我唯一的希望。**」

四、意義與啟示

環保與就業之間，其實並沒有大家所想要的簡單答案，政府不能為了討好民眾，掩蓋真相，粉飾太平。塔科馬的公共會議與溝通過程，提供當地的工人、環保人士、一般民眾傾聽他人看法的機會，這也讓民眾知道，他們是任何決策的獲利者，也是受害者，完全看民眾的偏好與價值是什麼。

事實上，塔科馬的公共會議的決議不只如此，會議中也討論出其他選項方案，例如多角化的地方發展、設計新的工作機會、發展塔科馬市的「就業訓練夥伴計畫」等。事實上，不久之後阿薩科工廠仍然歇業，但當地民眾卻從各種其他方案中找到了工作機會與就業訓練。

這個案例對於行銷與溝通的意義，在於：

（一）**攸關利害關係人權益的決策／決定，在決策之前應該先進行哪些作業？**更嚴格管制法令的制定、特定事業營業許可的廢止（發出行政處分書）等，這些決策會影響到他人，而距離遙遠的官員，是否有正當性幫他人做出重大衝擊的決定？這些都不是一般行銷或溝通可以處理的課題，策略意涵的行銷與溝通，就要建構利害關係人參與過程。

（二）**擴大課責（accountability）的概念。**政府／高階官員不僅要對上級負起責任，更可擴大責任概念，把複雜的技術問題，耐心地對民眾闡述清楚，以滿足民主的實質內涵。

（三）**提供論壇，進行政策的風險溝通與管理。**政策往往會強化管制，提高民眾健康或安全的水準。但是進一步的控制與規定，會使商家、

工廠成本提高，甚至倒閉，用意良善的政策反成為災難。政策的連鎖效應、衝擊與副作用，應該與民眾溝通清楚。

　　高階文官或是領導者，必須有能力清楚溝通並且說服公眾，這個能力很難與生俱來，但可經由熟讀、演練各種溝通情境，知道關鍵利害關係人的特性及需求。

參、坦帕綜合醫院民營化案例

一、故事梗概

　　同樣是美國案例，也是哈佛大學個案計畫的經典討論主題，故事發生在1996年前後，位於美國佛羅里達州坦帕市的坦帕綜合醫院（公營醫院）歷經民營化過程（Tampa General Hospital: The Politics of Privatization），主人公是紐約出生的席格爾（Dr. Bruce Siegel）（Gosh et al., 2001）。

（一）坦帕醫院

　　坦帕市位於佛羅里達州（半島）西海岸，是希爾斯堡郡（Hillsborough County）的首府，人口約為40萬。坦帕醫院在西海岸灣區很重要，是當時區域內唯一公立醫院、唯一個器官移植、燒燙傷中心、當地南佛羅里達大學（University of South Florida, USF）的教學醫院，提供數百病床給當地低收入戶、窮人與沒錢負擔保險的病患。在1991年以前，是唯一接受政府補助的醫院，換句話說，坦帕醫院「就是」窮人醫療安全網。

　　但是，1991年之後希爾斯堡郡改採市場競爭，授權其他民營醫院也能提供弱勢、低收入戶、少數族裔公共醫療服務，坦帕醫院喪失獨占地位，例如少數族裔病人的市占率，由過去八成減為1990年代末期的五成，財政狀況已經糟糕到再也無法維持公立機構的體質與結構了。即使醫院想要尋求新策略，但繁文縟節與官僚體制程序，讓1990年、1994年兩度民營化的嘗試，都因強烈的社區及政治壓力而失敗。

图3-21　坦帕市位置圖

資料來源：Google map。

（二）席格爾接任院長

　　當席格爾1996年接任醫院時（1996-2000年），他的學經歷很漂亮，普林斯頓大學化學系、康乃爾大學醫學博士、約翰霍普金斯大學公共醫療碩士，父母親是不同多元族裔。他曾在數個公私立醫院服務過，非常清楚醫療市場經濟環境的變化，以及公立機構面臨的社區政治課題。

　　當他接任院長後才知道坦帕醫院的情況比想像中更糟。依據表3-13顯示，若不改變，五年後勢必破產，但是，當地民眾的抗拒態度必須妥為處理，否則將步上前任失敗的後塵。他審慎地推進民營化進程，說服上級、醫院理事會、當地民眾，接受唯一能夠救亡圖存的新方案。

■ 表3-13　坦帕醫院1992年與1995年基本財務狀況比較

	1992	1995（席格爾上任前一年）
市占率	23.4%	15.7%
獲利	4億2,000萬	−1億6,800萬
現金	12億	3億9,600萬

資料來源：筆者依據案例內容自行整理。

（三）比較好的變革新局面

　　與前幾任院長相比，席格爾有幾個優勢。首先，希爾斯堡郡議會通過修法，授權公立醫院可與私立醫院、民間企業討論策略規劃與變革方案。其次，過去醫院的理事會組成，反映族裔、社區與政治的情勢。在1996年前後，主管醫院事務的地方官員廣泛邀請當地企業人士進入理事會，這些新面孔更有創新與變革思維，提供對變革比較友善的條件。當然，裡頭仍有左派思維的成員，他們與當地族裔社區友好，也仍然質疑、反對民營化方案。

（四）新的民營化方案

　　席格爾的想法是，將坦帕醫院理事會（政治性監管實體）的權力，交給民間人士／非營利組織組成的新董事會，新董事由坦帕醫療法人基金會任命，坦帕醫院基金會性質屬募款單位。舊的理事會將1億3,000萬資產及所有負債過給新董事會。

　　其次，關閉、出售老舊北院區給其他私立醫院，這仍可維持北院區當地的基本診療功能。另在東南院區新建1億5,300萬的新院區，病床450床，可供研究中心及大學的教學醫院使用。所需經費向私募基金、自然科學公司籌募入股，另外1億則靠募款與入股。過去老舊的北院區交通不便，而新的東南院區鄰近人口較多、但貧困老舊的市中心，而且有公車、公路可達，新址也有都市更新效果。

依據席格爾規劃，醫院對守護弱勢與貧窮的使命仍可延續，也可持續經營專業的新生兒照護、燒燙傷與第一級創傷中心。

二、溝通過程

（一）社區反彈

醫院第三度民營化的消息慢慢浮出後，仍舊遭遇強烈批評，醫院與席格爾面臨空前挑戰，當地少數族裔社區中的「積極人士」反對民營化，多元族裔領袖也強烈反對，示威捍衛坦帕醫院的歷史使命與法律定位。至於議會一部分人士因喪失監督權感到強烈不滿，利用媒體放話，批評醫院當局密謀出售公共資產。醫院理事會內的左派人士表示，新院區好像要拋棄貧病者去推動民營化，忽略醫院的公共性與價值。

（二）進入當地／社區

儘管民營化僅需理事會批准即可，但醫院高層仍做了許多宣導工作。席格爾本人拜訪郡議會、地方政府、地方首長、族裔教會等，也聘僱公關顧問公司協助說明。

當民營化方案的具體細節更清楚後，席格爾與理事會主席承諾召開公聽會。在公聽會之前，辦理一系列論壇、會議、簡報等公共教育與資訊溝通活動，向憂心的當地民眾說明民營化方案。對於民眾所關心的，未來醫院會像私立醫院那樣收取高額費用，他承諾服務品質及成本不變。其實，民眾所擔心的課題，儘管層次很低，但都是日常生活遭遇的難題。

為平息少數族裔社區對民營化的反彈，席格爾親自主持說明會與公聽會。在公共會議中，理事會成員遭遇百餘位憤怒民眾的強烈批評與責罵，批評重點也包括：

1. 聘請強硬反對派人士的親友到社區做宣傳公關。
2. 提供經費給當地社區協會。由於這個協會早先組織許多反民營化的力量，在接受財務協助後，該協會放棄反對立場。

3. 席格爾自己也是多元族裔身分，卻忘記對族裔的責任。

三、溝通成效

（一）一般民眾對新方案的態度如何呢？

公眾抗議有時候雖然很大聲，以及郡政府也有反對意見，但席格爾認為沒想像中嚴重，而且這不代表一般民眾的聲音。其實，一般民眾很冷漠，舉辦各種論壇與說明，只有10到15位一般民眾出現，大多數都是積極反對人士重複出現。

在席格爾自己與當地民眾的對話中發現，一般民眾根本對坦帕醫院的情況一無所知。他們在乎的是，**「民營化後，我還能到急診室嗎？」**因為醫院對當地少數族裔、低收入戶非常重要，他對接觸的民眾保證，**「這些服務都仍然維持」**，保證提供全系列的專業服務中心，例如新生兒照護、燒燙傷處理等，這些服務的使用者大多是當地少數族裔。

（二）通過方案

1997年5月22日，理事會進行正式投票，決定坦帕醫院的命運。歷經十一小時的討論，最後民營化方案以12：3通過。塵埃落定，席格爾就任不到一年就完成過去八年做不到的目標。媒體報導他能夠成功的原因很多，包括：少數族裔的身分讓他可獲取更多支持，有人認為他做足基本功。少數多元身分有很大助益，讓他能夠敏銳地感受當地情形與醫療需求。

📖圖3-22　現在的坦帕綜合醫院 [13]

資料來源：https://ca.linkedin.com/company/tampa-general-hospital，檢索日期：2020年3月17日。

四、意義與啟示

從行銷變革與社會溝通角度來看，坦帕醫院民營化過程有以下要點。

（一）**要等時機與機會窗打開**。全球民營化、解除管制的浪潮早在1980年代即已風起雲湧地席捲各國，更別說推崇企業精神政府、市場機制的美國。不過，推動改革必須注意環境與政治可行性。

席格爾之前已有兩任院長推動民營化失敗，這必然讓有意變革的地方政府官員、醫院高層有所警惕與審慎，知道得慢慢營造環境，讓接任院長有更好的條件去改變醫務行政的外環體制。

---

[13] 根據坦帕醫院官網顯示，醫院隸屬於南佛羅里達大學，屬於該大學的醫學院／附設醫院，爲民營但非營利的醫院，也是佛羅里達州最大的醫院，現有1,000張病床，8,000名醫護職工。

　　其中，最重要的是把過去伸進醫院的政治之手拿開，把政治派系、部分郡議員組成的理事會，改組爲監督財務與績效的專業型董事會，確立政治與行政分離的新體制。

　　（二）**代表性官僚的重要性，敏感地察覺在地／族裔／利益的特殊感受**。代議政體無法完全反映多元、少數、弱勢與非主流團體的利益與價值，而在全球化的影響之下，對於競爭（力）、績效、成本撙節等價值的訴求與日俱增，也排擠以少數、弱勢與非主流團體爲服務對象的社會性行政機關。

　　「代表性官僚」概念，具體地將種族、族群、性別等各部門的代表性，落實在文官體制的人口組成中，來保障少數、弱勢與非主流團體。席格爾的背景，除了具有專業的醫學、公共醫療之學識，還有他父母都是（不同）多元數族裔，讓他在溝通變革理念時，多少能化解一些疑慮。

　　（三）**注意在地政治與政治可行性**。政策的行銷與溝通，基本上要知道對誰溝通，這指的不是對空泛的民眾與空氣溝通（像買電視或報紙廣告那樣），而是要具體指出誰有影響力、誰有同意／反對票，或是誰可以影響那些有影響力、具有表決權的人（參考本書第二章第二節及第三節），把資源／經費／時間投注在這些被區隔的利害關係人身上。

　　席格爾很清楚社區的需求，但也得找出關鍵行爲者，針對關鍵的行爲者們，描繪動機圖、他們最在意的結果、有何現實需求等，針對這些需求訊息一一回應／攏絡，慢慢化解反對力量，或至少讓他們保持緘默。

　　（四）**要能有更創新的方案**。提出政策或變革方案之前，要能分析組織面臨的優勢、劣勢、機會及威脅（SWOT分析），以此建構政策內容，提出優先解決的問題清單。對席格爾來說，注意醫院身處的產業與環境變化，瞭解所屬醫療產業中關鍵行爲者的相對力量，這在形塑其價值、變革理念，以及堅持的責任感上會有助益。

　　其次，民營化有很多種內涵及選項，不只是不負責任的破產、倒閉然後關門撤出（讓其他私立醫院診所擴張窮人醫療市占率），也不是只有最低限度的清潔、商店、小吃店入駐。在這極端選項之間，還有更多的可能性，包括過去失敗的方案（與其他私立醫院整併成一個大醫療體系、交換

股權相互持股、共同投資等）。當然，失敗主因不見得是民營化本身，而是當地社區領袖的強烈反對。

坦帕醫院只要仍處於政治與行政糾扯不清的狀況就完全無解，只要受到陽光法案約束，就沒有轉投資、與其他夥伴合作投資的可能，就沒辦法面對全新的醫療環境。因而方案很明朗，把政治與醫務行政分離，可讓醫務行政有更多的彈性與空間。

其實，本書的第二章第三節參與式治理，也提到歐洲能源治理、我國司馬庫斯原住民參與式治理的案例，也具有政策行銷溝通的意義與啓示，這些都值得參考運用。當然，我們也要避免過度行銷與溝通的困境，也就是不要做過頭了！

肆、過度行銷的豬瘟病毒案件[14]

一、故事梗概

（一）四名士兵罹病，一人死亡

1976年1月，一場小型流行性感冒在新澤西州迪克斯堡（Dix）的新兵訓練中心爆發。多數患者證實感染了1968年大流行感冒的V型病毒。另外有四名患者則是感染了豬隻流行性感冒病毒（豬瘟病毒）。這種豬瘟病毒讓人聯想到1918年大規模的傳染病（西班牙流感）。當時全球有2,000萬人死亡，而美國則有50萬人死亡。

新訓中心四名感染到豬瘟病毒的士兵，其中一人在數天內死亡。

這一年，美國總統改選，當時在任的福特總統（Gerald Rudolph Ford, Jr.）[15] 全國跑行程，而他的對手是民主黨卡特。

---

14 本部分資料曾經以〈疫情下的危機管理——1976年美國豬瘟病毒事件之回顧與啓示〉發表於《T&D飛訊》（第275期，2021年2月1日），但分析內容有所差異。

15 在水門事件中，副總統辭職後，福特被尼克森任命爲副總統（任期爲1973年12月6日至1974年8月9日）。1974年8月9日尼克森辭職後，福特繼任美國總統（直到1977年卡特繼任總統），他是美國歷史上唯一一位未經選舉就接任副總統以及總統的人。豬瘟病

（二）疾病管制中心（CDS）與山瑟主任（David Sencer）[16]

隸屬於美國聯邦政府「醫療、教育與福利部」（Department of Health, Education, and Welfare）[17]的「疾病管制中心」（Center of Disease

▣ 圖3-23　美國疾病控制與預防中心

資料來源：維基百科，James Gathany攝，https://commons.wikimedia.org/w/index. php?curid=26840361。

毒事件剛好發生在總統大選年。

[16] 山瑟（1924年11月10日至2011年5月2日）是美國疾病管制中心任期最久的主任（1966-1977年）。事件後，於1981年至1986年任紐約市醫療委員會主席（Commissioner of Health of the City of New York）。他於2011年過世，CDC博物館之後改以他為名（David J. Sencer CDC Museum），表彰他是中心任期最久的主任，以及對美國公共衛生的貢獻。

[17] 當時醫療衛生福利仍與教育部門連在一起，直到1979年1月卡特總統簽署《教育部組織法》，才將兩者區分，分別成立教育部與現在的「醫療及公共服務部」（Department of Health and Human Services）。

圖3-24　大衛・山瑟（David Sencer）

資料來源：維基百科，https://en.wikipedia.org/wiki/David_Sencer，檢索日期：2020年11月13日。

Control, CDC）是負責防治傳染病的獨立機構，負責監測傳染病、化驗病毒、建立連繫網路、建構預警系統、管控與宣導疫苗接種作業。此外，還諮詢藥廠病毒疫苗之生產及病毒研究。

　　經由預警系統通告，CDC立即得知迪克斯堡疫情，而且實驗室化驗患者檢體，發現新的病毒，此一不尋常的發現震驚了CDC及中心主任山瑟。他擔心迪克斯堡的豬瘟疫情爆發而威脅公共健康，希望採取果決行動。CDC考慮是否發出警告，促使當時的福特總統撥付鉅額經費研製疫苗、勸導民眾接種，齊心齊力對抗豬瘟病毒。

二、溝通過程

（一）CDC初期作業

　　山瑟主任召開定期的「專家諮詢委員會」（含括最傑出的流行病學及病毒學家），以瞭解感冒病毒的規模大小及性質。專家諮詢委員會對於本

次小規模豬瘟病毒疫情達成四項共識：

1. 迪克斯堡疫情病毒種類，與1918年導致數百萬人死亡的病毒有關聯。
2. 病毒已潛伏一個世代，不能單靠人類天然免疫能力。
3. 嚴重的病毒傳染病，大約每二十年會爆發一次，美國應即採取行動。
4. 初步估計疫苗製造能力、民眾接種意願等因素，尚無法在下一次流行爆發前及時提供合宜的保障，專家諮詢委員會建議採取果決的行動因應。

　　此時，山瑟面對的情境是：

1. 這是一個政策與決策議題，決定是否動員全國力量對抗豬瘟病毒。
2. 面對了風險及不確定、可否及時生產疫苗，以及疫情是否真的會爆發。
3. 價值取捨，推動全國性接種政策太貴，也不確定疫情是不是會持續蔓延。
4. 希望強化免疫及預防性防治政策，這是一個機會。
5. 希望有更多曝光率及聲音，表達他對動員全國控制豬瘟病毒的影響力與努力。

　　山瑟的唯一問題是：要採取哪些方法動員政府全體對抗病毒。他所採取的方法是強勢推銷（政治型倡導，political advocacy）。

（二）向上發展與報告

　　1976年3月10日在專家諮詢委員會會後，山瑟立即聯絡他的業務分管主管（次長）庫柏（Copper），報告並強調會議結論，包括：

1. 疫情很可能真的發生。
2. 嚴重性尚待評估，但必須密切注意。
3. 傳統高風險方法族群的定義已不合宜，因為年輕人同樣容易遭受感染（1918年西班牙流感主要以年輕人為高風險傳染族群）。
4. 行動必須是全面性的，而不是抽樣式、隨機與志願性。
5. 藥劑製造及分送作業繁複，在下次疫情爆發前，政府應立即採取行動。
6. 疫情的散布可能會非常快，最好每個人在秋天前要全面接種。

（三）關鍵的政策備忘錄

　　庫柏次長要求山瑟做出一份備忘錄（memorandum or memo），準備帶到華盛頓去討論（CDC位於喬治亞州亞特蘭大市，距離華府大約1,000公里）。山瑟很高興抓住這個宣傳行銷機會，所以花了兩天就將議題、行動架構草擬出一份備忘錄。這是山瑟強勢推銷疫情應變的關鍵文件。

　　備忘錄經過庫柏次長批准後向上遞送給在華盛頓特區的部長馬修斯（David Mathews），備忘錄標題：「聯邦政府的對策：針對新病毒的傳染病」，以讓部長（以及部長在華盛頓的上司）瞭解議題的嚴重性。

1. 備忘錄強烈點出「事實」。包括：新發現的病毒與1918年西班牙流感的病毒相近，那次疫情造成美國45萬到50萬人死亡，所以全美50歲以下的民眾都是高危險群。對抗新病毒的疫苗，雖然可在下一波疫情爆發前研發出來，但大規模生產需要藥廠日以繼夜趕工。

2. 因應未來可能的疫情，需要國家強勢主導。備忘錄指出，例行的傳染病防治措施無法壓制這次可能的疫情，**「再不做就來不及了」**，而即使採取全面性措施，也沒有足夠時間生產疫苗及全面施打，必須現在下決定。但是，若無聯邦政府的領導、支助及經濟補助，沒辦法推動全面性公共醫療方案。

3. 其他方案選項與分析。山瑟也提出四項行動方案並分析利弊得失：

　　・選項一：不採取進一步行動。有人認為，到目前為止只有一次疫情傳出，豬瘟病毒確實有可能出現，但自1930年以來，就未曾出現人畜共通傳染的傳染病，所以沒有必要採取全面性非常措施。

　　・選項二：小規模的回應方案。經由現行的防治及接種系統，讓民眾自願性接種，政府不用採取特別行動方案。

　　・選項三：政府採取大規模行動方案，推動全國性大規模接種。

　　・選項四：組合方案。由聯邦政府採取技術性領導、協調以及採購，各州衛生醫療院所執行施打及接種工作，也作為疫苗分配中心。同時動員私部門的藥廠及其他資源。

　　山瑟在備忘錄中提出的主張，是採取第三方案，即國家應該大規模推動

MEMORANDUM DEPARTMENT OF HEALTH, EDUCATION, AND WELFARE
OFFICE OF THE ASSISTANT SECRETARY FOR HEALTH

TO : The Secretary
Through: ES ~~~

DATE: MAR 18 1976

FROM : Assistant Secretary for Health

SUBJECT: Swine Influenza--ACTION

ISSUE

How should the Federal Government respond to the influenza problem
caused by a new virus?

FACTS

1. In February 1976 a new strain of influenza virus, designated as
influenza A/New Jersey/76 (Hsw1N1), was isolated from an outbreak of
disease among recruits in training at Fort Dix, New Jersey.

2. The virus is antigenically related to the influenza virus which
has been implicated as the cause of the 1918-1919 pandemic which
killed 450,000 people--more than 400 of every 100,000 Americans.

3. The entire U.S. population under the age of 50 is probably
susceptible to this new strain.

4. Prior to 1930, this strain was the predominate cause of human
influenza in the U.S. Since 1930, the virus has been limited to
transmission among swine with only occasional transmission from swine
to man--with no secondary person-to-person transmission.

5. In an average year, influenza causes about 17,000 deaths (9 per

▣ 圖3-25 1976年由山瑟主任以Copper次長名義撰寫的備忘錄（部分）

資料來源：截取自Neustadt與Fineberg（1978: 147）。

接種作業。山瑟建議，部長應採取全面性方案，作為部裡（衛生教育福
利部）策略，立即執行方案。

4. 有人質疑此事的急迫性，以及行動方案的妥適性。對許多人來說，這份
備忘錄過於人工雕琢，就是要把美國總統捲入其中。山瑟沒有扭曲事
實，但他不斷提醒這次疫情與1918年西班牙流感有高度相關，警告年
輕人缺乏抵抗力。山瑟也強烈指出，行動方案絕無妥協的可能，而且不
可再耽擱了。

如同一個旁觀者所說，備忘錄就像「指著最高決策者腦袋的一把

槍」（逼他下決定），山瑟強烈誘使總統採納他的意見展開全面準備，卻略而不說許多事實及分析，例如經費規模、新疫苗未經過嚴謹實驗而可能產生的副作用等。

（四）華府情勢

帶著這份備忘錄，山瑟在3月13日邁向華府展開遊說之旅，防疫有高度專業性與緊迫性，因而行程出奇順利，加上主管業務次長已經為山瑟打通關節，安排山瑟為部長做簡報、提醒總統的醫療事務顧問注意問題與情勢的發展。山瑟與備忘錄可以跳過一般緩慢的決策程序，提出的主張及備忘錄能夠直達政府高層與白宮內部。

其次，全面行動的提案經費龐大，衛生醫療部部內主管規劃與評估事務的次長、主計長、白宮的預算管理局（Office of Management and Budget）局長，以及白宮的幕僚都被知會注意此事的發展。部長馬修斯也寫了一份備忘錄給白宮的預算管理局局長，促成政策議題透過OMB直達總統，他指出「許多證據顯示，今秋將會有一場大規模的流行性感冒」，而且可能再次發生如同1918年的那場災難。

3月15日下午的一場會議中，福特總統首度知道這個議題，他決定在3月22日召開最高層級幕僚會議。在會議前的假日（3月21日），山瑟的主張論點獲得紐約時報專欄刊載，該文也建議總統採取山瑟的建議。這篇文章引述山瑟、其他科學家，以及藥廠的說法，指出除了採取全面性的免疫措施之外別無他法。如同生物技術局局長（監督疫苗生產與製造）所說：「這是一場賭錢，或是賭命的選擇。」（It's a choice between gambling with money or gambling with lives.）

（五）白宮

3月22日（星期一）白宮召開會議討論對抗豬瘟病毒的對策（距離山瑟第一次對次長庫柏示警後第十二天），衛生教育福利部部長、次長、預算管理局局長、總統幕僚長等都參加會議。大家對於備忘錄沒有實質的反

對，唯一的弱點是程序上的問題。諮詢範圍比想像中要窄，需要擴大徵詢範圍。

3月24日再度於白宮召開會議，與會者包括對抗小兒麻痺症的知名人物沙克及沙賓。這次會議是希望外界專家再次檢證及分析問題，不過，白宮內部、新聞界等皆已知道總統決定放手一搏，科學家對建議方案沒有再提出質疑。

科學界有了共識後，決策就容易多了。當天下午4時50分，在沙克及沙賓陪伴下，福特總統出現在記者會，他表示「**經過諮詢最傑出的專家後，我承認嚴重的傳染病很有可能爆發，我將請求國會在4月撥款1億3,500萬美元，為全國民眾施打疫苗。最後，我懇求各位在秋天以前去接種疫苗。**」

📀 圖3-26　福特總統在電視前示範豬瘟病毒疫苗的接種

資料來源：維基百科，https://en.wikipedia.org/wiki/1976_swine_flu_outbreak。

三、正式名稱：「全國流感疫苗接種方案」

　　山瑟提出的方案被採納了，全管制中心非常高興，因為自總統以下，全行政部門都承諾採取全面性的免疫方案，似乎所有問題都獲得解決了。不過，十個月之後，到了1977年1月，似乎沒有什麼高興的理由，而且整個行動成為災難。

　　（一）保險公司不願承保。因為是新的、未經人體實驗的疫苗，面對疫苗施打可能存在的風險，保險公司不願承作保險。沒有保險，生產的工作慢了下來，實驗及製造的進度嚴重落後。最後國會同意撥款補償保險公司，增加了1,100萬的保費支出，這也是生產過程中最關鍵的部分。

　　（二）生產及配送疫苗速度不夠。即使山瑟宣示情勢急迫，主張疫苗施打要在秋天完成，但直到1976年10月才為第一位民眾施打疫苗，藥廠竭盡全力也只能為1歲到12歲兒童生產與施打疫苗。最後，大約4,000萬人在十週內完成接種，這已是前所未有的驚人速度與涵蓋人數，但仍少於原先宣布要達成的規模。

　　（三）整個夏天、秋天、冬天，並未再爆發疫情，反而是因施打疫苗產生極嚴重副作用。注射疫苗後有些案例會出現四肢麻痺的症狀，在54個死亡案例中，有40個人在接種十三天內死亡。

　　（四）所有藥廠的製造資源都配給新的疫苗研製，以致沒有生產足夠的其他疫苗。因為豬瘟病毒疫苗的生產，耗盡了所有藥廠的產能與政府的經費，當冬天週期性流行性感冒爆發時，其他的流感病毒嚴重威脅老年人的生命，而且沒有足夠疫苗可用。

　　（五）小結：政府對抗豬瘟病毒的方案，本身成為危機。防疫方案直接花費政府1億3,500萬元（不含其他的間接費用、副作用衍生的其他損失），但這個全國性的防疫方案，幾乎沒有任何效果，疫情也沒有發生，反而導致接種者癱瘓，甚至死亡，且讓人們嚴重遭遇一般流行性感冒的侵襲而束手無策。

　　此外，這次行動方案讓人們強烈質疑防疫及預防性措施的論理，管制中心的公信力嚴重受創，山瑟本人也被嚴厲批評。

四、意義與啟示

危機之後，慢慢會發現問題癥結、應變措施、溝通與說明等，可能會有更好的做法，讓我們做更好的準備，好面對下一次災難。

豬瘟病毒案例在美國相當著名，在1977年3月，針對豬瘟病毒疫情所推進的全國性疫苗方案終止。新任美國總統卡特任命的部長加理法諾（J. A. Califano Jr.）委託專家，重新審視豬瘟病毒事件，希望從中獲得經驗與教訓。1978年由美國醫療、教育與福利部出版，兩位哈佛大學教授撰寫專書《豬瘟病毒：混沌局勢下的抗疫決策》（*The Swine Flu: Decision-Making on a Slippery Disease*），在這約189頁的小書中說明議題與政策始末。從這個案例中，可以注意到幾項重點：

（一）危機永遠在醞釀，要預做準備

政府應該永遠偵測情勢，不放棄任何跡狀與警示，每個陌生、未曾見過的警示，很可能是下一個黑天鵝、末日級災難的開始。由此而言，山瑟與其領導的CDC，在豬瘟病毒剛發生時的做法尚稱妥適，包括通報與檢驗等初步措施，乃至於警示、製作備忘錄，以及建立全面性監測系統。

（二）政策過程的優點

山瑟推動全國性防疫方案的進程與做法，某種程度來說很有意義與成就。例如他讓4,000萬人接種疫苗，是過去類似疫苗注射人數的1倍以上；建立過去所不及的全面性監測系統；建立全國對公共衛生與醫療的警覺性；首次政府處理保險公司疫苗風險分擔的政策問題（風險與貸款保證）等。

山瑟吸引公眾的目光，讓議題進入華府，把全國公共醫療衛生的專家與博士捲入其中，讓平面媒體與電子媒體的記者跟著議題跑，國會也要優先處理有關議案，整套方案跨越福特與卡特兩任總統，前者的內閣成員大多數「難以幸免」，必須全力配合。

（三）全國性疫苗接種方案是一場災難

　　黑天鵝議題初起之時，面貌不明、資訊不夠、大家都很陌生，時時刻刻都有許多不確定與衝突的訊息，阻礙、質疑、乃至於壓抑必不少見，要做出攸關民眾生命健康與財產的決定相當困難。

　　這個過程反映出專家所知很少、方案推進過程有多不可靠。

1. 流感需要更多研究，避免盲點。與疫情有關的決策，竟然只靠貧乏證據與專家的過度自信，而且那些公衛專家有時候只憑熱忱，就自以為做對的事，把個人信念強加在公共事務之上。

2. 情勢未成熟前，就決定要採全面性行動。很多科學的「事實」，都未經過審慎質疑與討論，也無法對不確定的事情加以考慮並且對外說明。

3. 對媒體關係及公眾對政府的信賴等，缺乏敏感度。運用選擇性話術、忽略之前（甘迺迪政府時期）已有類似的病毒通報等。

（四）在疫情／危機中進行溝通、教育與基本政策領導

　　社會面臨很多公共衛生、軍事採購或裁軍、太空，乃至於遺傳、基因、醫學、生技等技術含量高的政策，政務人員、高階文官未必都具有極為專業的背景，但專業議題情勢未明、非常不確定之時，如何進行基本的政策討論與領導？要完全依賴技術官僚與專家做決定？或是有其他決策方法？

　　決策者及其專家幕僚應讓利害關係人參與，以及告知／教育公眾。很多知識都是機率與可能性，不確定性與風險也高，應該用足以說服人的態度與口語，正確適當地向媒體與公眾說明，不是操弄與選擇性告知。

　　清楚、客觀的政策議題歷程描述，有助於監測與把握局勢發展的路徑。這種經驗與知識，對所有政府內外人士都有意義，大家都想知道是如何做出重大決策，以及如何去改善這個決策程序而使之更好。

伍、結語

一、為何都是美國案例？

以上提出三個案例都是美國案例，也收錄在哈佛大學教案中，本書希望將主題聚焦於策略性政策管理的「本質」，包括中長期考慮、策略、多元利害關係人、風險與不確定、專業技術議題的溝通、政治敏感度等。

每個公共議題儘管長相、風貌、環境不同，但這些議題的政策性及策略性本質，都值得我們關注與學習。

二、這與我們知道的行銷不太相同，但這更是行銷！

公聽會前，已經寫好新聞稿和會議紀錄？！這是許多政府機關偏好的方法，美其名是「藉以深入討論並聽取各界意見」，但是預知結果，讓與會者背書，現場與會者沒人敢發言，不僅違背程序正義，更是讓政策暴露在高度風險中。

本書所提的行銷，把重點放在爭執議題的對話與溝通，從中化解受眾的疑慮、回答他們所關心、在意的切身難題，更不要忽略政策方案的風險與倫理。換言之，溝通與行銷，在透過詰問、回答中建構信任。

三、行銷與溝通應該更積極、更負責

一般常聽到的「政策行銷」，是指政府機關及人員採取有效的行銷策略與方法，簡白地說，就是產品或服務宣傳、內部公關、活動事件（event）的設計與執行、處理詢問與通訊、設立發言人、贊助與聯合宣傳、經營社區關係、媒體關係、國會關係與媒體關係等，現在還有1450、網軍、迷因圖及哏圖。

但是，就中高階文官來說，其職責核心應該是提供「正確」方向，化解政策性議題的危機與衝突。不管是自己擔任首長或主管的政策決定，或是擔任更高層人員的幕僚，需要提出政策建議，當上級、利害關係人詰問

時，有根有據地解釋，化解疑慮／焦慮，而不是不可告人或是難以自圓其說。換句話說，具有民主深度意涵的策略性行銷，應該是：

（一）回應不同期待而非面面討好

宣導及行銷之前，應該蒐集與聆聽受眾的需求、行為與偏好資訊，由此去設計能夠被基層執行、被受眾接納的方案。這方面需要更長期的角度，策略性地聚焦於核心使命，滴水穿石地累積效果。

另方面，回應各界不同需求是個社會性工程，而不是操弄性技術。我們常看到很多政府官員已經片面、無可轉圜地做出決定，還說這是民主社會，我們還要聽聽大家意見。這很明顯是政令宣導，而不是行銷與溝通。

（二）迫近社會性討論

所謂社會性工程，是對於爭議性政策，主政機關先建構一個多回合、多階段審慎思辨討論過程，邀集利害關係人與團體，透明公開各種正反數據及意見，讓不同意見都有對等機會闡述主張，在資訊充足、深思熟慮後才共同做出決定。這是個理想上的課責性政策行銷，我們容或做不到那麼完美理想，但至少該嘗試迫近（approach）這種做法。

然而，在社會性政策討論場合，必然會有相持不下，對價值與意識形態寸步不讓的基本教義派，這就需要中高階文官培養政策論述能力與創意。

（三）「大海遼闊，而我的船卻渺小」，本於善念的政策論述

每個人，或遲或早，會以這種或那種形態變成少數，被霸凌、被漠視、被仇恨或是被拒絕，即使貴為總裁、董事長，同樣會被政府官員操弄。人類社會永遠不缺敵人，因為「敵人」遲早會被製造出來。

政策論述應該是一套民主社會的價值、主張與邏輯體系，經過論述、對話及共識而有說服力，藉以引領施政方向。任何政策或政府的行動，都不應該是基於仇恨、偏見、挑撥、排除異己與排外、對抗，而應該

是未來、共善、包容與體諒，在歧異中發揮創意，去推想更好的方案。

「我們都心繫子女的未來，我們都是平凡人。」這句話出自電影《驚爆十三天》（*Thirteen Days*）。電影描述1962年古巴飛彈危機，從美國的政治領導角度看待整個事件，描述當時那一觸即發的驚心核戰險情，特別是決策層面臨危機時的處理過程。劇末，在美國代表與蘇聯大使談判後，有這麼一段話，**「如果明天太陽還升起，那是因為還有好人，那是……我們與魔鬼的一場拔河。」**

魔鬼不是指蘇聯，而是人心。

（四）多面提供事實、開闊思維、正大光明回應詰問

任何政策都有多面性，更別說是專業性、技術性的環工、防疫、醫務管理、土地開發、軍武採購、生技等政策領域。故事真相難明之前，理應多蒐集證據、聽聽當事人說法，到現場去勘查、進行實驗室的化驗等。什麼才是事實？還有其他版本的「事實」嗎？即使同一事實，也會有不同論點與方案，決策從來不是「小菜一碟」（a piece of cake）。太過簡單、快速的方案，大抵上都潛藏危機。

政策溝通與行銷，不應該只揣摩與準備長官要聽的，應該正反俱呈地就績效、品質、直接間接與隱藏的成本、對未來的衝擊、對每個人家庭的意義等，對包商、工會、環保團體、社區與當地居民、接受服務的民眾說明、回應他們的憂心並允諾調整。妥適的說明與回應，才能維持或強化公眾的信任（Kearns, 1996: 43; Koppel, 2005）。

第五節　政策與策略的風險治理

過去，學界對這類政策成敗因素的研究，大多從執行力角度切入，研究政策執行力的成功或失敗的影響因素。本節將從政策失靈角度，說明政策通常會有很高的失靈／失敗風險，由此期許政府應該要有風險意識。

壹、風險意識

　　從前瞻性角度來看，在政策與策略規劃過程的前階段，高階文官就應該妥為辨識、評估與管理風險與不確定性，建立因應21世紀新挑戰的能力。

一、政策與策略需要注意失敗的風險

（一）八成以上的政策與策略都可能失敗

　　任何公共政策與策略在達成目標、落實公共價值的過程中都有風險，而且該風險應是政策設計中的重要考慮部分（Brown and Osborne, 2013）。不過，大多數決策官員都輕忽、或是認為可以承擔這些風險，自信所有情境都在掌控中，但是民眾或利害關係人抗爭、反彈之後，議題的發展往往超過預期，而政策內容也隨之修改。

　　換言之，即使政策的成敗很難界定（Bhatta, 2003），但大約不到二成政策或方案可算是成功或較為順利持續下去，也常符合俗語說的「80/20法則」。然而，**政策何以失敗？又為何轉彎、調整（或轉進）？難道事前都沒有徵兆？決策過程有沒有該先考慮的失敗因素及不確定性？**

（二）高階文官往往持有菁英意識，輕忽人民生活習慣

　　主流決策思維認為，政策非常專業，要顧及工期、進度與預算執行率，很難接納利害關係人或標的對象的參與及意見，有時候隱蔽風險、或是毫無所知，或是強勢（或許自己沒有意識到）主導決策過程等。

　　從另一面向來看，政府文官及專業人士都是社會不平等下的受惠者，常因為家境、社會地位而受到眷顧，享盡家境及社會經濟優勢而躋身於決策／專業階層的政府文官及專業人士，都要更謙虛，認知到社會的不平等，本於良知及人文精神，善用裁量權去關懷及協助弱勢。

（三）因為「未來」如此難測，所以我們更要據此規劃

我們想要預測不確定是很困難，任何政策都充滿不確定因素，最後發生與進行方式，都讓人驚訝不已。未來日新月異的改變與趨勢，讓我們難以預測，但很確定的是，絕對會出乎預料。

沒有人可以無所不知，但應該用最大力量「管理未知」。不只是政策，對中程及四年期施政策略，也應該做施政風險檢討，指引我們正確調整資源迎接未來，應對未來挑戰。

二、對於政策或策略風險應有的正面態度

（一）基於整體利益，每個人都無權隱藏批評或不同意見

每個人的想法都是獨特的，唯有將其表達出來，才能促成雙方的理解。在政府內部，別讓錯誤的組織忠誠觀念阻礙真實建言。真正忠誠，在於直言不諱的討論。在政府外部，總會有更多、更好的答案。集體決策，必然比個人決策好多了。

（二）建立具有風險意識、風險分攤、風險共同承受的當代治理

公民參與及組織內部參與，是降低風險的關鍵，而決策過程核心，要做合宜的風險認知與承擔，決策參與者應該建立風險治理的文化，正面看待風險，而不是避談風險。

（三）風險治理應運用民主治理的原則

風險治理提供概念與準則，一般包括：溝通（communication）、包容（inclusion）、整合（integration）、反思（reflection）等民主治理原則。在建構決策程序以管理風險時，應該依循這四項原則，由此與核心利害關係人溝通呈現政策內容、方式以及如何管理。

貳、風險管理的基本概念

一、風險管理基本過程

　　風險管理包括對風險的識別、評估和發展因應風險的策略，目的是將可避免的風險、成本及損失極小化。一般而言，風險管理包括：

（一）風險評估（assessment）

　　風險評估區分為風險分析、風險估計與風險評價三部分。

1. 風險分析：指風險特質的認定及盤點，包括各類型損失原因的瞭解與計算損失金額基礎的評定（所有有形與無形的實質財產所可能面臨危害性風險），並可分為直接損失與間接損失。

2. 風險估計：指將風險分析資訊，依損失發生的可能性／機率，與可能產生的幅度／損失，予以數據化（計算）的統計過程，也可以細分為損失頻率、損失幅度兩個面向，兩者的機率分配決定了風險總損失分配。

3. 風險評價：對風險的來源、風險估計值之認知判斷過程，例如風險程度是高還是低？可以忽略還是要立即處理？會主導人們的風險態度與行為，故對實際風險的評價結果是為了認知風險。

（二）風險溝通

　　人們有權利獲知風險相關資訊與成本，於掌握風險資訊後，克服心理的恐懼，也避免以訛傳訛，造成更重大的風險因素。因此，風險溝通是為了降低風險損害程度，與社會大眾對話溝通並鼓勵參與風險決策，以做足危機來臨前之緊急應變的事前準備。風險溝通應該注意的事項，包括：

1. 善用溝通類型以產生有效溝通，例如單向溝通或雙向溝通等。

2. 掌握適當的溝通時機，而溝通的意圖、目標要明確，溝通資料要完整，數據的引用要謹慎且通俗易懂。

3. 以同理心關懷利害關係人，取得其信賴而與之對話，並納入應變策略內。

（三）風險溝通的模式：光譜的兩端

風險溝通可教導人們瞭解風險，進而掌控風險而達到保障社會大眾的健康與安全。通常使用的風險溝通的模式有兩種：

1. 技術模式（technical model）：著重專家及專業，常用統計模擬與風險預測，希望藉專家的權威來傳達知識，進而達到專家所建議或者政府所擬定的政策目標。前面第四節介紹豬瘟病毒事件的主人公山瑟主任可供對照。。

2. 民主模式（democratic model）：希望能在決策過程中，邀集所有相關人士參加，其重視一般人對風險的觀感與認知程度，並得到大家都能接受的解決方法。前面第四節所介紹的阿薩科工廠及坦帕醫院二個案例可供對照。

二、風險管理的三種途徑

Renn（2008）認為風險管理有三種途徑，分別是技術式風險管理、決斷式風險管理，以及風險協商。

（一）技術式（technocratic）之風險最小化途徑：透過專家／專業人士進行決策，用科學證據客觀界定風險，並且把干擾阻礙因素加以控制，讓風險減到最小。

然而，人類決策都是有限理性下集體及個體思維交互影響的產物（例如有人在電影院大喊失火了所生集體恐慌），而且風險可否被接受是由社會去判斷（socially constructed），因此客觀界定風險是有侷限。

（二）（上層）決斷式（decisionistic）風險分析途徑：把可認定的風險納入分析，以便進行政策論述。儘管風險的概念不僅僅只有負面性，但決策權仍在少數政治高層手中，沒能納入許多利害關係人，所以分析的風險觀點甚為有限。

（三）透明治理的風險協商途徑：透明的風險治理是風險協商核心，利用新資訊科技納入主要利害關係人參與決策過程，讓方案的設計更符合使用者需求。這種風險治理方式最切合當代社會的風險情境，比較適

合作爲理解與協商政策風險的架構（Brown and Osborne, 2013: 198）。

三、「軟性風險管理」與「硬性風險管理」

在2015年歐盟跨國性「公部門政策變革與學習」計畫（Learning Innovation in Public SectorEnvironments, LIPSE）支持下，Flemig等（2014）提出一套風險類別的架構，將「風險」再細分出一種「不確定性」的類別。其中，「風險」是指事前可知且可以量化分析者，而「不確定」是指事前不可知、事後才知，難以量化分析者。

其次，Flemig等人將風險管理分爲二種：軟性管理與硬性管理。

（一）硬性（hard）風險管理

由上級或監督機關制定規則、應變手冊或標準作業程序，適用於已知及可察覺的危機。但是，如遇到始料未及的不確定性，硬性管理措施反而成爲阻礙。

（二）軟性（soft）風險管理

當遭遇不確定性因素時，基於參與、討論、共識與授權而形成的「軟性管理」，比較能夠應變，例如開放的組織文化、隨之形成組織之間與人際之間關係、密集溝通等，能和眾人做朋友而爲夥伴，才有可能在巨變中存活。即使是事前可預知、可判定的危機，軟性管理工具也能提供基層一定應變空間，只要有明確目標，之後由第一線主管或下屬自行發揮與處理。

（三）硬性管理與軟性管理的選擇

組織常見的風險管理，是運用硬性管理所發布的準則、應變手冊、標準作業程序。不過，爲控制損害所發布的硬性規定，有時候反而減少彈性而阻礙政策變革。尤其當策略、政策、計畫或方案的假設不是事實，或準則、手冊所立基的推測與期待是錯誤的該怎麼辦？當面對始料未及狀況，

政策能否有調整空間？

因此，軟性管理的效益，就是面對未知局勢或局勢發生巨變，可透過利害關係人之間互動關係的營造與溝通（relational communication），而有政策調適迴旋空間（Palermo, 2014）。

四、風險與政策變遷的類別

由風險／不確定性、硬性管理／軟性管理四種要素交錯組合，會有四種政策變革模式（見表3-14）：

（一）演化式變革：面對可預測之風險，進行硬性管理。

（二）維持現狀：面對不確定，不做改變。

（三）延展式變革：面對可察覺的風險，授權基層應變。

（四）全局式變革：面對不確定的災難，各自決定最佳應變方法，以存活為目標。

表3-14 風險類型與政策管理工具類型

	風險	不確定性
硬性 （hard） 風險管理	演化式（evolutionary）變革 →由上而下風險分析或管理 1. 通過精算而最小化風險 2. 發布作業規定與準則	維持現狀（stagnation1[17]）不做改變，或只做最小規模改變
軟性 （soft） 風險管理	延展／延伸式（expansionary）變革，以人為本的風險管理	全局／大規模（total）變革 →利用危機或混亂局面 1. 授權下屬隨機應變 2. 溝通與密集討論後採取協同行動（communication and deliberation）

資料來源：筆者整理自Flemig等（2014: 21-23）。

---

[18] stagnation原意是淤塞，停滯、不景氣、滯止。

參、組織的風險管理[19]

一、風險與危機的生命週期

　　瞭解風險或議題如何演變成危機的危機曲線（crisis curve），是個理解風險演變與管理的絕佳概念。危機曲線圖指出「時間發展」對應到「嚴重程度」（intensity）所形成的生命歷程（lifeline）（Curtin et al., 2005），而且每個危機都差不多是這種長相。

　　A點：危機孕育（crisis in gestation）。每個組織、措施或作為，都面臨或多或少的問題，大多數組織對於這些「問題」敏感度較低。可能是有人看到就處理掉，或是無意識地隨手處理掉了，當下雖然解決，但是問題根源並沒有被根本解決。

　　B點：危機警示（pre-tremor warning）。每個危機發生當時，都有一些關鍵的促發事件。當下若能解決掉，就變成前面A點的某個漣漪，但是，若沒有處理妥當，就會穿透種種防護而變成危機。

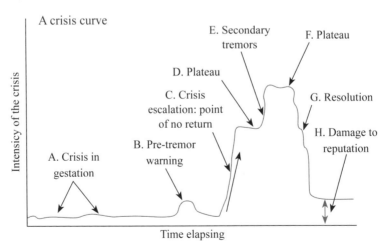

◪ 圖3-27　危機曲線圖

資料來源：Curtin等人（2005）。

---

[19] 此處部分內容參考／引述自筆者於2014年發表的〈政策與組織的風險管理〉一文，包括風險曲線、風險清單、風險計分卡、情境分析等，詳見朱鎮明（2014）。

C點：事件升級到重大危機，沒有轉圜餘地（escalation: point of no return）。多危機當下處理無方，嚴重程度與大眾矚目程度急速攀高，已經無法迴避或壓抑，只能承受衝擊，之後做善後處理。

D點：高原平緩期（plateau）。危機會在某個時點（暫時）緩和下來或被初步控制。但是，問題根源尚未處理，或是公關事件的競爭對手（例如反對人士）再次發動攻勢，仍有可能發展成為二次危機，進入到E點。

E點：再次動盪（secondary tremors）。危機當事方再次面臨事件衝擊，就是俗稱的二次危機。但是，因有前一波危機事件衝擊與教訓，組織已經回過神來了，比較知道如何處理，也可能現場已經遭到嚴重破壞，已不能更糟了。總之，二次危機衝擊增幅遠不如C點。

F點：再次平緩（plateau）。應變措施奏效，危機獲得基本控制。

G點：做出解決方案（resolution）。道歉、賠償、做出承諾、補救、下台等措施陸續出台，危機衝擊大幅降低，媒體失去追逐興趣，或是慢慢遭人遺忘。

H點：對聲望造成了衝擊（damage to reputation）。不管危機時如何因應與應變，最終對聲望、信譽、形象、市占率等都產生衝擊與後遺症，一定期間內都難挽回，也很容易再次遭遇危機。

二、危機曲線的啟示

絕大多數應變失效的危機事件，回顧其發展歷程，大概都長得像圖3-27的曲線圖。這意味著：

（一）不管是何政策、或是哪個組織，甚至是個人，時時刻刻都處在危機當中。我們必須假設：遲早我們都會面對某種形式的議題，而且會轉為危機。仔細觀察信號與警告，我們在A點、B點或C點？判斷最糟糕會有多糟，以及請儘早準備應對方案。

（二）發生事件當下，儘速道歉、賠償與承諾。在曲線中的B點是最關鍵的地方，多花點金錢、時間與氣力，當下會感覺很嘔、窩囊、沒面子，但日後會感到物超所值，千萬別走向曠日廢時的訴訟。在危機中，能

夠祈禱／期待的就是做好損害控制，維持在一定程度之下不要再蔓延。

（三）預測那些無法預測的，然後做好萬全準備。大多數組織都須大幅翻修、設計與溝通應變方案。

（四）注意社會責任及良心。善待利害關係人，例如服務對象、顧客、供應商或承包商、尤其是弱勢團體。捫心自問，有沒有哪裡有反對者？反對者看起來像好人嗎？還是你看起來像壞人？你有利可圖嗎？客服及基層人員是第一道警覺線！

（五）化險為夷、化危機為轉機的前提是：正視問題，別抱持鴕鳥心態，以為災難總會過去。不！只會更糟糕。

三、運用量化方法製作風險計分卡

（一）建立風險檢核清單，列出五到十件會導致危機的可能狀況

這就是前面所談到的風險分析。將所有可能為組織帶來麻煩的因素，列在一張清單之上，思考可能的後果。組織的每一層級、各個管理面向都可製作個別管轄範圍的風險計分卡，作為早期警報系統。以政府整體為例，可能的風險可從以下幾個層面來看：

1. 自然環境變化。如地震、颱風、火山、水災、旱災、沙塵暴、溫室效應、全球暖化等，造成水災、旱災、蟲害及疾病等。

2. 人口變遷。如國際人口移動日益頻繁，而少子女化及高齡化，造成國防人力不足、勞動人口減少、學生銳減、社會福利及保險支出增加等。

3. 科技發展。例如生化科技及資訊、通訊發展，帶來塑化劑、電磁波等負面危害等。

4. 政治經濟變化。例如兩岸關係及國際金融危機，自由貿易協定、國際貨幣匯率、區域經濟合作，造成國內社會、經濟及就業等問題。

5. 多借重外部人士協助建立風險檢核清單。每個單位、組織、社會，甚至是國家，都可建立各自的「風險檢核清單」，但此清單往往反映出組織的弱點、偏見與不確定因素。若要建立比較少的偏差、偏見的檢核清單，應該多借重外部人士，或至少有人敢唱反調，而不僅是內部閉門討

論。

6. 討論檢核清單時，首長僅需關心但不要在場。首長在場主持，易讓正反意見失去激烈辯論與批判的氣氛，或者沒有人敢挑戰首長主張。在首長缺席的狀況下，可讓參與者能從「批判」立場，挑戰政策，在沒有預設立場心態下提出質疑或檢討、思索可能的風險來源。

（二）依據每個事件發生機率及嚴重程度，計算風險係數，製作風險計分卡，判斷風險程度

這就是前面所談的風險估計及風險評價。「風險」是指測量負面影響的機率與嚴重程度，包含兩種內涵：發生機率（probability）與嚴重程度（consequence）。因此，所謂量化性的風險評估（包括估計及評價），就是發生機率與嚴重程度的乘積。依據每個事件發生機率及嚴重程度，計算風險係數，製作風險矩陣圖（matrix）或是風險計分卡（scorecard），據以判斷風險程度（朱鎮明，2014）。

每個層面的檢核清單，通常是從歷史過往資料或已有的災害資料、分類與規模（例如損失金額）及參與討論者經驗，判斷風險事件發生的「機率」×「發生嚴重程度」，用1-5[20]量表來計算風險係數，建立一個5×5的風險矩陣圖，從而評價風險屬於低度、中度或是高度。

表3-15是澳洲大堡礁海洋公園管理局（the Great Barrier Reef Marine Park Authority）所製作的風險矩陣圖，該局首先判斷10項會導致危機的事件，接著依據下述程序，評價這10項事件的風險程度。

1. 在縱向的「機率」（likelihood），從5到1分，分別判斷該事件是確定會發生、很可能發生、合理推斷會發生、不太可能會發生、發生機率很低。
2. 在「嚴重程度」（consequence），可從5到1分，分別判斷該事件的嚴重程度是微不足道（negligible）、不嚴重、中度嚴重、嚴重、強烈災害。
3. 經過兩個面向的相乘之後，可以將10個風險事件分為四種風險程度，

---

[20] 也可用1-3（就是9格）、1-7（49格）去分類。

▣ 表3-15　澳洲大堡礁海洋公園管理局的環境管理風險計分卡

LIKELIHOOD	CONSEQUENCE				
	Negligible 1	Micor 2	Moderate 3	Major 4	Severe 5
Almost Certain	5: Sewage Discharge	10: Civil Activity Exclusion (high public profile) Low Level Flying Residual Debris (high public profile)			
Likely 4					
Reasonably Possible 3	3: Hydrographic Survey	6: Explosive Training		12: Hull Fouling	
Unlikely 2		4: Ship Collision Ship Grounding		8: Ballast Water	
Rare 1	1: Aircraft Ditching	2: Oil Spills (high public profile) Use of ASW sonar			5: Nuclear Powered Vessels (high public profile)

Key	Priority management action required.
	Management action warranted.
	Management action should be considered, particularly for chronic low-level impacts.
	Management action not considered critical, but may still be prudent.

資料來源：載自澳洲大堡礁海洋公園管理局，http://www.gbrmpa.gov.au，檢索日期：2014年5月1日。

包括：

(1) 有二件風險分數較高（12分以及10分），必須優先、立即採取行動。

(2) 有二件（8分以及6分），有必要採取行動。

(3) 有二件（都是5分）可能有長期緩慢的症狀，要考慮採取行動。

(4) 有四件是不用採取立即作為，但要密切注意。

　　總之，透過上述矩陣圖或計分卡的演算，可以協助組織或單位辨識弱點，依據分數高低找出各環節的憂患，針對各環節弱點進行預防與修正工作，包括把各種應變與避險方案分門別類寫成手冊，並且實地演練與沙盤推演。

（三）量化分析風險的缺失

1. 在風險管理上切莫太依賴科技、技術或量化數據。技術官僚或工程人員常會以為高科技就是一切。依據有限資料帶入運算模式中，推出結果常會導致偏見。對於科技或技術模式所得之風險估算結果，除了應前往實地驗證之外，更需考量人文、社會、傳統、歷史經驗等因素，從非量化方式進行其他參數的考慮。

2. 缺乏延伸性、複合性的思考。危機往往有延伸、相互作用而引發其他危機的可能性，除可以透過腦力激盪之方式外，還要把實質問題做連漪性、延伸性的同向推廣（深度研究與研判），以及橫向相關性的結合，以便明白複合性災害的發生機會與嚴重性。這些都要多借助實質經驗的專業技師、公會及地方耆老共同參與。

四、對於不可預測的風險：情境分析（scenario）

　　近來常提出的「黑天鵝事件」，是指以前的人相信天鵝都是白色的，但某天發現天鵝也有黑色的，以致過去的知識與判斷全被推翻，也就是說從觀察、經驗所得到的認知與知識有嚴重侷限。

　　在風險管理的意義則是，某些事件的發生機率很低、而且難以預測，但是一旦發生之後會有很大衝擊。對於這種不可預測的風險或是未來事件，常用說故事的「情境分析法」（詳細內容見第四章第一節）。

（一）用關鍵事實去想像故事與情勢發展

　　在挪威作家尤・奈斯博（Jo Nesbo）所寫的犯罪小說《知更鳥的賭注》（*Rødstrupe*）[21]，劇中的主角是一個高階但屬於冷門單位的警官，

---

[21] 該書提及，知更鳥在冬天來臨前要做出選擇，要往南飛避寒，還是留在原地看看今年會不會是暖冬，後者若賭錯會凍死，但若賭對了，將可以在春天別的知更鳥飛回來之前，占到最佳的成家位置，此暗喻了人類必須在政治、生活決策上做出選擇。該書同時也說到，二次大戰時，挪威對於軸心國或同盟國陣營的抉擇困境，蘇聯一直覬覦挪

常用說故事方法激發想像，丟出許多口頭提示，沒有一定順序，也沒有背景資料，透過把關鍵字或是圖卡想像成為一個人或是一個動作，編成一個故事。

　　在主要事件中，主角對很有直覺判斷力的夥伴丟出以下幾個關鍵字：「男人、70歲、挪威人、50萬克郎、充滿仇恨、藍色眼珠、馬克林步槍、說德文、港口走私槍、練槍」。透過這個聯想、說故事的途徑，從一把罕見昂貴的槍械偷運入境案，循線發現一宗意圖殺死挪威國王的謀殺案。

（二）藉由相近歷史事件，添加元素而模擬解決方案

　　淡江大學黃介正教授曾在聯合報寫過一篇〈多算勝，少算不勝，而況於無算乎？〉的意見評論，提出一個有意義的演練案例。大意是說中共某新型核子導彈潛艦在台灣東部領海因故上浮，中共與美國都希望我國採取某些行動。作為國安單位的幕僚，若只有一個小時作業時間，請提出三套應變方案。

　　這種模擬不可能發生嗎？根據筆者所認識的某位前茄比級潛艇[22]指揮官表示，當然可能發生。這是憑空想像的劇本嗎？想想湯姆·克蘭西的戰爭小說、後來搬上大銀幕由史恩·康納萊主演的《獵殺紅色十月》（*The Hunt for Red October*），就是描述蘇聯最新潛艦指揮官叛逃的故事。如真有中國潛艦叛逃，我們該如何？真有故障事件，我們又該如何？

　　另外，湯姆·克蘭西寫的戰爭小說《總統命令》（*Executive Orders*）（英文版1996年，中文版1999年出版），描述日本航空巨無霸客機衝進華府國會大廈，美國總統及所有政府高層全部喪生。在大眾無比震驚的氛圍

　　威而設法要併吞，所以挪威選擇軸心國聯盟，與納粹德國共同對抗共產主義的蘇聯，反而最後成為戰敗國。北歐三國命運相近，在當時都必須做出影響深遠的關鍵抉擇。

[22] 我國現有已經服役六十多年老舊潛艇海獅及海豹兩艦，根據海軍網頁所示，「現行主要擔任潛艦人員訓練及艦隊反潛作戰訓練任務，並可擔任監偵、布雷及特攻作戰之任務」。

下，副總統雷恩臨危受命繼任美國總統，扛起重建的重責大任。該書中文版封面，是日航客機撞向國會大廈的圖像。2001年9月11日發生震驚全球的恐怖攻擊事件，九名基地組織恐怖分子劫持了四架民航客機，先後衝撞紐約世貿大樓、國會山莊和五角大廈。歷史、故事與實境竟然如此相近。

（三）對於不可測的未知及不確定性，應該以歷史為師，避免僅關注數據或事件所產生的盲點

　　一方面要採取時間跨度很長、相對宏觀的立場去看待。另方面，除了從歷史中找答案，還可模擬危機，透過模擬曾經發生的危機，閱讀當時的資料，蒐集數據與事實去模擬運作與決策。此外，領導者身邊，應該放置各種危機或崩潰事件的書籍資料，提醒自己危機曲線與循環，以及找到（相關性低）備選方案（劇本要多些，每套劇本都沒什麼相關性）。

肆、政策的風險治理

一、公部門推動政策風險治理的障礙

　　（一）專業分工下的政府結構，不容易處理複合性政策風險的問題。當代社會的風險經常會交互影響，一個風險會引發其他領域或地方更多的複合式問題或災難，從而必須從多面向去考量，並讓各專業領域協同合作。

　　然而，跨域思考畢竟與理性、效率、專業分工其實互不干預的政府組織設計截然不合。不僅政府內部設計不利橫向作業，在設計政策或方案時也常缺乏外部視野，缺乏對受影響者的溝通，而外部團體及公民常因沒機會在全部政策週期參與設計，更不可能信任專家與官員的風險評價與方案規劃（Bounds, 2010: 20-21）。

　　（二）公共問題本質上都很棘手（wicked problem），所以保守的作為就是安全且風險最小的。因為資訊極度不足、公眾冀求的價值常彼此衝突、問題之間相互牽連等。加上媒體與公眾監督，使公共政策沒有所謂

「成功」的概念，但公眾卻無法忍受「失敗」。

總言之，比較安全的決策模式，就是漸進地、一步步推進政策過程，每次都做小幅度調整與修改（Bhatta, 2003）。

（三）公部門傾向負面看待風險而致力於規避風險，避免被究責。官僚體制是非常龐大而且高度層級節制，文官很少誘因去做風險評估與因應，而且傾向把責任與過失推給別人。

二、OECD暨國際風險治理委員會的風險治理架構

Bounds（2010）在OECD出版的著作中指出，政策設計應該透過幾個程序來評估與管理風險（OECD, 2006），但是最核心基礎是風險溝通及諮商（consultation）。OECD與國際風險治理委員會（International Risk Governance Council, IRGC）——提出以下相同的風險治理架構。

（一）風險治理架構的三大階段

1. 評估（assess）。建構風險預測的機率與嚴重程度（probability and consequences）的概念架構，把政策所涉及的多層面風險，綜合分析對經濟、社會與環境的意義，更要考慮到風險的取捨。
2. 設計與執行行動方案，減緩風險並預做防範。風險防範工具通常可分為四類：
   (1) 規避：若某政策或某個作為會引發危機，就不採取該作為，而選擇其他影響較小的方式。
   (2) 降低：用策略性方法去降低機率或衝擊，例如許可、規範與（檢驗）標準。
   (3) 承擔（retention）：若估計可能的損害不大或可以承擔，就承擔這個風險。
   (4) 移轉：讓其他人或組織承擔，例如合資、保險／再保險、民營化、公私協力合夥。
3. 檢討與回顧（review）。政策與風險防範措施成效的檢討，優良的政策

都要檢視政策與預期目標之間的進展狀況。

（二）國際風險治理架構

國際風險治理委員會發展出一套風險治理的架構（Risk Governance Framework, RGF，見圖3-28）（Renn , 2008），為牽涉到多樣利害關係人的議題與風險，提供早期認定與處理的指引。RGF有四個相互關聯的要素（見圖3-29），以及三個交錯／跨域（cross-cutting）面向：

1. 先期檢視－認定問題（pre-assessment）與建立框架（framing）[23]。第

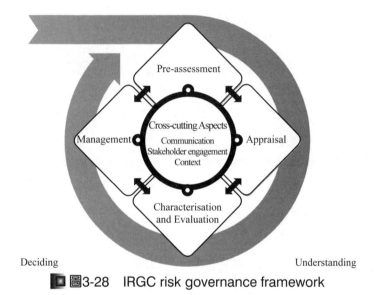

圖3-28　IRGC risk governance framework

資料來源：https://irgc.org/risk-governance/irgc-risk-governance-framework/，檢索日期：2019
年4月9日。

---

[23] 在做決策的時候，若以不同的方式呈現相同的資訊，或是問題陳述方式不同，都會導致我們做出不同決策。例如在獲得利益的認定與陳述，一般會有風險規避的傾向，希望掌握確定能獲得的利益。在損失陳述中，一般會有風險追求的傾向，希望能夠完全逃避損失的機會。

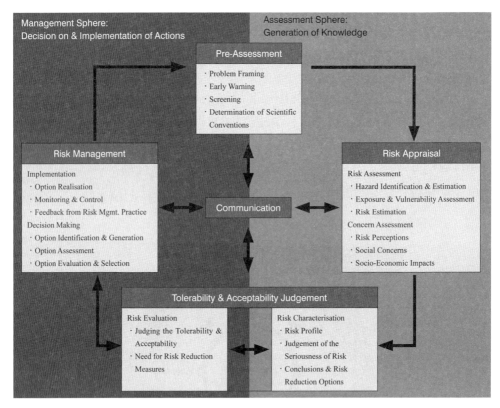

圖3-29　服務方案的風險評估架構

資料來源：Renn（2008）。

　　一階段應該是對風險建立廣泛的框架，早期預警準備應變。這個階段應
該讓重要的行為者與利害關係團體參加，掌握風險的各種可能面向、可
能的機會與可運用的處理工具或策略。

2. 風險評價（appraise）。透過技術分析檢視客觀因素與主觀認知的風險。
綜合各方面相關知識，決定當下情勢真的是風險嗎？或如果是風險，哪些
選項可預防或減緩、調適或擴散告知風險訊息？

3. 判斷風險特質及管理方式（characterization and evaluation）。進行風險
特性的評估，決定風險的嚴重程度與能否接受，以及相關的準備工作。

4. 採取措施管理風險（management）。決策及採取風險管理作爲，設計與執行方案，以緩和、規避、舒緩、移轉風險。

5. 發展跨域（cross-cutting）觀點。透過溝通、利害關係人參與、發展全局觀點，讓受到決策、風險、成本衝擊的人能夠有實質（而非形式）管道、機會與平台參與風險管理，而且應該整體考慮決策對社會、經濟、政治等各面向的衝擊。

三、國際標準組織2009年的ISO 31000風險管理程序

　　風險管理從認定、評估、回應等作業有一套基本程序，核心就是認定（找出）風險因素、風險因素評價、以及採取行動，而與重要利害關係人溝通風險是其中關鍵程序（Queensland, 2011: 7），國際標準組織（ISO）於2009年提出ISO 31000風險管理架構，包括11項原則、七道程序及作業指南（見圖3-30）。

（一）11項原則

　　依圖3-30所示，ISO 31000第4條指出11項原則有：

1. 創造價值是風險管理的目標，官僚程序及無用的SOP則不是。
2. 風險要成爲組織程序的一部分（integral part）。
3. 風險要成爲決策過程的一部分。
4. 明確地陳述不確定性因素。
5. 系統性、結構性且掌握時機（timely）。
6. 儘量獲得最好且充分資訊。
7. 適當調整以符合實際需要。
8. 考慮到人性與文化因素。
9. 透明且包容。
10.對變革能夠動態、循環且有回應性。
11.促成持續改變與強化組織能力。

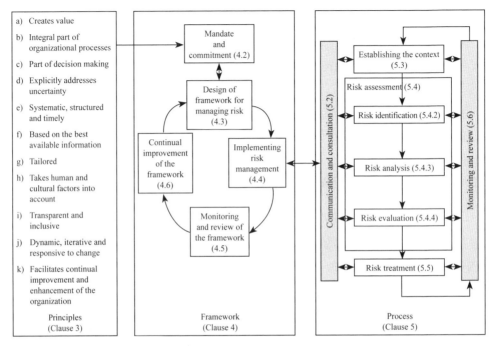

圖3-30　ISO 31000風險管理原則、架構與程序的關聯

資料來源：ISO（2009）；轉引自Ahmeti與Vladi（2017: 326）。

（二）架構內容

依據圖3-30所示，架構內容見ISO 31000第4條，包括：

1. 基本法令規定及首長對風險治理的承諾。承諾可包括親自主持會議或演練、不斷重申風險和演練的重要等。

2. 設計／修改風險管理的架構。每個組織特性不同，可參考公部門的特性量身訂製架構。在完成一個週期／循環的風險管理之後，修改有關規定，或是改變／強化首長的承諾與宣示。

3. 執行風險應變作為，預做防範。

4. 監測防範作為之進度，確保當真的發生危機，我們已有應變措施可派上用場。

5. 持續改善風險管理與應變架構（回到第二項）。

（三）程序

　　依據圖3-30所示，風險管理的程序規定在ISO 31000第5條，約有5道程序及3項子程序，可以系統化地管理風險與採取應對措施。但是，應該先瞭解環境，包括政策或計畫背景脈絡與利害關係人的初步分析，蒐集科技、社會、經濟、文化和地理環境與政策資料，邀請20、30位來自不同背景支持或反對的代表參與討論，瞭解多元觀點，及對於計畫未來發展抱持之願景與質疑。

（四）與利害關係人諮商、溝通與建立共同的風險意識

　　最後，在設計政策的風險治理架構時，不妨討論以下問題（Brown and Osborne, 2013: 204-205），製作政策風險的檢核清單，並請外部顧問或專家公允檢視。

1. 不同的利害關係人如何理解風險？
2. 專家、政治人物、利害關係人有相同的理解還是不同的理解？
3. 哪些社會利益具有代表性而應該被考慮？
4. 在總體層面，政策風險治理的適當結構為何？
5. 我們的風險治理機制，要是政治實體？管制單位？或跨組織的小組委員會？

伍、關於政策風險治理的構想／建議

一、確定政策、方案、計畫或規定的關鍵假設

　　每個策略、政策、計畫或方案都是一種對未來的假設，假設會成功、假設其他機關、地方政府、民眾等都會配合。然而，這些只是對未來的推測或是期待，如果這些推測及期待是錯誤的該怎麼辦？

正確的假設有極大重要性，在發展與設計政策或作業計畫時，就要把基本假設想清楚，也要對最有可能的幾種不同情況，個別進行各種討論，否則由錯誤前提，極可能發展到錯誤的結論。

至少，政府在做規劃設計時，應該試試看戰爭遊戲，不要假設你不會做的，別人也永遠不會做。找不同的團隊提出質疑與批判，或扮演假想敵／對手，評估對方會採取什麼步驟去反對或抗議？對手會設計什麼情況來對抗主政機關的政策？讓公部門思索有沒有根據不同假設做出不同的計畫，而且要假設最糟的情況，做出備選，以及備選的備選。

二、管理政策風險，並非是政策或服務方案的本體，而是預防性作為

當政策或方案規劃設計時，理論上會有好幾個細部備選方案與內容，每個備選方案細節在評選與考慮時，除成本效益、可行性等分析之外，還要注意的是，哪些風險因素會干擾到這個備選方案之成敗。

其次，決定採行某個方案選項之後（或同時），就可啟動風險治理程序。這些程序包括認定、數量化的評價作業、預先規劃避險措施，避免真有意外或突發事件，會傷到政策主軸內容[24]。

針對風險或不確定事件所做的預防性工作，原則上都是（希望）備而不用，例如購買保險、備好的多套劇本、備胎、錦囊妙計、預備隊、平行計畫缺位時的代理人[25]等，這些都不是方案的主要內容，或許都用不上，但一定要有準備。

---

[24] 例如，如果要出國旅遊，會因為擔心飛機延誤、扒手、行李遺失等因素而取消行程，我們可以購買旅遊不便險之後放心出遊。所以，出國旅遊是主要計畫，而購買保險就是風險預防措施。

[25] 這個「預備」英文字是substitute/substitution（取代／替代），或是日語中發音中的「子備」，聽起來就像UB。

三、抱著謙卑的心，諮商重要人士，超越個人智慧的限制

政府組織往往有首長、主政者的偏見與團體盲思，而且自以為是，期待收到與個人偏好或意見相符的資訊，信心十足的專家及官僚會比其他人錯得更離譜。專家、技術官僚可能為了效率、預算執行率、施工時程表等，忽略人民生活體驗與智慧，不顧利害關係人的風險與成本。

從風險與利益的衡平考慮來看，每個政策都應該均衡考量利弊，而不是過度樂觀、粉飾太平。達成政策目標沒那麼容易，尤其是需要公私協力合產的方案，跨領域及跨組織之間的協力合作更不可少。我們應該在任何決策點都要開放心胸，暫時放下個人判斷，整合各種各樣的人，集思廣益，想出各種可能。

四、建立可能出錯的事物清單

意外發生之前，都有很多警訊，但通常遭到忽略，或沒有給予足夠的重視。在政策或計畫的準備與規劃前，要列出可能會出錯的事物清單，變成一個檢核事項，收錄一連串可怕的可能。不妨參考以下問題，建立風險檢核清單（checklist）。

　　□業務中是否曾經討論過風險？

　　□有沒有與利害關係人討論與諮商？

　　□你的風險顧慮是否能被他們理解？如何協商與溝通風險？

　　□目前有沒有一套風險討論與管理架構？

　　□曾經常正面／建設性地與專家、其他機關、公民團體、最終服務接
　　　收者互動？是多次還是一次？

　　□具有足夠技巧／技術去做風險管理嗎？

五、弱勢群體所面臨的問題才是最大政策風險來源

政府提供許多促進社會融合、縮短貧富差距、促進多元就業的政策，但是，我們想到的政策設計，往往就是那些熟悉、不陌生、容易且方

便執行與衡量的內容與工具。這些內容眞的切合社會底層民眾的需要、解決了他們遭遇的日常問題嗎？

（一）功利主義架構出當代政府運作與政策設計的思維框架！？

功利主義的原則，主張政府存在目的，是爲絕大多數民眾謀求最大福利。這種爲絕大多數民眾謀利的思維，一般人視爲理所當然，但是對於那些仍在社會底層掙扎的「少數」民眾，他們賴以生存的環境條件，會不會才是當代社會深層危機的根源？看看以下我們社會常見，但似乎無能爲力的故事。

新台灣人之子悲歌：桃園一名15歲台、印混血少年，母親在他年幼時就離家出走，父親也不知去向，從小就靠著親友輪流撫養長大。爲了養活自己，少年在國中時，也在人力仲介介紹下，於2018年初前往人力公司開始違法打工，打工受到同事欺負，4月時死者的某劉姓男同事指他偷竊，竟聚眾將他凌虐致死並棄屍。該少年的死到後來似乎也變得無人聞問[26]。

（二）沒有很壞的人，只有很不好的環境與條件

社會上的棘手問題、結構不良問題還有虐待兒童、家暴、毒品，以及幾件震驚社會的無差別殺人事件（例如捷運及校園殺人）。每個人都有生命歷程，每個政策也有政策週期，檢視分析「人」或「政策」，應該從整體歷程與週期去整體把握，不能只切取案件／危機發生當下的那個片段去論斷與處理，而忽略之前究竟是何因造成如是果。

---

[26] 摘要自東森新聞雲，https://www.ettoday.net/news/20181003/1272037.htm，檢索日期：2019年4月17日；蘋果日報，https://tw.appledaily.com/new/realtime/20181003/1440845/，檢索日期：2019年4月17日。

　　換言之，我們除了責罵罪犯及其家屬、要求立即處死或處以重刑之外，不應該忽略孕育案件／危機的那個環境，仍有可能再度孕育出類似的案件。那是怎樣不好的環境？難道公部門的政策都沒能延伸到那裡？還是政府自以為很好的方案，都無法切中社會深層問題核心？在那個環境當中生活的民眾，面對日常生活的難題、困境，遭遇的歧視、漠視與忽略，是否能有機會與途徑去表達？表達的程度為何？

（三）公共政策不應該只是單面向提供服務而已，也（／更）應該關切如何分配、以及分配給誰，並評估與此有關的風險治理機制

　　目前配置到不利地區、條件不利對象的資源，未必能夠回應居民真正的需要，而這是結構困境使然，因為「民眾的需求」與提供服務的「正式機構」脫節。當前基層治理結構，如何造成社會不平等、貧富差距及人口外流問題及風險，並且加以檢討及評估。現有結構是否仍能因應？是否需要調整？

　　我們應該注意到這可能的脫節，評估現有治理結構及程序，發展出社會整體風險的治理結構及程序。任何政策在一開始，可支付出席費、安排托育家中兒童或照顧老人，以創造在地民眾、受影響民眾、底層民眾，參與政策設計的程序，以便發掘出利害關係人的問題與需求，由此設計政策。

CHAPTER

4

問題解決工具

　　策略性的問題解決，應該是運用簡單的繪圖／架構／分類／對應／整理等方法，將問題的內涵／事件／時間／價值與工作等項目，進行更有條理的資訊呈現。為此，應該選擇合適的工具，正確、嚴謹且多元運用，「儘量」、「儘量」、「儘量」不要有偏見與預設方向，如實依據檢核表照表操課[1]。

　　本章第一節所謂系統性工具，是指需要整體性、全面性的評估環境、組織、政策的多個面向，從而歸納出問題解決的方法。除第一節所提之各項工具之外，在第二章所提之政策／政治可行性分析等，因為也要考慮到政治、經濟、環境、法律、社會、科技等各面向，以及各類利害關係人的立場、反應與態度，也可歸納在系統性工具方面。

　　其次，中高階文官的策略性議題，往往側重於跨部會、跨專業、跨官民的課題，這需要人際之間的社會性論述、面對面接觸、辯論、多元化利害關係人參與，並用俗民大眾都能理解的話語去解釋，因此技術、專業的術語與計量就不是那麼重要。表4-1是質化方式的前瞻議題討論，從分析或預期未來發展、形塑未來、政策制定和策略形成的意義來看，我們覺得十分貼切地適用於中高階策略問題與規劃過程。

◼ 表4-1　質性方法在不同前瞻階段之貢獻

方法／活動	前瞻階段					方法類型
	規劃	招募	產出	行動	更新	
1. 倒續推演法（back casting）	●	●	●●●	●●●	●	
2. 腦力激盪（brainstorming）	●●●	●●	●●●●●	●●●	●●●	
3. 公民議壇（citizen panels）	●●	●	●●●	●●●	●●●	質化
4. 研討會／工作坊（conferences/workshops）	●●	●●	●●	●●●	●●●	

---

[1]　要中高階文官不注意高階首長態度、政黨顏色或環境因素，如實提出政策建議，實在有如緣木求魚，但在倫理上，至少該運用多元方法，提出多項不同想法與建議。

▣ 表4-1　質性方法在不同前瞻階段之貢獻（續）

方法／活動	前瞻階段					方法類型
	規劃	招募	產出	行動	更新	
5. 情境描述（essays/scenario writing）	●●	●	●●●●	●●	●●●	質化
6. 專家論壇（expert panels）	●●●	●●	●●●	●●●	●●●	
7. 大師預測（genius forecasting）	●●	●	●●	●●	●	
8. 訪談（interviews）	●●	●●	●●	●●	●●●●	
9. 文獻回顧（literature review, LR）	●●●●	●	●●●	●	●●	
10.形態分析法（morphological analysis）	●	●	●●	●	●	
11.關聯樹／邏輯圖（revelance trees/logic charts）	●●	●	●●	●●●	●●●	
12.角色扮演（role playing/acting）	●	●●	●●	●●●	●	
13.掃描（scanning）	●●●●	●●	●●●	●●	●●	
14.情境討論（scenarios/scenario workshops）	●	●	●●●●	●●	●●	
15.科幻小說（science fictioning, SF）	●	●	●●●	●	●	
16.競賽模擬（simulation gaming）	●	●	●●●	●●	●	
17.調查（surveys）	●●●	●●●	●●●●	●●●●	●	
18.SWOT分析（SWOT analysis）	●●	●●	●●●	●●	●●	
19.外卡（weak signals/wild cards）	●●	●	●●●	●●	●	

註：符號表示：極少／無貢獻〔●〕，一些貢獻〔●●〕，顯著貢獻〔●●●〕，主要貢獻〔●●●●〕。

資料來源：Georghiou, L. et al. (2008). *The handbook of technology foresight: concepts and practice*. 本圖轉引自孫智麗（2011）。《科技前瞻運作機制參考手冊──農業科技前瞻體系之建立計畫執行成果》，頁15（行政院農業委員會主辦，台灣經濟研究院執行）。

　　本書並沒有把上述工具或概念全部介紹，只針對比較常見、對於政府運作與公共管理意義深遠的方法加以初步闡述，方便跨領域的中高階文官能夠與不同領域的利害關係人進行俗民性的溝通。

第一節　系統性問題解決工具或方法

壹、情境分析法／情境規劃法／劇本法

　　很多人小時候玩過「Who, What, and Where」的遊戲，就是很多人一人發一張紙，分成三等份，第一張寫自己的名字，第二張寫在哪裡，第三張寫做什麼，寫完之後丟到籤筒中，然後隨機抽出排列組合念出，有時候會有讓人笑倒在地上翻滾的笑果。

　　這種卡片遊戲與情境分析法的規則相似，就是把某些特殊情境或關鍵事件列出，然後隨機組合，就會產生不同的創意、思考，甚至會有不同的動作，混合在一起能夠激發更多想像。

　　每個人第一次寫的三張卡片，代表一般策略方法，即線性思維、單一劇情，缺乏創意與想像力。情境分析法像是之後隨機抽取後的排列組合，創造決策的學習討論架構。

一、情境分析法的意涵

　　情境分析法（scenario analysis）最早由美國蘭德公司（Rand corporation）所開發，在1950年代應用於美國空軍戰略規劃。迄今，情境分析法仍是美國國防部常用的規劃工具，或是運用其基本的原理進行戰略模擬。

　　情境分析是一種長程的權變規劃，對某政策議題或特定事件等，以系統性方法，進行多種情境之建構，設法找出影響未來發展的各種可能的情境／可能／關鍵因素等，就規劃內各種情境之發生，系統性評估該情境對

於未來國家、社會或政府部會帶來的衝擊，並調整現在的計畫，或預先研擬因應策略[2]。

（一）情境分析法的目的

1. 對情境問題之建構、分析程序之邏輯、系統性與完整性。
2. 多元化情境因素設定、思考與創意。
3. 用以分析不確定的未來。

（二）情境分析法的要件

　　所謂情境，都只是故事，但有可能在未來發生，適用於變化快、不確定的情況，例如受到政治、經濟、社會等因素影響。雖然未來情況難以預測，但當任何一項因素眞的發生，至少可運用預設的方法，讓損害降低或得到控制。

　　情境分析法包含以下幾個要件：

1. 情境之設想與建構，要設定因果程序、決策點，建構事件的假設順序，可進行定性或定量之描寫。
2. 眾多因素之集合，包括(1)羅列各種可能的決定因素；(2)各種可能因素隨機、相互關聯、衝擊與碰撞，產生的各種不同情境、故事。這些因素包括外在因素與內在的關鍵因素。

   外在因素可以含括政治／政策、經濟、社會、科技（PEST，可參考本書第三章第一節有關PESTEL分析部分）；內在因素主要是政策內容，例如方式、額度總額、範圍、對象等。其中，每個政治、經濟等外在環境的影響因素，又可依據個別子項目的不確定程度×衝擊程度，製作矩陣評分表，設算每個因素的衝擊程度，依據乘積進行排序。

2　在危機預防時，對於不可預測的風險，也都採用情境分析法。例如所謂的「黑天鵝事件」，是指發生機率很低、難以預測，但是一旦發生，後果則很嚴重的事件。「知道會發生，但不知道何時發生」，就應該找出一旦發生，就會使策略、組織與政府發生運轉失靈的異常事件。此時就非常適合用情境分析法，試著評估，找個故事去描述。

◼️ 表4-2 外在因素（PEST分析）評估矩陣表

		衝擊度（1-5）	可能性（1-5）	乘積（1-25）
	因素1			
政治	因素2			
	因素3			
經濟	因素4			
	因素5			
	因素6			
社會	因素7			
	因素8			
科技	因素9			
	因素10			

資料來源：筆者自行整理。

3. 尋找與描述未來的情境。在完成前述的評估與排序之後，至少設想三種以上情境，其中應該包括最佳／樂觀、中度／折衷、最差／悲觀情境。
4. 得出與窮盡各種可能的決策，以及每個可能決策的風險。

二、情境分析法的特性與「未來」的類型

（一）情境分析法的特性

1. 未來無法精確預測，但可刺激參與者以新的方法思考不確定的未來。
2. 將環境模型化／模式化。運用二、三個理論或工具，去解本題的主要問題。
3. 挑出策略性的選擇、方案及可能風險。
4. 未來導向的創新性思考，對未來的趨勢做適當的研判，集思廣益產生政策。

（二）未來的類型

以基準情境（base-case scenario）爲起點，然後設想最差情境（worst-case scenario）與最佳情境（best-case scenario）。所以，未來的情境可分爲三種：

1. 我們期望的未來，就是最佳情境。由此可以思索該透過什麼方法或策略加以落實。
2. 最後發生的未來。
3. 最悲觀的可能未來，就是最差情境，由此應該設定應變措施，超前準備。

三、預演未來的參考步驟

（一）基本步驟

1. 確定關鍵的焦點議題。針對以下問題進行討論，包括目前可知的事實爲何？問題何在？有哪些利害關係人？利害關係人參與其中，儘量讓多種不同背景的人交流，讓不同專業與學門，可以相互體驗、感受、發酵。
2. 找到主要的環境、未來演變的驅動因素。有些情境或劇本的分析，可從who、where、when、what、why、how以及how much等5W2H去思索。
3. 尋找及確定關鍵的不確定因素。可納入多個變數同時變動，並把重要變數的變動可能性納入情境分析中。
4. 各種故事羅列、敘述，包括(1)有哪些故事？(2)每個故事各有哪些解決方案？(3)有哪些限制？最後該做什麼決定？
5. 早期警訊及意涵。針對最悲觀的情境，應該事先做好什麼保險或避險措施。

（二）參考概念

圖4-1是一種參考概念，包括舉出三種情境、出現的機率／可能性，以及各自的衝擊效應。2018年3月摩根士丹利證券台灣區研究部主管施曉

摩根士丹利證券對友達現金股利配發情境分析			
內容／情境	樂觀情境	基本假設	悲觀情境
可能性（％）	30	60	10
2017年股利政策	股利配發率維持76%左右水準	股利配發率與2013年水準相似	股利金額與前年度年相同
推算每股現金股利（元）	2.3	1.15	0.56
推測股價反應（％）	漲8-10	漲4-6	跌2-4

◼️ 圖4-1　情境分析法的參考概念

資料來源：簡威瑟。《工商時報》，2018年3月19日；轉引自外資券商研究報告。

娟對友達（2409）可能的股利政策，進行三大情境分析，估最樂觀狀況是友達將配出2.3元現金股利，最差估有0.56元。

四、小結

情境分析旨於建構具代表性的數種可能未來狀況，及導引可能的路徑，以求在動態的環境中能歸納出強大的趨勢潮流，與造成狀況變異的因子，並從這些情報中萃取因應行動之對策，協助決策者做出適當的選擇。

情境分析之關鍵不在於情境數量的多寡，通常四、五個情境就已足夠，越多情境反倒將主題模糊化（柯承恩等，2011）。情境討論時要專注在敘述關鍵議題，將不同情境之差異化清楚地表達出來，甚至應該跳脫常識的束縛，廣邀不同想法的夥伴參加。

最後，永遠要慮及最糟且最悲觀的情境。事情絕對有可能走上最糟的劇本，那麼如何可以處理最絕望的情境？一個備胎？更多的物資？兩組人馬分頭進行？多備一套後備方案，以及後備的後備？

貳、德菲法、政策德菲法、修正式德菲法

德菲法（Delphi Method）是以古代希臘阿波羅神廟廟址命名的，希臘人在南部古祭祀聖城德爾菲神廟中，透過女祭司與神明溝通（類似台灣民俗中透過乩童與神明溝通），在煙霧繚繞中獲得神諭或預言（oracle），幫助當時的希臘人預測與決定很多難題。

1948年，由美國蘭德公司發展出這種問題解決方法，逐漸為政府部門及企業採用。在1960年則分為傳統德菲法與政策德菲法（Dunn, 1994），之後，又有修正式德菲法出現[3]。即便有如此多的衍生型，但基本內涵大致相近，而特別的是，這種方式有時候相當仰賴量化分析（但只用到很基本的量化方法）。

一、德菲法基本內涵

（一）德菲法意義與內涵

大多數的面對面討論與會議，常發生一些問題，例如團體極化、團體盲思、流行效用（bandwagon effect）[4]等，使得集體決策無法達到原先的效果。

為改善這種盲從大眾、甚至盲從權威的問題，德菲法是以匿名性的專家為集體決策的研究方法，針對某一特定的問題，經過反覆的訪談或問卷調查，結合專家的知識及意見，達成一致的共識（Murry, Jr. and Hammons, 1995；潘淑滿，2003）。

德菲法的基本邏輯是：由專家集體討論、共同決策所產生的結果，應

---

[3] 就德菲法應用的演進來看，首先是以個別專家為主的「傳統德菲法」，其次還有以團體互動的「團體德菲法」，再者則是「政策德菲法」，最後則是一開始參與者面對面討論的「對立性德菲法」。

[4] 從眾效應或樂隊、花車效應，是指人們受到多數人的一致思想、行為影響，甚至會懷疑並且改變自己的觀點與判斷，從而跟隨大眾思想或行為。

比個別思考所得出的結論更爲周全，尤其是集體討論的成員，若都是該領域學有專精的專家。這種兼具量化與質性之科技整合研究方法，不需要大量樣本，但樣本應具有專業代表性。

（二）德菲法特色

1. 匿名性。經由不具名的問卷方式獲得專家意見，可使個人的意見自由表達，而不會受到團體壓力或主流意見所支配。
2. 以專家／專業知識之預測及判斷爲核心，而不是一般公民參與或意見領袖觀點表達。
3. 意見重述且有控制的回饋。回收問卷後，將團體意見的統計資料呈現在下一回合的問卷中，並持續進行數個回合，專家可以參考這些回饋資料，考慮他人的意見之後再行判斷與調整自己意見。
4. 團體意見統計。問卷回收後，均進行團體意見的統計，瞭解專家們意見的集中或是差異程度。不過，德菲法發展的早期，大多都是利用郵寄問卷方式進行，現在因電腦、網際網路、線上即時反饋系統的普及，可以快速得到初步結果。
5. 求取共識，或儘量接近最小共識，而不只是徵求意見或是求取平均數。

（三）成功的德菲法需要的條件與優點

1. 參與者要有高度參與動機，不宜中途退出。
2. 需要配合完整的實行步驟，以及充裕的時間、經費成本等條件。
3. 適合不明確性、複雜程度高、具爭論性之議題。
4. 具有集思廣益、維持專家獨立判斷、打破時空隔離困境及不需要複雜統計等之優點。

（四）德菲法的缺點

1. 決策者的偏見：在彙整專家意見時，可能有先入爲主的觀念，而過濾掉獨特、感覺很怪異、難以理解的意／異見，亦即可能會削弱或抑制不同

的想法。

2. 問題定義不清：問卷內題項意義模糊，不同專家有不同認知，再加上專家無法溝通，而使得意見無法趨於一致。

3. 要求配合眾人意見：在求取專家意見一致性時，要求專家依群體意見之中位數修正自己的意見，有可能扭曲專家原意。

4. 很花費時間與成本：當專家意見無法趨於一致時，必須反覆進行多次問卷調查。然而，反覆進行的次數增加，所消耗的時間及金錢成本隨之增加，其反饋率則逐漸下降。

二、政策德菲法

　　為突破傳統德菲法的限制，並迎合政策問題複雜性的需要，於是產生政策德菲法，主要是可以邀請專家學者、行政機關代表等，進行**面對面腦力激盪式**的政策德菲作業。

（一）基本原則

　　政策德菲法除了採取傳統德菲法的複述原則與控制性回饋原則外，並改進其他幾項新原則（Dunn, 2008: 182-7）：

1. 選擇性匿名原則。政策德菲法的參與者，只有在前幾回合的預測過程採匿名原則，一旦政策替選方案呈現後，就可設計程序，讓參與者面對面，為其論點辯護。相比之下，傳統德菲法是參與者從頭至尾匿名到底。

2. 選擇具利害關係的多元參與者。政策德菲法的參與者選擇，可以是與該項政策議題有利害關係，或具該項政策議題知識者，但不一定是專家。至於傳統德菲法則以專家為主。

3. 更精緻的統計分析。運用更精緻的統計技術，來分析參與者的意見差異程度。有時候甚至在參與者的組成結構與設計上，讓彼此間基本立場的衝突者參加。

4. 電腦運用。在互動過程中可運用電腦作為輔助，不像過去郵寄問卷耗費

很多郵件往返時間。

（二）政策德菲法運作程序中比較特別之處

　　政策德菲法的程序，與一般德菲法大致相同，也要經過數個回合的徵詢，並且將意見分布的集中趨勢、離勢、兩極化的範圍及程度予以表明，這些資源會作為資料，提供給參與者參考。比較特別之處在於：

1. 遴選參與者：運用「滾雪球抽樣法」，選擇立場相衝突的參與者，包括產、官、學界、實務工作者及政策利害相關人。
2. 團體會議：經過幾回合折衝，意見逐漸聚焦，但仍有不同處，此時可安排參與者面對面討論，進行辯論。

三、德菲法的步驟

　　（一）建構問卷的內容、說明背景、相應的數據以及問題。

1. 可以直接針對問題提出比較明確的問題，邀請專家提出多回合的意見。
2. 透過評估構面之重要性與可行性，進行量表評分。量表評分法採用李克特量表，將衡量指標設計為尺度（1至5分，即非常重要、重要、普通、不重要、非常不重要，或是從1到9分），並彙整求出平均數。

　　（二）決定專家清單，以及邀請專家參與諮詢。專家是以匿名方式參加，他們相互之間並不知道其他人。

　　（三）寄出第一次問卷。專家作答之後寄還給研究團隊。

　　（四）統計問卷及彙整處理結果，及準備第二次的問卷：包含第一次的答案、分布、統計結果、處理及會議相關資料，並設計不同的回饋內容，進行第二回合的徵詢，並希望專家提出修正預測的內容與理由。

　　（五）寄出第二次問卷。

　　（六）統計問卷結果，並做初步結論，找到最有共識的內容，或是基本一致的意見（或進行第三回合的程序）。

四、案例

這裡用三個案例說明所謂「共識」之產生。

（一）新式電商軟體的定價

某公司開發出劃時代的電商軟體，但是不知道如何對新產品定價，內部有人認為該定價5萬元，有人認為定價10萬元。對此定價差距，公司邀請數位專家學者進行調查。

1. 首先，邀請數位專家（注意，是這個領域的專家，不是一般消費者等不具有專業知識的利害關係人），請他們就最高、最低、最可能定價進行預測及提出理由。
2. 每個匿名徵詢回合結束後，都要統計分布狀況，並且將處理結果製表，作為下回合諮詢的參考資料。
3. 以下假設是經過三個回合專家匿名徵詢的定價預測表。最終統計結果，該電子商務軟體平均最低價是7萬733元，平均最可能接受價格約9萬5,067元，平均最高價是17萬7,667元。

■ 表4-3　某公司新開發電商軟體專家匿名徵詢定價預測表

專家編號	第一回合			第二回合			第三回合		
	最低價	最可能價格	最高價	最低價	最可能價格	最高價	最低價	最可能價格	最高價
1	65,000	95,000	190,000	67,000	90,000	175,000	70,000	80,000	155,000
2	70,000	105,000	200,000	70,000	95,000	170,000	69,000	90,000	140,000
3	80,000	110,000	220,000	75,000	100,000	200,000	71,000	90,000	160,000
4	68,000	102,000	195,000	71,000	100,000	170,000	68,000	90,000	150,000
5	75,000	100,000	210,000	72,000	90,000	180,000	70,000	90,000	150,000
平均值	71,600	100,400	203,000	71,000	95,000	179,000	69,600	89,800	151,000

資料來源：筆者自行整理。

　　從求取共識（或最小共識）的角度來看，最終定價應該是依最低價的預測去決定（參考表4-4、圖4-2）。表4-4是選取三次預測中，各專家預測的最低、最可能、最高之平均數，再以這些平均數繪製預測之折線圖。

　　從圖4-2來看，不應該依據最可能接受價格（中間那條線），因為三次最可能價格有一點變動（表示意見有點不同），相比之下，低價的變動幅度最小（最低的那條線），幾乎是平滑一直線，表示大家對此價格意見比較一致。至於變動幅度最大的是最高價，經過控制回饋（預測資訊提

■ 表4-4　某公司新開發電商軟體專家預測價格表

	最低價	最可能價格	最高價
第一次預測	71,600	100,400	203,000
第二次預測	71,000	95,000	179,000
第三次預測	69,600	89,800	151,000
平均	70,733	95,067	177,667

資料來源：筆者自行整理。

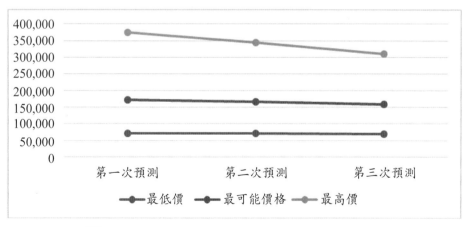

■ 圖4-2　某公司新開發電商軟體定價預測折線圖

資料來源：筆者自行繪製。

供），專家會調降自己的預測。因此，最終可為該公司的新產品定價是7萬733元。

（二）K-12遠距教學未來重點

「K-12」是指從幼兒園（kindergarten）到十二年級（grade 12）免費教育系統頭尾的兩個年級的簡稱，這套學制常被應用於美國、澳大利亞、加拿大魁北克省以外地區。這些偏遠地區的教育資源比較匱乏，發展出遠距線上教學的方案，也建構各級政府、研究機構、學校合作建構區域教師專業發展網絡。

在YouTube上有一個由Mike Travis博士介紹德菲法的影片[5]，該影片以K-12遠距教學／教育發展為例，說明德菲法之運用。本書將摘譯與說明如次。

該影片的第一個案例，主要是探討K-12遠距教育的未來重點。首先，在專家部分，從幾個不同領域中挑選出參與者，例如科技業者、學校、遠距教育的決策者，和研究遠距教育的研究人員（學者）。值得注意的是，這類研究參與者是專家或是業者、官員，而非一般民眾。

在研究問題上，聚焦於幾個主要的問題：

1. 未來五年圍繞在十二年遠距教育的研究實務與政策重點是什麼？
2. 業者與決策者之間的觀點有何不同？有何相同之處？
3. 承上，這些相似與差異點，會對K-12遠距教育計畫的規劃和實施有什麼影響？（筆者按：從政策執行角度來看，決策意圖與實施者之間，對政策內容看法與溝通差異，將影響政策執行，也會影響到公私協力關係。）

第一輪施測，向29位參與者提出三個研究問題，然後在總計296條答覆中，經過編排與刪減後，得到149條開放式的答覆。

接著，依據德菲法原則，將這些開放式意見劃分為九個次領域（into

5　該影片的網址為https://www.youtube.com/watch?v=uV9xFqblEy4，檢索日期：2020年2月29日。

nine subscales of meaning），再將這些整理後的資料全數發送給參與者，使他們能夠對照、查看他們之前所做出的意見表示，讓他們有機會修改意見，或是根據新的資訊進行編輯與延伸。

第二輪施測，參與者們會收到新的資訊，並要求他們將這些整理過的論述，依照重要性進行排名。次領域也依照重要性進行排名。

第三輪施測，最終檢查中，參與者在比較自己與他人先前提供的排名與資料後，需要再進行一次最後排序作業。經過三輪討論下，保留比較高度的共識。

（三）前瞻性遠距教學工作者的角色與能力

在前述Mike Travis博士介紹德菲法的影片中，第二個案例是觀察（資深）專家與實務研究生（在職專班）對於遠距教學者未來的角色與應該具備的能力（competence），並且分析雙方觀點的差異。

該影片說明他們挑選106位任教高年級學生的在職研究生，分為11個不同方案／領域，研究遠距教學實務工作者對自己角色的認知是什麼？角色方向？遠距教學必要的能力為何？

在第一輪施測中，該研究向受測的參與者介紹12種角色，說明各類角色的老師應該會做什麼，接著受測者需要決定是否接受（拒絕）這些角色。

第二輪施測，受測者可審視之前其他受測者意見的摘要，提供進一步的意見，或是對其他受測者的建議發表評論或想法。研究人員會從第一輪調查中，列出57項遠距教育者應該擁有的能力，並要求受測者加以確認，選出最重要的能力（the most relevant ones），也可增補表中沒有列出的其他能力。

第三回合，將關鍵能力清單進行統整與概述，要求受測者將能力進行排序。第四回合則是由受測者自己與其他人的排序做對比，由此考慮是否調整排序，以達到最終的共識。最後，研究結果顯示，遠距教育者所需的最重要能力，包括：基礎科技運用技能、有管道（access）能夠運用科技並獲得新知，以及電腦網路（computer networking）。

五、德菲法何以適合政策問題的建構與解決？

（一）德菲法適合對未來做預測

　　蘭德公司的分析家O. Helmer於1967年寫了一篇〈對未來的分析：德菲法〉（Analysis of the Future: the Delphi Method）介紹性短文。Helmer指出以下重點：

1. 可基於客觀數據去規劃：對於問題的建構與解決，不是靠運氣或水晶球，從德菲法的角度去理解，應該依據或然率／機率（probability）、適當的規劃，以及這些因素對未來所產生的影響。
2. 未來有多種可能性：時代、科技、環境都在快速變化，新形態生活的出現無須靠十多年的演變，而是會有多種可能性，後代都要培養適應各種可能性的能力與技術，而此，可透過預測的方式預做因應。
3. 解決問題要本於對未來的預測：長期的規劃與問題解決，需要依賴對未來的預測，尤其是那些要特別注意的變化，以及運用新的預測及規劃方法。
4. 本於專家交流及共識：德菲法透過專家的共識，取代領導者個人直覺判斷，從而使政策更有品質。

（二）日本實際運用效果與經驗

　　自1971年以來，日本科技政策研究所（NISTEP）每五年進行一次「科技預測調查」，以預測科技與社會未來的關係，從而制定《科學技術基本計畫》。至今，日本已經開展了11次科技預測調查。2019年11月，NISTEP發布了《第11次科學技術預測調查報告》，此次調查以2040年為預測目標，繪製了「科技發展下未來社會的圖景」，發表《令和2年版科學技術白書》，加速實踐超智能「社會5.0」（Society 5.0）。

　　日本各次的前瞻科技活動，應用的研究方法包括德菲調查法（デルファイ法）、情境分析、水平掃描（Horizon Scanning）外，更強調區域間不同利害關係人的資訊互動交流。

　　經德菲法調查結果後，日本專家共同建立幾個社會發展的願景意

表4-5　日本第十回科技前瞻調查流程

德菲調查 （關鍵議題）	情境分析	水平掃描 （趨勢分析）	工作坊	報告 形成
1. 資訊通訊與分析 2. 健康、醫療、生命科學 3. 農林漁業、糧食 4. 太空、海洋、地球及科學基礎設施 5. 環境、資源、能源 6. 材料、設備、系統 7. 社會基礎設施 8. 服務導向社會	1. 願景：未來社會意象 2. 技術：促成改變所需的技術 3. 情境：應考慮的主題規劃	1. 低碳社會 2. 高齡化社會 3. 全球化等	1. 區域（選取四城鎮） -產經學研專家、社會組織、市民代表 -地方政府 2. 技術（邀請制）各領域技術專家 3. 整合（策略規劃）整合利害關係人，發展策略	-結論 -建議

資料來源：李宜映、蔡偉皇（2019：53）。

象，包括連結的社會、知識型社會與服務導向、健康長壽社會等，並邀集產官學透過多次的研討，建立其促成意象社會形成可能所需關鍵技術群，例如開放性資料、大數據應用、決策支援體系、人工智慧、資料科學等。在技術發展的同時也必須納入倫理、法律、社會影響之因素，以保障科技發展對國家安全的保障。

　　從日本科技前瞻規劃的經驗而言，高階決策者可以善用專家意見直覺／直觀意見的德菲法，而此相當能提供決策所需要的對未來之預測，而不是靠理論或原理來提供預測。通過對最有可能、最有共識的未來預測，讓產官學等各界能夠瞄準未來，進而決定有限資源如何前瞻性聚集性配置。

參、倫斯斐法則中的策略性問題解決方法

　　美國前國防部部長倫斯斐（Donald Henry Rumsfeld）出生於1932年，曾任眾議員、白宮經濟機會辦公室的主任和總統助理、北約大使。1974年8月尼克森總統因水門事件被迫辭職，副總統福特接任總統，倫斯斐被任

命爲白宮幕僚長。1975年10月底，倫斯斐又被任命爲新的國防部部長，成
爲美國歷史上最年輕的國防部部長。

　　1977年1月福特下台後，卡特接任總統，倫斯斐離開國防部部長的職
位，進入商界發展，歷任全美500家大企業（G. D. Searle & Company和通
用儀器）的行政總裁，和吉利德科學公司、蘭德公司的董事會主席。2001
年，倫斯斐加入小布希內閣，再度出任國防部部長，成爲歷史上最年長的
國防部部長，一直被外界認爲是小布希內閣中的鷹派代表。

　　倫斯斐蒐集了數百則關於領導、商業和人生的名言，彙集成《倫斯斐
法則：統帥的智慧，美國傳奇前國防部部長的14堂領導課》。本文將其中
有關策略思考與管理的內容整理如下。

一、策略思考

　　倫斯斐認爲，政府官員經常花費寶貴時間，去回應其他人的當務之
急，很少花時間去做自己的優先事務。他建議主管應該回想：你花多少時
間回覆收件匣郵件？參加別人的會議？接電話？如果都按照別人的收件匣
行動（開會、準備文件等），就是按照別人的輕重緩急順序在工作。

　　策略思考應該依據以下幾個重點進行，包括：

（一）步驟一：訂定目標，找對目標，基層管理者就能擬訂策略

　　目標要成爲策略，必須要有長遠的結果，影響組織方向的結果。主管
若能辨識出正確目標，其他人、其他部門自然會跟上來。

　　擬定優先順序，就是在相互競爭的時間、利益、衝突中做出決定，決
定自己不要做什麼，而不是要什麼。最終的優先事項只能有三個，倫斯斐
強調，如果遲疑而提不出來，代表沒有策略重點，如果提出六到八個，也
代表沒有重點。

（二）步驟二：確定關鍵假設

　　策略、政策、計畫或方案常根據的不是事實，而是對未來推測或是期

待。如果是錯誤推測或期待,怎麼辦?我們如何知道所知為真?

倫斯斐曾舉例,美國國防部經常檢視現行或即將採行的重大作業與應變計畫,各式各樣的情境包括:伊朗對鄰國發動攻擊、北韓入侵南韓、以色列入侵鄰國等。因此,國防部經常召開高階幕僚與參謀會議,針對上述情境制定應變計畫,然後定期檢討回顧。

不過,儘管目標很明白,但大家沒有討論關鍵假設及最有可能的各種情況。例如「如果我是敵人,會設計什麼樣的情況?」還包括北韓有沒有核武?有多少?會不會用來對付我們?有沒有根據前述不同假設做出不同的應對計畫?

許多政策或計畫沒有考量到造成它基本改變的重要參數,應該有人質疑為何選擇此種而非另一種行動?什麼時候把另外的、其他的行動排除在外?我們應該討論這些關鍵的假設,針對這類基本假設的重要參數反覆開會,提出並討論應變或行動計畫所依據的假設。

準此,據說美國國防部應變計畫會先仔細討論基本假設,也會評估對手會採取什麼步驟(筆者按:類似戰爭遊戲[6])。唯有大家獲得共識,已經確定關鍵的假設,才會開始做計畫與報告。

即使事後的發展,讓某些假設被證明是錯誤的,甚至很短時間就證明錯誤,這也是意料中的。除非一開始就先花時間、精力說明關鍵假設,否則在情況發生變化,而計畫需要大規模修改時,很可能毫無所知。

(三)步驟三:確定最佳作戰方案

評估一連串可讓你達成目標、又符合關鍵假設的行動選項。確定最佳方案,其實都是在各種弊害中衡量。幾乎每個行動都有負面的結果,沒有任何決策或計畫是輕而易舉,也就是說從來沒有容易的選擇,相反地,看

6　企業有時用戰爭遊戲評估公司的策略及競爭力。在戰爭遊戲中,公司指派小組設想現有或潛在競爭者,未來可能採行的策略或行動;然後各小組聚在一起,分析競爭者會如何攻擊公司,這個兵棋推演流程可協助克服領導人的偏誤。

似容易的往往適得其反。

　　倫斯斐提出一種線上線下選項評估法，在紙上列出某個問題的所有可能選項，以及每個可能方案的利與弊，並說明誰喜歡哪個選項？原因？可把所有選項攤在桌上，整理各種想法，澄清它們競爭的情況（莊靖譯，2015：102-103）。步驟說明如下：

1. 在一張紙上畫條橫線。

2. 考慮各種各樣的想法、可能的行動、正在思考的選項。

3. 有利的放在橫線上方。

4. 比較不吸引人的放在橫線下方。

5. 經過考慮，最後把橫線上方的選項，減少到只剩下一個最理想的選擇。

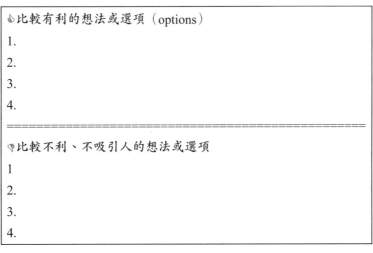

圖4-3　線上線下選項評估法

資料來源：筆者參考莊靖譯、Donald Rumsfeld（2015）自行繪製。

　　倫斯斐解釋與補充說明這種方法的優點：

1. 只要看這張表單，就可以考量全部的選項，想出新的想法。

2. 主管或首長有時間思索，不用倉促輕率下決定。

3. 可重新考慮列在橫線下方的點子，這些原本可能被放棄的，可能發展成

想不到的選項。

最後，在執行策略之前，要能製作一頁約三分鐘的備忘錄，說明關鍵元素、基本假設、行動方案。如果不能簡潔表明，或其他人不明白，意味需要再改善思慮不周全之處。如果同儕或其他機關不清楚，就會以其他方式解讀，甚至不會與你合作。

（四）步驟四：透過數據指標監控進度

執行策略之後，必須評估計畫進行成效如何？是否需要調整？也可檢討目標能否達到？檢視假設依舊有效？測驗行動方案仍是最好的那個？

策略、政策或計畫的問題，是很少按照原本構想規劃的方式執行，永遠有始料未及的挑戰。

二、風險預防：擬定計畫，因應不確定的未來

任何政策、方案或行動都充滿不確定因素，最後發生的事情或進行方式，都讓人驚訝不已。

（一）「未來」難以預測

不只是政策，施政規劃也應該做策略的風險檢討。對中程施政策略（例如四年期）進行規劃，可指引我們調整資源迎接未來，應對未來的挑戰。但是，不要自以為是、自以為能夠正確掌握未來，日新月異的變化與趨勢，讓我們難以預測。

黑天鵝效應並不是阻止我們提出策略計畫，而是擬定策略過程應該思索各種可能，當某種「可能」具體而真實出現時，至少我們已經（或至少曾經）做好調整策略的準備，或至少容許出錯與修訂。

當情勢意外地朝不同或最糟的方向發展時，如何讓策略、政策或計畫能夠適應與調整？計畫不算什麼，擬定計畫的過程才是一切，至少**應該抱著謙卑的心，諮商重要人士，**超越個人智慧的限制。

（二）對於未知的未知：擬定計畫，因應不確定的未來

　　倫斯斐強調，平庸的領導人只在乎雞毛蒜皮的事，而且自以為掌握一切，其實適得其反。不要用「一定」會、「永遠不會」發生，而是承認「我不知道」。

　　倫斯斐提出「未知的未知」的概念，闡述大家所知道的黑天鵝效應。外界有很多我們所不知道的未知，看不到並不表示不存在，只是可能沒有證據，也不代表有證據（例如表4-6的3、4）。有些我們知道「我們不知道」，更有些幾乎不可能發生，但事後回顧才覺得有徵兆可循、是可以預測的重大影響事件。為何有未知的未知？可能是：

1. 缺乏想像力。意外、突發事件等，通常是官僚收到太多的資訊，而不是太少的資訊。意外發生之前，都有很多警訊，但通常遭到忽略，或沒有給予足夠的重視。
2. 不熟悉。面對警訊，沒有認真考慮的原因是，看來很陌生，就會認為不可能，既然不可能，常人就會想不需要認真考慮。

■ 表4-6　已知／未知矩陣表

	已知	未知
出現過	1	3
未曾出現過	2	4

資料來源：筆者自行整理。

　　要針對無知、不確定、看不見、意想不到的敵人或事件展開預防，應該放下過去習慣、順理成章的思維想法。我們不知道危機在何時？何地？由誰引發？風險會在哪裡出現？設想每個地方，主動規劃與對應，在我們政策可能受到什麼威脅時，發展什麼能力來阻止潛在的敵人及風險。儘管成本可能頗高，但仍值得考慮一下，以免意外發生時，完全沒有準備。

　　如果是A，那麼我們應該先這樣或那樣。

　　如果是B，那麼我們應該先這樣或那樣。

如果是C，那麼我們應該先這樣或那樣。

如果是D，那麼我們應該先這樣或那樣。

（三）建立可能出錯的事物清單

在政策或計畫的準備與規劃前，要列出可能會出錯的事物清單，作為檢核事項，收錄一連串可怕的可能，例如抗爭、花費時間延長、預算大增、引發媒體報導等，讓所有人都預先想到，如果付諸執行可能出現的負面結果。

三、小結

綜合《倫斯斐法則》一書的重點與概念，以下提出幾項建議：

（一）利用平行團隊的戰爭遊戲進行模擬攻擊。不要假設你不會做的，別人也永遠不會做，要找另一組團隊提出質疑、反對與批判，讓決策小組嘗試回應。或是針對共同問題，分二組分頭各自規劃方案，時間到了再將各自方案交換、討論、比對，或許有一方想得較周全。

（二）鼓勵創意、智力與創業精神，發展能力去阻止、勸誠、擊敗尚未完全現身的敵人。主動出擊，而非被動、坐等時間流逝、等威脅出現，而是應該預料它們一定會出現。

（三）在任何決策點，都要整合各式各樣的人，集思廣益，想出各種可能。擺脫制約的官僚式思考框架，以及更換組織模式。例如採取扁平式、更加靈活的任務編組，讓有關單位在同一辦公室規劃，都可減少文書與層層請示的作業流程。

第二節　常用技術類的問題解決工具或方法

常用技術類的工具常會產生許多問題解決的構想，但有些太過瑣碎，務必參考本書第一章之策略思維概念，用「80/20法則」去過濾出眞

正有效的方法。

壹、魚骨圖、特性要因圖、因果分析圖、石川圖

在問題解決的原因分析階段中，最常使用、也最容易上手的，就是「魚骨圖」分析法，或稱爲特性要因圖（cause and effect diagram, CED）或石川圖。

一、各種名稱的用法與源起

（一）**魚骨圖**。由於在進行問題原因分析時，其所繪製出的外型與魚骨相似，因此被稱爲「魚骨圖」。魚骨圖又分爲兩種：
1. 當分析問題的成因時，稱爲問題魚骨圖或是向右魚骨圖。
2. 當針對每個問題成因，思索每個對應的解決方法時，稱爲方案魚骨圖或是向左魚骨圖。

（二）**特性要因圖**。當進行政策規劃時，首要應該界定問題、分析影響的因素，而「特性要因圖」就是描繪結果（特性）與原因（要因）之間的關係，並將原因加以整理，以箭頭連接，詳細分析原因的一種圖形，去除不重要之原因，而專注於最有可能之原因上。

（三）**因果分析圖**。因爲這種方法是一種發現問題「根本原因」的方法，它也可以稱之爲「因果圖」。

（四）**石川圖**。魚骨圖是由日本管理大師石川馨發展出來的，故又名「石川圖」。

二、魚骨圖的基本產生方式

問題總是受到一些因素的影響，可透過腦力激盪找出這些因素，並將它們基於某些特性而歸納在一起，整理成層次分明、條理清楚，並標出重要因素的圖形。

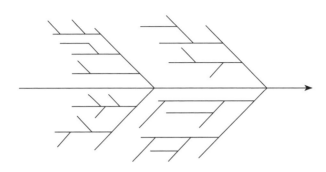

▣ 圖4-4　魚骨圖基礎圖像

資料來源：筆者自行繪製。

　　（一）將問題進行大分類，例如可用4M（man, method, materials, and machines）四大資源來將問題分類。

　　（二）向右找原因：分析問題時，圖形的魚頭向右，將問題主題訂定（魚頭），細分次因素（為主骨架），再分析次因素形成之情形（細刺），總共有三層構思。經過蒐集魚骨圖的資料等，找出占80%的原因，然後在魚骨圖上圈起來，並篩除較不重要之因素。

右魚骨——向右找原因

➢ 方案問題分析

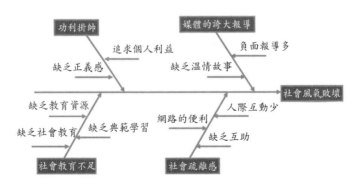

▣ 圖4-5　問題魚骨圖／向右魚骨圖範例

資料來源：https://www.slideshare.net/a05100126/104716，檢索日期：2019年7月7日。

左魚骨——向左找對策

➤ 方案問題分析的方法

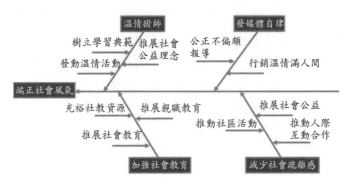

圖4-6　方案魚骨圖／向左魚骨圖範例

資料來源：https://www.slideshare.net/a05100126/104716，檢索日期：2019年7月7日。

（三）向左找方法：若要分析解決方法，圖形為魚頭向左，將解決問題主題訂定（為魚頭），針對解決問題主因素（為主骨架），向下發展出可能的解決方案。

值得一提的是，魚骨圖是很基礎常用的問題釐清與解決工具。當前我國國家文官學院課程，例如初任公務員訓練或是各級升等訓練，常用的小組團隊運作演練，就是進行魚骨圖的討論，很容易協助成員歸納問題，再針對各個問題一一設計解決方案。值得注意的是，**此方法往往臚列太多解決方案，還需要依據本書第一章圖1-1柏拉圖概念，篩選出累計影響力達70%到80%的三項主要方案。**

貳、心智圖法

與魚骨圖相比，心智圖法更適合做簡報，作為進行溝通及討論的基礎。

一、源起與意義

心智圖法（mind mapping），又稱為心智地圖、**腦力激盪圖**、思維導圖（中國大陸用法）、概念地圖、或思維地圖，是一種圖像式思維的工具（用圖像方法來表達思維）。

心智圖源起於語言學（linguistics），此方法可用於腦力激盪法過程中，將各人的思想記錄下來，以便向其他人重新覆述各人的思考過程，讓形象思維與邏輯思維結合起來。

二、特性

（一）運用顏色、符號、線條、關鍵字詞。心智圖將所學及所想的概念，用視覺化及圖像化的方式進行筆記，而後漸漸被運用為一種輔助擴散思考的工具。

▲不正確的用法　　　　　　▲正確的用法

▣ 圖4-7　心智圖的概念

資料來源：孫易新。〈提升思考力與學習力的必備能力：心智圖法〉。https://www.cyut.
edu.tw/~yllo/creative_im/MindMapping-Sun.pdf，檢索日期：2019年7月7日。

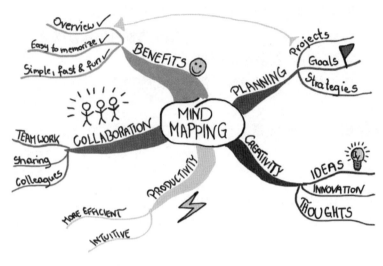

▣圖4-8　心智圖基本架構

資料來源：中華學習體驗分享協會，https://www.lensverymuch.com/product.php?lang=tw&tb=1，

　　　　　檢索日期：2019年7月7日。

（二）依照人類大腦最自然的思考方式。透過直觀圖解及網絡化等，使多個概念之間的關係可以完整呈現。

（三）幫助提升解決問題的能量。心智圖協助記憶關鍵資訊、迅速掌握與交換資訊，及提升創意思考的可能。

三、實施步驟

心智圖法使用一個中央關鍵字，運用邏輯分類階層化的結構，以及加入了顏色與圖像等元素。在關鍵字部分，心智圖法要求在每一個支幹線條上只書寫一個關鍵字的原則，應用在腦力激盪、問題分析與解決以及專案管理計畫時，能夠讓思緒更加縝密，強化思考的深度與廣度，並開啓思考的自由度。實施步驟如下：

（一）先將主題寫在紙的中央，畫出象徵性的符號或圖案。

（二）由中心往外拉線，把聯想到的概念迅速記述下來。

（三）關鍵字詞寫在線上，調整字詞長度與線長一致，使之簡潔。

（四）各分支的層次從中心向外，分支關聯可用畫線點明，並善用顏色、圖形、字體大小、符號彰顯層次。

（五）與人分享，徵求意見，激發更棒的想法。

四、心智圖製作的效果

（一）強化印象

題目、主題或關鍵字寫在紙的中央，利用圖像標示重點、內容，從而強化記憶。需要注意的是，應該適當留白，以便書寫、增添之後的更多資訊、時事或圖表。

（二）放射狀聯想

1. 大腦具有無限的想像力，心智圖具有創意形狀，可激發創造力並提升記

表4-7　心智圖的應用與優點

運用方面	優點
學習方面	記下關鍵字，可以節省50%至95%以上時間
	閱讀關鍵字，在複習時可以節省90%以上時間
注意力方面	吸引注意力
	透過圖像，重點關鍵容易辨識
	關鍵字可以提升創造力及記憶力
系統化方面	關鍵字間的從屬關係清楚
創意方面	運用多元智能的創意思維活絡大腦
腦力激盪方面	可以刺激探索，激發潛能
思考性方面	符合大腦自然的思考模式，滿足學習慾望 運用左右腦的智能，使大腦更加靈敏，對自己充滿信心

資料來源：黃雅卿（2006）；張政亮等（2009）。

◾圖4-9　心智圖筆記法

資料來源：http://www.mindmapping.hk/mmintro.php；轉引自張政亮等（2009）。

憶力。
2. 主幹線與支幹線、支幹線與之後衍生的各種線要連接在一起，突顯從該中心主題衍生與綜合的效果。
3. 每個幹線儘量只寫一個關鍵字或句子，力求清晰簡單。

參、行銷策略組合

一、源起與概述

　　波士頓企管顧問公司在1970年提出BCG矩陣，又稱為成長分配組合模型（growth-market share portfolio model），常被用在討論總體策略層次

的事業組合，也經常運用在策略分析，能就內外部競爭環境，提供一個簡單又清晰的策略思考方向（張慶忠，1984；徐純慧等，1990；陳慧瀅，1997；簡博秀，2001），如圖4-10所示：

（一）橫軸爲市場占有率：此爲相對競爭地位，是用來表示企業在市場上之競爭強度，以相對市場占有率來衡量。

（二）縱橫爲市場成長率：用來衡量企業的市場吸引力，以各產品的年成長率來表示。

二、四種策略組合類型

BCG矩陣可分爲四個象限，每一個象限代表不同事業類型，包括明星（star）、金牛（cash cows）、問題（question mark）以及瘦狗（dog）四大類，作爲企業在行銷策略與資源分配上的指引和判斷依據。

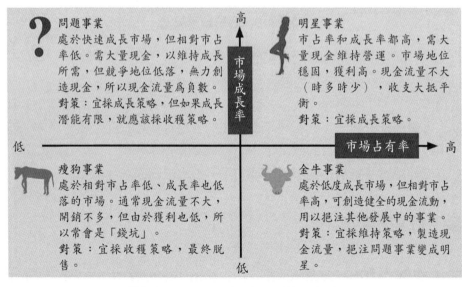

問題事業
處於快速成長市場，但相對市占率低。需大量現金，以維持成長所需，但競爭地位低落，無力創造現金，所以現金流量爲負數。
對策：宜採成長策略，但如果成長潛能有限，就應該採收穫策略。

明星事業
市占率和成長率都高，需大量現金維持營運。市場地位穩固，獲利高。現金流量不大（時多時少），收支大抵平衡。
對策：宜採成長策略。

瘦狗事業
處於相對市占率低、成長率也低落的市場。通常現金流量不大，開銷不多，但由於獲利也低，所以常會是「錢坑」。
對策：宜採收穫策略，最終脫售。

金牛事業
處於低度成長市場，但相對市占率高，可創造健全的現金流動，用以挹注其他發展中的事業。
對策：宜採維持策略，製造現金流量，把注問題事業變成明星。

市場成長率

市場占有率

高

低

高

低

■ 圖4-10　BCG矩陣四種策略組合

資料來源：經理人月刊，https://www.managertoday.com.tw/glossary/view/145，檢索日期：2019年7月14日。

　　（一）明星：市場占有率及市場成長率皆大於標準值或一般水準，則此產業可稱爲明星事業。明星事業在初期需要大量現金以支持其快速成長，隨後成長趨緩，漸漸轉變爲金牛事業。

　　（二）金牛：當占有率高但成長率低於標準值時，稱爲金牛事業。金牛事業能賺取大量資金，而且不需要再投入太多資源或投資，大量剩餘的資金可以支持其他事業，並可視其未來可能的發展狀況，考慮收割／出售，或是繼續持有（hold）。

　　（三）問題：若占有率低而成長率高於標準值，則此事業稱爲問題事業。問題事業本身需要大量資金，以維持現有市占率，需審愼判斷其未來發展。

　　（四）瘦狗：兩者皆低於標準，則稱爲衰退型的瘦狗事業。衰退型事業的成長率、占有率都很低，對組織／企業已經沒有太大利益，通常考慮加以放棄、刪除、撤退或是收割策略。

三、策略組合與轉變

　　本書第三章第四節介紹坦帕綜合醫院的案例，該案例即很適合用BCG策略組合架構進行討論，以便思索組織內各事業服務的策略轉型計畫。

　　（一）當衰退型事業（瘦狗）及問題事業比較多時，或是金牛事業或明星事業過少，都不是均衡的組合狀態。

　　（二）每個成功事業單位的生命週期，大多是由問題事業轉變爲明星，再轉變爲金牛，最後成爲衰退型事業。

　　（三）衰退型瘦狗事業並不代表未來一定毫無發展性而需要退出市場。研發、技術進步或是市場需求改變等因素，都可能讓此種事業跨入新的生命週期。

　　（四）管理者應該進一步檢視各項事業單位是否遵循成功路徑而發展，並加以思考各事業單位未來之發展策略。

肆、其他方法

進行問題討論與方案構思，還有其他常見的方法。

一、腦力激盪

腦力激盪是一種通過集思廣益、連鎖反應，發揮團體智慧，從各種不同角度找出問題所有原因或構成要素的會議方法。如果成員的異質性越高，越能得到多樣性異見。不過，通常腦力激盪的運用，應該搭配前述所提到的魚骨圖法（特性要因法）或繪製成為心智圖，比較能產生系統性的結果。

運用腦力激盪應該注意的原則有：嚴禁批判、正向思考、自由奔放、多多益善、搭便車（基於他人的想法而添附其他內涵加以延伸、補充）。為避免壓抑討論，小組不用主管指揮，讓一群人聚在一起爭辯，沒有人有權終止辯論而獨斷決議，磨擦也代表火花的誕生，深度討論是優秀計畫的搖籃。

二、站立會議[7]

為了協助小組成員，能在短時間內聚焦所要討論的議題以及當天工作優先事項，小組可花費十到十五分鐘時間進行「站立會議」（stand-up meeting）。所謂「站立會議」，是小組成員每日利用十到十五分鐘站著開會。

站立會議只討論三件事情：

（一）昨日大家各自「做了什麼事」，以協助團隊成員完成本階段工作與目標？

（二）今天大家各自「準備做什麼」，協助團隊成員完成本階段工作

---

7 公務人員保障暨培訓委員會（2018）。

與目標？

　　（三）眼前有什麼困難、問題與障礙，將阻止我們前進？有哪些因素需要克服？

　　由於會議係以站立方式在短時間討論三個明確的議題，因此在專案管理實務上，可透過提問與討論，讓小組在短時間內聚焦於議題。

三、甘特圖

　　甘特圖（Gantt chart）起源很早，應用極廣，種類甚多，常用於專案和計畫管理。根據國家教育研究院的詞彙說明[8]，甘特圖為甘特（Henry L. Gantt）所發明的一種計畫及控制技術，以圖表來顯示限定時間內，計畫中各項工作分配之預定進度與實際進度之比較，能使有關人員對整個計畫過程中各項活動的狀況一目瞭然。

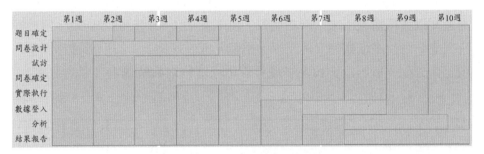

📀圖4-11　甘特圖基本概念

資料來源：洪懿妍（2011）。〈只要3步驟！用「甘特圖」管好你的專案〉。《Cheers雜誌》，130。https://www.cheers.com.tw/article/article.action?id=5021416，檢索日期：2021年4月5日。

---

[8]　詳見國家教育研究院，https://terms.naer.edu.tw/detail/1683088，檢索日期：2021年4月5日。

　　甘特圖之橫座標恆表時間，可以是日、週、月、年，視完成計畫所需時間長短而定。而縱座標各欄則可爲作業活動、部門、人員，甚至機器設備等不同的組合，而構成各種不同類型的圖表。

　　（一）繪製甘特圖的步驟：

1. 明確項目牽涉到的各項活動、項目。內容包括項目名稱（包括順序）、開始時間、工期，任務類型（依賴／決定性）和依賴於哪一項任務。
2. 創建甘特圖草圖。將所有的項目按照開始時間、工期標註到甘特圖上。
3. 確定項目活動依賴關係及時序進度。使用草圖，並且按照項目的類型將項目聯繫起來。

　　（二）甘特圖主要原則是清楚顯示各項活動之起訖時間，即需花費之總時間與應完成之工作量，藉以控制工作進度；故可概分爲兩大類：一爲靜態甘特圖，僅將預定工作量或預定進度，標示於時間座標上，可知何時應完成多少工作量。

　　另一類爲動態甘特圖，即將預定進度標示於時間座標上，其下再將實際進度以虛線標畫出來，兩相比較，可知某項工作何時開始作業？應於何時完成？目前進度如何（是正好、超前、或是落後）？有助於彈性調整各項工作分配。圖4-12是2016年高考資訊處理科之系統專案管理的考題。[9]

7/4	7/11	7/18	7/25	8/1	8/8	8/15	8/22	8/29	9/5

圖4-12　某專案管理的甘特圖

資料來源：考選部。

<hr />

[9]　題目是：你是一位專案經理，附圖是你所負責某專案的甘特圖，你的專案小組全部人

至於圖4-13則是丹麥商哥本哈根基礎建設基金（Copenhagen Infrastructure Partners, CIP）在彰化辦理的彰芳暨西島離岸風電計畫的施工期程圖。

　　（三）甘特圖的缺點是：1.無法有效表示各項作業間之關係；2.對於需要多項作業同時進行之複雜計畫，應用較爲困難；3.計畫內容略有更動，須重新繪製圖表。

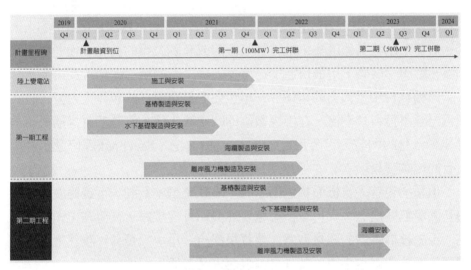

🔳 圖4-13　彰芳暨西島離岸風電計畫施工期程圖

資料來源：彰芳暨西島離岸風場網站，https://www.cfxd.com.tw/offshore.php?lang=tw，檢索

　　日期：2021年6月28日。

力只有10人，但是在7月18日到7月31日這兩週，根據你的時程規劃因爲編號B、C、D工作項目同時進行，卻會需要12位全職同仁的投入，你的老闆不同意幫你增加人手，也不希望看到同仁加班。請問你可能可以如何處理，才能夠在不增加人手的前提下，讓專案仍然準時完成？

第三節　大數據下的網路輿情數據分析

壹、網路輿情數據分析的基礎概念

一、清晨的剪報

　　早年（可能現在還是這樣）政府機關內部，都有一些非常早上班的人，透過剪剪貼貼的剪報匯集，把首長、機關或有關政策的新聞，通通剪下、縮版、影印、剪貼，用最快速度在首長上班之前把紙本送到首長桌上。

　　這種耗費相當人力的事情（一年也要消耗百萬元的預算人力），有人認為已經不符科技潮流，在手機數位即時傳播年代，隨時都可推播最新消息與影音化的內容，可改用電子版本，靠LINE、Facebook等傳遞訊息給所有的相關官員。

　　但是，也有人喜歡看經過篩選的主流媒體紙本新聞，可過濾廣告、花邊新聞等無關消息，又可以依據重要性與切身性排序，甚至在上頭註記重點。至於社群媒體的訊息傳遞，讓資訊都擠在小小的螢幕，雖然方便隨時閱讀，但要一直滑手機，其實更傷眼而未必方便。

二、多數剪報缺乏分析與決策輔助效果

　　現在即使有電子版本的剪報服務，但受限於手機或電腦的演算方式，無法正確判斷有關公司的報導是正面、負面或中立的。

　　現在輔以大數據媒體輿情分析科技，可以分析主流或是數以萬計的社群媒體報導中的每一行，同時可以把有關報導進行比較分析，例如報導的數量、重要性、報導的觀點是正面或負面等。

　　組織要透過剪報系統與資訊分析，定期追蹤聲譽、民眾印象的中長期變化，作為掌握政策或策略之風險分析方法。其次，組織要更主動地發布正面或事實訊息去捍衛聲譽，甚至更技巧性地設計行銷或宣導措施，而此需要視覺化軟體協助追蹤與判斷。

三、大數據、數位足跡與資料探勘：除非你不上網或不用手機

　　每個人銀行戶頭的轉帳紀錄、各個網頁的瀏覽歷程、購物網站中的消費行爲與投訴，甚至Facebook、YouTube上的帳戶紀錄，包含照片、文字、超連結等多種數據形式，以上資料都可被稱爲數據，而大數據就是這些日常生活中資料的大幅增量版。注意：

　　（一）除非你不上網或不使用手機，否則一定會被追蹤，也就是被探詢意見，成爲輿情。

　　（二）大數據及人工智慧是公平的，誰都可以學習及運用。

　　（三）數據使用者可如實呈現及分析網路輿情，也可操弄及扭曲之。

（一）大數據的意義與特性

　　大數據是指規模非常龐大的數位資料，因過於龐大而無法透過人工或現有科技儲存、運算與分析。過去因科技所限而被忽略、儲存、分析的資料，現在因爲儲存成本降低、資料獲取量變大，加上人工智慧及其深度學習，能夠觀察到過去不曾注意過的商業趨勢與公共議題，讓政府或企業組織做出更全面的考量。

　　依據圖4-14所示，2016年Facebook每六十秒即可生成超過330萬則發文，近年即便成長遲緩（前一年是330萬，再前一年246萬），產生的數據量仍十分龐大。另外，以影音、照片著稱的YouTube與Instagram的上傳影片數雖不如Facebook龐大，但與前一年相比，具有25%、18.8%內容增長的高成長率。

　　參考圖4-14，可以掌握大數據的5V特性。

1. 資料量（volume）。各行各業與公共議題每分每秒都正在生成龐大數據量，例如圖4-14所說的每分鐘巨量的發文訊息。

2. 資料多元性（variety）。過去常以0、1的排列組合，說明資料與其規律性，從而能用傳統統計方法找到資料規律。現在從Facebook、Google、Twitter、YouTube、Instagram，以及各種部落格、討論區的文字、影像、圖片、位置、語音、交易數據等結構化與非結構化資料。

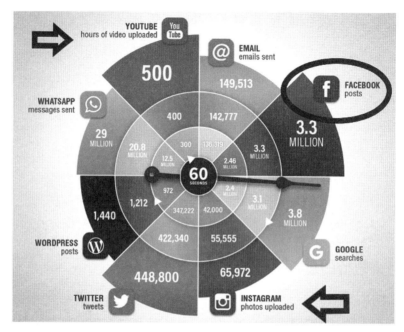

圖4-14　2016年各社群網站興起趨勢

資料來源：www.smartinsights.com。

3. 資料即時性（velocity）。大數據強調資料的時效性，使用者每分每秒都在產生大量的數據回饋。例如政策發布後一小時內，就可以蒐集到輿情進行判讀。

4. 價值（value）。光有資料不夠，還需要透過人工智慧、深度學習、演算法等，產生視覺化分析，即時得到結果並立即做出反應修正。

5. 資料眞實性（veracity）。網路數據雖然很多，但假消息可能更多，因此veracity討論的問題是：是不是有資料造假？眞實資料是否能夠準確紀錄？資料中有沒有異常值？有異常值的情形該怎麼處理？等。換句話說，資料要眞實準確地儲存、運算與分析，不能有偏見。

（二）數位足跡或數位痕跡

在當前網路世代中，使用智慧型手機、電腦或平板，都已經是我們

的日常面貌。即使是上了年紀的中老年人，很多人也是人手一機，查詢資料、拜訪網頁，或是發發長輩文、追劇等。這些在網路上從事的所有活動或行為，都會在雲端世界留下痕跡或紀錄，這些點擊或瀏覽的紀錄就是「數位足跡」。

　　數位足跡可能包括像是：搜尋過的關鍵字、在網路分享過的照片、曾去過哪裡、按了哪些讚、說過什麼、搜尋了什麼等、在上傳過的影片或網路直播的內容、在他人或自己的Facebook頁面上的留言、註冊在社群網站上的個人資料檔案、瀏覽網頁的紀錄、在YouTube上曾經看過的影片，從中可知道使用者的IP位置，數位足跡一旦留下，幾乎是消除不掉，會永久留存在網際網路上。

　　任何人都會留下數位足跡，也都有人注意我們的數位足跡。朋友、親人、同學、老師，甚至是陌生人，都有可能在Google或Facebook用你的名字進行搜尋，個人的隱私資訊或個人資料都已經對外開放，而且不容易收回來[10]。

（三）人工智慧與大數據之間的差別

　　「人工智慧」就是讓機器經由語言處理及語意分析技術進行深度學習，透過電腦程式仿擬人類行為。人工智慧與大數據之間的差別：

1. 數據就如同未經加工處理的資料、資源、能源（可比擬為礦物、原油），雖然珍貴，但成分複雜而且龐大，無法直接取用，需經蒐集、整理與分析之後，才能加以運用。
2. 人工智慧像是精煉廠，透過分析程式或是機器代替人腦，處理龐大資訊做出反應以及運用。
3. 訓練文本與經驗不斷累積，資料量足夠龐大，機器學習能力便能提高，

---

[10] 數位足跡在經過特殊資訊採集、演算、探勘與監控方法處理之後，將會影響我們在數位及現實生活的行為。然而，對於這些能夠影響我們生活與行為的演算方法，被隱藏在國家安全、商業機密之後，雖然更快、更多個人化價值服務，但是也對個人隱私權造成的衝擊及潛在傷害，這是真實而有持續性的。

進一步把資料進行編碼，將之轉化為電腦讀得懂的特徵。再以模型與運算法，利用解碼器將符號及程式語言轉成人們可看得懂的資料或圖表。

四、不同生命週期，政策對環境有不同影響

每個政策都有生命週期，可用來瞭解決策對於政治、社會、環境等各方面的影響（McManus and Taylor, 2015；轉引自劉宜君，2019），由此可建立以證據為基礎的管制，以期降低管制政策對於環境的負面影響，確保管制行動的效能（Sala et al., 2016）。

（一）不同政策生命階段，有不同的評估重點

為瞭解政策對於環境的影響，可針對政策或方案的執行前、執行中、執行後分別或同時進行評估（劉宜君，2019）。
1. 執行前：從目標評估檢視政策設計與目標清晰性、目標與達成策略的一致性等。
2. 執行中：政策執行過程評估檢視程序、經費、專業能力的適當性。
3. 執行後：從公平、效率、效能、回應性等面向，評估政策成效。

（二）以政策形象作為公共政策的最終依變項

公共議題或政策規劃初起，政府機關應該知道民眾給予的評價，「外界在社群上講什麼？」、「對這個政策議題的想法是什麼？」、「民眾需要什麼樣的產品？討厭什麼規劃？」

公共諮商與社群聆聽（social listening）是讓政府瞭解公共心聲的一套方法與工具。落實到應用面，公意傾聽可做到哪些面向的服務呢？根據業者OpView統計，2019年上半年聲量來源組成（見圖4-15），社群網站占72.6%的比例，而社群網站、討論區合計約占九成的聲量來源。這代表管理者做好這兩大板塊的口碑及形象，便能影響絕大部分的討論網友。這些口碑的傳播形式包括：

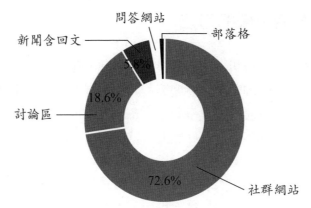

■ 圖4-15　OpView 2019年上半年觀測聲量來源[11]

資料來源：OpView社群口碑資料庫電子報，〈大數據開講Bar解析網路口碑與社群聆聽——會後整理〉，https://www.opview.com.tw/activity-highlights/20190617/10519，檢索日期：2020年5月21日。

1. 開箱文（YouTuber、FB直播主、部落客、寫手）。以圖文並茂的開箱文最為盛行，廠商與寫手合作，提供產品換得在網路的口碑傳播，吸引更多群眾熟知企業品牌與產品。

2. 排行榜。藉由比較心理，排序在前的產品更容易提升其品牌口碑的信任度。相較他牌，自家產品若是有明顯優勢，可以考慮以排行榜的文案進行口碑行銷。

3. 標記好友及品牌標籤。品牌貼文鼓勵網友標記好友一同分享、觀看，用戶無形間成為品牌傳播的推手，讓文章影響力持續向外傳遞。另外一種方式是創建品牌標籤（hashtag），並鼓勵用戶使用，將各篇獨立的貼文串連在一起。如此其他使用者便可以藉著各種品牌標籤連結到同一個平台內標有相同標籤的貼文，有效提升產品口碑。

---

[11] 本書主體寫作於新冠肺炎疫情發生之前，我們相信疫情必然衝擊影響到許多公共議題及社群網路的本質及運用／解讀，但衝擊及影響後的新面貌及形態尚難以確定，須待日後持續追蹤。

貳、網路輿情數據的方法

網路輿情蒐集與分析，可以蒐集網路口碑，觀測民眾的發言脈動，找出情緒或聲量轉折關鍵點、好感度等。其次，有些企業、醫院／社團等非營利組織都有某種意義的「競爭對手」及市占率，可從多種面向或是指標去觀察競爭對手的網路操作與好感度。這種網路社群意見諮詢方法的特點包括：

一、觀察社群網路／網站的訪客特徵，掌握其數位足跡，可以依其特徵、輪廓進行相似受眾的廣告精準投放，或修正行銷策略。

二、透過人工智慧深度學習，進行語意分析，也就是設定不同條件或關鍵字，讓搜尋引擎去網路世界中蒐集與分析資料。

三、網路社群可涵蓋大大小小各知名的頻道，例如新聞（包含回文）、社群網站、部落格、問答網站、每日文字數十億、每月數百萬筆輿情資料。

四、能夠製作成高度視覺化的圖表，方便運用。

根據以上特點，本文引用意藍科技（E-Land）《OpView社群口碑資料庫》所製作的電子報資料，摘要出社群網路方法的分析重點[12]。首先，公共政策的生命週期的概念，常透過質化方式，進行利害關係人的意見諮詢。

同樣地，從產品生命週期來看，各階段的社群網站經營重點不同，應該參考產品所在階段，根據合適的指標來檢視成效、洞察方向，進而發想策略。

在政策早期，如何正確發掘民眾或標的團體的「需求」與問題？我們該如何針對施政策略，設計合宜的配套方案去推銷政策主軸？政策或議題初起之時，環境、民眾與利害關係人態度高度不穩定，政府部門應該自問：我瞭解民眾意見嗎？他們對此議題想要什麼？在此需要社會調查、民意調查等，進行方案測試與定位，讓方案符合民眾的認知與期待。

---

[12] 該電子報註明「內容歡迎轉載引用，出處請註明《OpView社群口碑資料庫》」。

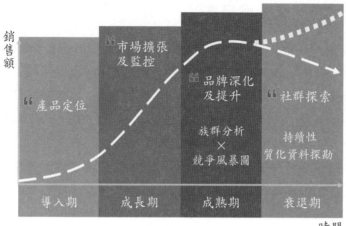

圖4-16　產品生命週期各階段策略方向

資料來源：〈分析師的社群數據煉金術 不藏私大公開〉，《OpView社群口碑資料庫》，

　　　　　2019年10年24日。

導入期：產品定位策略

階段重點	社群聆聽與分析方法
市場調查研究	1. 透過相關產品熱門話題調查，掌握最新市場趨勢。 2. 區分聲量的來源占比，瞭解新聞與討論的熱度。
消費者調查研究	1. 在產品規劃上透過需求分析更貼合消費者偏好。 2. 在產品使用上透過消費者正負評價分析調整產品。
提升產品認知度	1. 追蹤受眾網頁點擊與分享率，側面觀察消費者對產品或品牌的認知狀況。 2. 搜羅早期採用者進行評價分析，以作為產品調整優化之參考。

圖4-17　方案或服務導入期的行銷策略

資料來源：〈分析師的社群數據煉金術 不藏私大公開〉，《OpView社群口碑資料庫》，

　　　　　2019年10月24日。

一、熱門議題、聲量與好感度

　　每個議題，在一定期間內進行搜索，得出各文章或是討論的來源，從主文及回文瞭解討論頻道或來源的排名、回應率。其次，我們可進一步掌握特定議題或事件，從各網路頻道的討論熱度中，能否掌握到意見領袖／意見頻道？從中與意見領袖進行合作，精準進行議題／方案的溝通及行銷。

　　因此，聲量數與聲量占比的變化圖，以及好感度變化等，是社群網路分析法的基礎，可運用圓餅圖、長條圖、折線圖，去追蹤聲量的變化。

　　某種意義來說，網路社群分析法，最終在爭取／追蹤聲量的增加，更精準來說，應該是正面聲量的增加與負面聲量的減少。如果公共行政不適合用金錢去評估政策成效，是否可考慮用正面聲量與形象，作為主要的政策成效指標？

（一）聲量關乎民衆關注程度 —— 沒有關注，就沒有聲量

　　每個政策都有生命週期，以長期來看，每個階段都可定期進行聲量、民衆關注程度的趨勢追蹤，也可及早發現問題與危機。其次，每次發布新聞稿、服務或方案訊息，都可以評估宣傳的成效，針對特別聲量高峰日，也回溯掌握當時發生什麼重大事件。

　　圖4-18是2018年11月24日九合一選舉日前後，關於失能長照議題的網路聲量趨勢，中間橫粗線是聲量日平均線，大選之後聲量呈現下降。每次趨勢高峰，大多會有特定議題與事件。

　　表4-8是2017年美妝品牌的聲量類型分析，排除掉抽獎活動，依據80/20法則，直接注意前五大排名品牌是有意義的。此外，還可從數位足跡觀察到集中討論美妝商品的頻道，前兩大社群分別是PTT以及Dcard。

　　圖4-19是2018年中關於電動機車品牌話題的聲量，Gogoro的聲量比光陽（Kymco）要高（單色印刷中較高的趨勢線），尤其8月23日中南部下起豪雨，當不少汽機車都因淹水而拋錨時，民衆仍能騎乘Gogoro電動機車，行駛在淹水的路上，被形容是「水陸兩用車」。

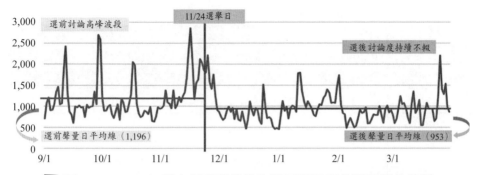

■ 圖4-18　2018年縣市長選舉前後失能長照議題的聲量變化趨勢

資料來源：〈失能長期照護：我們都是局內人（上）〉，《OpView社群口碑資料庫》，
　　　　2019年5月10日。

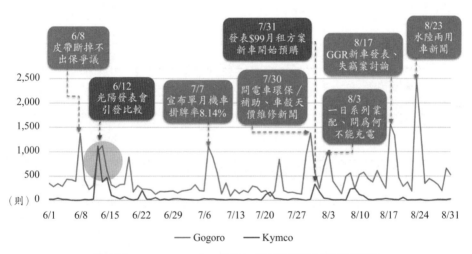

■ 圖4-19　2018年6月至8月電動機車品牌話題

資料來源：〈環保新趨勢　台灣電動機車市場網路輿情分析〉，《OpView社群口碑資料
　　　　庫》，2018年9月27日。

▣ 表4-8　2017年美妝聲量類型分析

2017年專櫃品牌名稱	實質討論聲量排名	實質討論聲量	抽獎活動聲量排名	抽獎活動聲量	實質討論（%）	抽獎活動（%）
YSL-聖羅蘭	1	42,860	2	22,879	65%	35%
LANEIGE-蘭芝	2	13,778	3	17,756	44%	56%
shu uemura-植村秀	3	12,041	1	28,433	30%	70%
SUQQU	4	7,367	10	3,680	67%	33%
PONY EFFECT	5	5,937	5	11,211	35%	65%
HR-赫蓮娜	6	5,568	19	2,171	72%	28%
THREE	7	4,841	27	1,250	79%	21%
TOM FORD	8	4,428	17	2,687	62%	38%
ADDICTION-奧可玹	9	4,132	18	2,329	64%	36%
ANNA SUI-安娜蘇	10	3,029	33	771	80%	20%
2017年專櫃美妝的**實質討論**與**抽獎活動**聲量比例					41%	59%

資料來源：〈2018社群大數據分析應用發表會〉，《OpView社群口碑資料庫》，2018年5月24日。

圖4-20是2018年好評產業中的熱門關鍵字搜尋，單向的新聞或訊息發布，不見得能引發討論、點讚以及轉發，也就是說不容易引起迴響。相比之下，「回文數」代表能夠引發民眾討論，甚至於轉發與擴散。

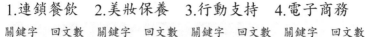

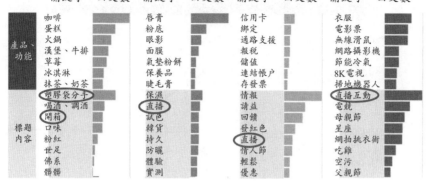

圖4-20　2018年好評產業之熱門參與話題關鍵字

資料來源：〈如何用社群大數據提升社群品牌力？〉，《OpView社群口碑資料庫》，2018
年10月12日。

不過，聲量高只是引發關注的必要條件，但是聲量品質不好，或是不
能促成正面形象或情緒，則應該檢討方案或服務。圖4-21是2019年1月到3
月之間，主要速食品牌的聲量比較，麥當勞的聲量最高，但卻不是最受好
評的產品，代表商品的正面形象、情緒等，與聲量沒有必然關係。

（二）對政策或議題的正負評價與好感度

聲量與趨勢圖僅是反映整體的關注程度，但其中包含若干負面情緒貼
文，就會降低滿意度的表現。若考慮到正、負面或中立的發言情緒，則可
以「好感度」為分析重點。

1. 好感度的意義

好感度是正面聲量與負面聲量比值（positive/negative），透過「文字
情緒」語意分析，可以自動判讀文章情緒所獲得的正、負面文章比值（P/N
值）。

(1) 數值越高代表好感度越高，服務或方案較易被接受。

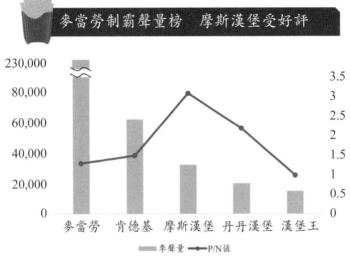

圖4-21　2019年第一季速食品牌季聲量比較

資料來源：〈速食限時販售商品 社群經營策略探索〉，《OpView社群口碑資料庫》，
　　　　　2019年4月12日。

(2) 數值越低，好感度越低，遭遇挫折的可能性越高。

(3) 好感度數值越高越好，負評越少越好。

2. 案例1：長照議題中各子題的聲量與好感度

　　每個政策或策略，往往包含數個議題或是細部計畫，而不同議題的討論，也可細分聲量與好感度，甚至可從排序中找出需要改善或調整的優先事項。以圖4-22為例，對於失能長照議題，好感度最低的是財務補助與照顧者支持，某種意義來說，就是政策改善與調整的地方。

3. 案例2：長庚醫院急診部22位醫師集體離職潮事件

　　林口長庚醫院在2017年6月、7月間爆發急診部22位醫師集體申請離職的公關危機，發起者透過私人的通訊軟體拋出議題後，便急速蔓延到各大PTT、Facebook、新聞版面上。總聲量巨幅提升，而且對醫院的負評、負評占比居高不下。

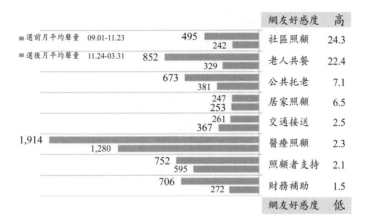

網友好感度	高
社區照顧	24.3
老人共餐	22.4
公共托老	7.1
居家照顧	6.5
交通接送	2.5
醫療照顧	2.3
照顧者支持	2.1
財務補助	1.5
網友好感度	低

📷 圖4-22　長照2.0政策維度月平均聲量暨好感度比較

資料來源：〈失能長期照護：我們都是局內人（下）〉，《OpView社群口碑資料庫》，2019年5月23日。

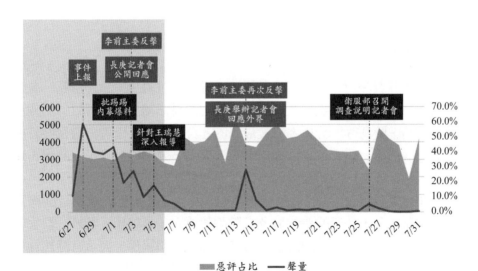

📷 圖4-23　長庚醫院離職潮事件之輿情走勢

註：李前主委是指李石增，據傳醫師離職潮與長庚醫院決策委員會主委李石增有關。

資料來源：〈社群媒體主宰一切，社群輿情風險不容小覷〉，《OpView社群口碑資料庫》，2017年10月27日。

在公關危機當中，網路聲量會急遽增加，也代表惡評如潮湧來。對應危機所做的改善與應變措施是否有效，可以觀察與追蹤正評、負評、乃至於中立意見的相對增長狀況。

（三）小結

在民主社會中，公共議題攸關整體施政、及政策的發展，應該儘量讓民眾知曉，爭取民眾支持。若不考慮其他因素，聲量越高，代表民眾的比較關注政策，而未來獲得民眾支持與配合程度會越高。

其次，聲量僅是政策能夠配合與成功的必要，應該進一步追求正面的政策形象與評價，這可以透過計算正面情緒／評價與負面評價的比值（P/N值），去追蹤比較長期的數值變化。

當面臨P/N值低迷時，就要想辦法去提升正面形象，例如加大宣導力度或是調整方案，但這都要「精準地」針對特定族群／標的團體去加強宣傳，或是去請教特定意見領袖來調整方案。

二、聲量來源或是分布頻道

聲量來源或頻道，可以讓我們知道哪裡正在討論、討論的重點、有哪些沒有考慮到的面向，也可找到網路輿情的意見領袖。我們可以針對關注主題、頻道、時間等，分析出聲量最多的社群、網路使用者，檢視發言者所引發的回應數。這又可以依據以下三種來源，分別比較聲量、回應占比等指標，包括：（一）新聞報導；（二）社群網站；（三）討論區。

其中，新聞或訊息發布是比較單向的訊息傳遞，有時候偶有回應意見，但通常不多，政府的新聞稿及媒體的報導大多是這類。至於社群網站或討論區都是比較自發性的討論，若熱度高於新聞報導，表示有話題性、有潛在需求。

在資源有限的情形下，掌握社群領導聲量及趨勢，透過社群去擴散政策形象，可以增加政策的好感度。

（一）案例1：美妝議題的討論聲量與來源，集中於兩大網路社群

圖4-24是2017年美妝熱門頻道的聲量比較，自發性及有需求的討論主要集中於PTT以及Dcard兩個社群。

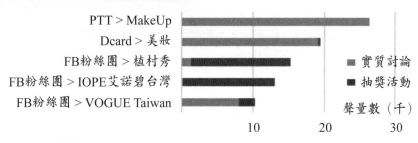

■ 圖4-24　2017年美妝熱門頻道的聲量比較

資料來源：〈2018社群大數據分析應用發表會〉，《OpView社群口碑資料庫》，2018年5月24日。

（二）案例2：2016年保險聲量頻道，注意主文與回文的相對比重

發言者所引發的回應數，會構成主文與回文的相對數值，比值越高，代表這個主題引發眾人關心，值得行銷或政策分析人員特別注意。

圖4-25中，每條長條線圖的左半邊是主文，右半邊是回文，前三列看起來主文數很多，連帶的回文總數很高（有時候很多可能是開箱文、廣告文等），但是就回文／主文的比值而言，回應熱烈度不見得優於後面七列頻道，後七列頻道少少的議題，卻能引發極大的回響，影響力更值得注意（也就是值得合作）。

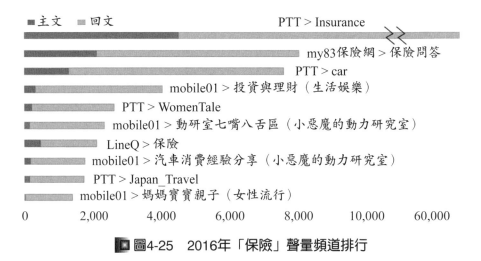

圖4-25　2016年「保險」聲量頻道排行

資料來源：〈2016保險產業輿情分析〉，《OpView社群口碑資料庫》，2016年11月10日。

（三）案例3：從頻道中尋找uber議題的意見領袖或利害關係人

　　2019年1月，為抗議uber與租賃業合作影響計程車生計，計程車司機包圍交通部表達不滿，交通部因此在2月預告修正汽車運輸業管理規則，讓uber「主攻」長程旅途，避免uber、計程車之間的不公平競爭。

　　預告修法措施引來uber駕駛、租賃業者的反彈聲浪，要求交通部撤回修法，否則2019年4月清明節將號召千輛租賃車及司機上街抗爭，捍衛權益。圖4-26是主要的觀測聲量來源，可以大致看到重要意見領袖或是社群網站（聲量占全部討論近七成）。

　　當網路上民意聲量增加或是發生危機時，不管是諮詢意見，或是要宣導政府的政策等，都應該知道接觸誰，哪裡接觸最有成效且影響最大，也就是確認誰是利害關係人或接觸點。

社群網站
新聞
討論區
部落格

圖4-26　2019年uber修法事件觀測聲量來源

資料來源：〈uber空前營運危機 網路輿情解析〉，《OpView社群口碑資料庫》，2019年3
　　　月28日。

三、族群分析

　　民主政治及民主行政的重點之下，就是蒐集更多元民意並且納入決策
考慮。過去，比較侷限於小範圍的人際接觸，例如學者、專家、非營利組
織、包商，或是電話民調等方式，較難蒐集更即時、更長時間與範圍、更
異質多樣的意見。透過社群網路的輿情蒐集，可以用新的方法，做不同範
疇與面向的議題追蹤、政策分析與政策推銷。

（一）族群分析的特色

1. 蒐集與整合民眾在網路上訊息、數位足跡與旅程之數據。例如言論紀
   錄、發言次數、發言頻率等，可透過搜尋引擎到網路中海撈數據。

圖4-27　顧客輪廓建立圖

資料來源：〈整合多元數位足跡 擬定高效行銷策略〉，《OpView社群口碑資料庫》，
2018年11月8日。

2. 以人工智慧描繪出民眾／民意的輪廓與動態。例如交叉比對數位足跡的
多元數據，轉換為標籤以記錄民眾興趣、意見、喜好等資訊，瞭解發言
者及公眾的類型。

　　圖4-28是將民眾的特徵類型加以標籤化，也就是可以知道民眾的偏
好、常瀏覽的社群或頻道，喜歡什麼議題等，妥善利用這些標籤，可針對
不同的小眾去做劃分、區隔與精準溝通。

（二）案例1：全聯社群聲量、交叉族群分析，觀測其偏好興趣

1. **透過族群分析可以掌握經營的重點族群，找出發言率較高的族群**。就圖
4-29來說，以青年族群發言率較高（1.9），表示發言參與度高，影響
其他人的可能性比較高，可鎖定此族群進行經營。

	ID	姓名	性別	帳號	Email	標籤
	U001	Nick	男	fox2016	fox16@gmail.com	休閒、投資理財、資訊科技、美食餐廳
	U002	Judy	女	rabbit17	rt2017@gmail.com	休閒、影視娛樂、電影、結婚
	U003	Flash	男	Flashhh	flashhh@gmail.com	汽車、音樂、電影、資訊科技
	U004	Eland	男	eland123	eland@gmail.com	嬰幼兒、資訊科技、旅遊
	U005	Anna	女	annaaa	annaaa@gmail.com	居家生活-電器、美容保健、烹飪
	U006	kate	女	cat2016	ct2016@gmail.com	休閒、旅遊、美容保健、投資理財
	U007	Ray	男	rayhi	haha@gmail.com	汽車、遊戲、旅遊、資訊科技、電影

示意畫面　　　專屬個人檔案　　　人群分析　　　分眾行銷

▣ 圖4-28　興趣標籤補充會員資料之示意圖

資料來源：〈社群互動數據豐富CRM客戶關係管理新篇章〉，《OpView社群口碑資料庫》，2019年2月18日。

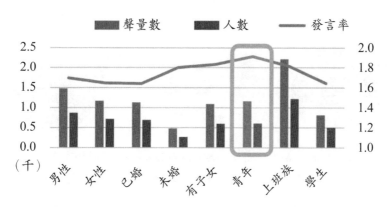

▣ 圖4-29　全聯2019年8月社群聲量之族群分析的長條圖

資料來源：〈分析師的社群數據煉金術不藏私大公開（下）〉，《OpView社群口碑資料庫》，2019年11月14日。

2. **再次交乘其他族群，分析共通特色**。將青年族群再次交叉分析，發現女性青年族群，以及養育子女的青年族群，是發言率相對較高的群體。進一步分析這些族群常出沒的頻道，發現共通特色為「精打細算」或「寵物」相關內容。

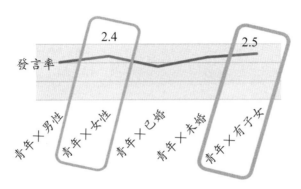

▣圖4-30　全聯2019年8月社群聲量之族群交叉分析的折線圖

資料來源：〈分析師的社群數據煉金術不藏私大公開（下）〉，《OpView社群口碑資料庫》，2019年11月14日。

▣圖4-31　全聯2019年8月社群聲量之族群分析後可接觸的網紅頻道

資料來源：〈分析師的社群數據煉金術不藏私大公開（下）〉，《OpView社群口碑資料庫》，2019年11月14日。

3. **找出吸引網友的意見領袖（key online leader），與其合作能有效觸及受眾。** 掌握族群偏好後，直接篩選出屬於寵物類的網紅頻道，並針對這些頻道排序互動率高者，如圖4-31爲超市通路業中的高互動之寵物網紅，可考慮作爲後續合作對象，深化網路客群經營。

（三）案例2：2018年家電產業中LG討論族群特徵挖掘

LG在2018年利用族群特徵劃分討論族群，發現主要族群爲上班族，其次爲男性、已婚，經過交叉族群分析，其中男性的上班族獲得最高聲量。若要擴大受眾的觸及性，可以從男性上班族延伸到男性青年，或是反向開發關注度敬陪末座的族群，如已婚女性，都可作爲行銷策略的選擇。

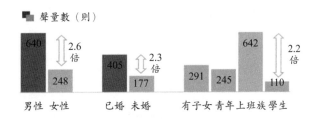

■圖4-32　2018年家電產業中LG討論族群特徵挖掘

資料來源：〈如何用社群大數據提升社群品牌力〉，《OpView社群口碑資料庫》，2018年
10月12日。

（四）小結：善用數位暨社群足跡來精準理解公眾

所謂「民眾」或是「公眾」，不是整體概念，在行銷及溝通過程中，宜再加以區別、劃分、小眾化，接著比較不同族群的情形，將民眾特徵加以標籤。例如上班族、結婚、未婚、性別、養育子女等，族群不同，意見主張及需求就會有別。

在政策或方案的執行上，可利用社群網路的分析，追蹤行銷的效果，例如用點閱率、分享及觸及數等不同意義指標，來評估不同面向社群行銷的效果，這就需要經營社群，即時回應網路各種聲音。

四、產製文字雲

顧名思義，文字雲（或稱標籤雲）是整體形狀很像雲朵的圖形，由文字所構成。透過人工智慧的演算法及搜尋引擎，能夠自動閱讀文章，萃取出網友提及頻率最高的重要關鍵字，藉以觀察民眾討論的議題面向與相對次數聚焦在大量文章中的主要內容。

（一）案例1：電動機車的熱門討論議題文字雲

圖4-33是針對電動機車的熱門討論議題與關鍵字，其中「狗肉」是電動機車品牌Gogoro的暱稱。除了單看文字雲之外，電動機車的討論議題，從前面關鍵字整理出幾個關鍵討論類別，並且針對最前面的二、三個議題聲量（80/20法則）再予以質化分析，就可以聚焦於關鍵議題的分析。

◨圖4-33　電動機車討論關鍵字文字雲

資料來源：〈環保新趨勢 台灣電動機車市場網路輿情分析〉，《OpView社群口碑資料庫》，2018年9月27日。

　　從表4-9與圖4-34可以看出，電動機車的關鍵議題主要是新電池解決方案（充電、換電不同方案、方便與計費合理性、斷電問題），以及價格（包含爲電動機車本身、政府補助、維修保養、電池費用四項），而電池價格之討論占比超過五成。

📟 表4-9　電動機車討論議題面向

討論議題	包含關鍵字
電池電量	電池、充／換電、車能網、換電站等
價格	月租、騎到爽（方案）、價格等
環保	空污法、二／四行車、二／四行程等
性能	里程、馬達、水上摩托車（防水）等
售後服務	皮帶（斷裂維修）、過保等
外型設計	粉紅（顏色）
聲音	聲音

資料來源：〈環保新趨勢 台灣電動機車市場網路輿情分析〉，《OpView社群口碑資料庫》，2018年9月27日。

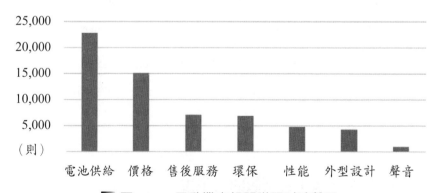

📟 圖4-34　電動機車相關議題討論聲量

資料來源：〈環保新趨勢 台灣電動機車市場網路輿情分析〉，《OpView社群口碑資料庫》，2018年9月27日。

（二）案例2：三大外送平台熱門討論議題文字雲

　　圖4-35顯示出民眾對三大外送平台熱門討論議題的重要關鍵字，字體越大，代表討論熱度越高，而且，不同外送平台，有不同的熱門討論議題。

▲ honestbee關鍵字文字雲

▲ foodpanda關鍵字文字雲　　　　　▲ Uber Eats關鍵字文字雲

■ 圖4-35　三大外送平台熱門討論文字雲

資料來源：〈2018台灣美食外送網路輿情分析〉，《OpView社群口碑資料庫》，2018年11月22日。

（三）案例3：美妝＋合購版的文字雲

　　PTT-MakeUp板為美妝話題實質討論最高的頻道，在MakeUp板發言過的作者，同時也會留言的其他PTT頻道，例如BeautySalon、WomenTalk、e-shopping以及Buytogether，可以進一步分析此族群之喜好。

　　再以美妝（MakeUp）與合購（Buytogether）共同作者的發言內容進行關鍵字分析時，即可得知衣飾、圍巾、羊皮、短靴、鉚釘即是美妝族群最關注的五大商品。

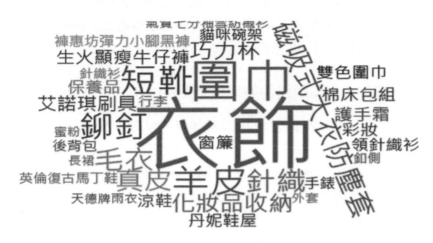

◼ 圖4-36　美妝板×合購板關鍵字文字雲

註：2017年於MakeUp板發文的2,495位作者名，在2018年1月至3月期間於PTT團購板討論
　　內容。

資料來源：〈2018社群大數據分析應用發表會〉，《OpView社群口碑資料庫》，2018年5
　　月24日。

（四）小結：文字雲功用

　　當我們針對特定議題的發言內容，進行關鍵字文字雲製作，可得知本題議題有關的其他子議題、話題焦點、問題，不用費神去瀏覽每篇文章的論點。其次，可以發掘其他可能未被滿足的需求，作為方案調整、變更或是行銷主題參考，也可用來供預測未來趨勢。

五、製作競爭風暴圖

競爭風暴圖可用來分析口碑與評價，掌握特定議題／商品，與其他議題／商品的競爭程度以及關聯度。在視覺化的各種競爭風暴圖中，左下角為暴風中心，距離暴風中心越近，相關性與競爭度越高；暴風圈越大，討論度則越高。輸入不同的議題或商品，會有不同的風暴圖。

（一）案例1：寶島眼鏡的競爭風暴圖

圖4-37是以寶島眼鏡為例的競爭風暴圖，觀測其他競爭品牌對自身的威脅。

1. 由淺至深，代表「聲量數」多寡以及曝光的頻繁程度。
2. 競爭關聯度：與中心主題直線距離，代表「關聯度」高低。

不同觀測期間（一季、半年或一年），風暴圖都會有所變化，以觀測競爭者的相對動態，是維持現狀？還是急速朝風暴中心移轉？

由圖4-37所示，主要競爭商品都在高度相關的風暴圈當中，其中以來自日本的OWNDAYS眼鏡（主訴之一是二十分鐘可取件）構成最大威脅。

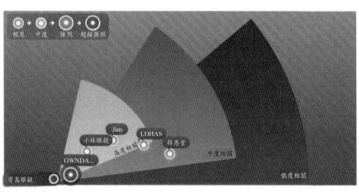

🔲 圖4-37　寶島眼鏡的競爭風暴圖

資料來源：〈分析師的社群數據煉金術不藏私大公開（上）〉，《OpView社群口碑資料庫》，2019年10月24日。

（二）案例2：LG的競爭風暴圖

圖4-38是2018年各大家電品牌的關聯度分析，若以LG為核心，與LG同時提及、關聯度最高的品牌是國際牌。

▣ 圖4-38　2018年家電產業品牌競爭風暴圖分析

資料來源：〈如何用社群大數據提升社群品牌力？〉，《OpView社群口碑資料庫》，2018年10月12日。

　　若再根據網友發言的頻道進行數位足跡與標籤追蹤，透過族群的質化分析，LG與國際牌的交集族群，相較於參與整體家電討論，更關注親子、生活量販、廚房或洗滌家電、新知八卦等頻道，因此LG可以鎖定相關頻道的熱門話題與討論面向，瞭解重疊族群的喜好與網友抱怨的重點，檢討自家同類產品，以搶食市場及滿足市場需求。

（三）競爭風暴圖之應用／功用

1. 關注正面聲量，判斷與競爭服務或商品的狀況，規劃自身的對應策略。
2. 以質化角度檢視正負評論文章，觀察民眾對競爭服務或商品的評價內容，作為後續方案改善、規劃或行銷之參考。

參、網路輿情數據分析的省思

　　網路輿情是現代非常好用的民意調查工具，除非住在山上無法使用網路或不使用電話，否則一定會被追蹤數位足跡。精進輿情分析工具及分析能力，遠比靠剪報要好得多。目前大眾對於網路輿情仍半信半疑，除了不嫻熟其方法外，還有其他疑慮。

一、網軍及業配文灌水帶風向？

　　原則上帶風向的言論一樣是網路聲量，一般並不會將其排除，因為這些風向聲量一樣影響著輿論的發展（同時也是為了完整呈現網路的「輿情現狀」）。

　　此外，由於人工智慧的深度學習系統，是模仿人類去進行關鍵字搜尋、爬文、語意分析，若人類自己亦無法判斷的文章或意見，究竟是民眾發自內心寫的或是業配的風向意見，機器自然也無法做到。

　　但如何呈現真實輿論這件事，目前較「有可能」的排除方法是用「黑名單功能」，排除我們不需要的特定立場頻道。

　　另外就是透過作者的發文分析（找出大量帶某種風向文章的作者），若認定「某作者帳號」是帶風向而想排除該作者所發出之文章，則是可以做到的（於系統設定加入黑名單即可）。但反過來也可能會發生誤認該作者為網軍，這種誤認風險也是有可能，只是該作者立場比較強烈而已，例如非網軍之深藍或深綠的支持者。

　　一般來說，除非「已確定該帳號」是帶風向的網軍而將之加入黑名單予以排除其聲量外，其餘言論要辨識是否為帶風向這件事，目前難度還太高，故不太建議排除。

二、第一層面的現象：操作網路輿情造成社會衝突？

　　另一個不是網路輿情、行銷與風險分析的題材，但卻是每個討論大數據與社群網絡方法時難以迴避的問題：注意新媒體運用，導致對民主政治

造成傷害，未來的公共事務、選舉等可能會更糟且更黑。

在本書第二章的第一節談到政策企業家主題，曾以政治影集《脫歐之戰》為例，說明主角康明斯結合大數據技術，精準廣告投放，操作焦慮與恐懼去炒作議題。

大數據與人工智慧可用在社群與網路輿情分析，當然也可蒐集民眾網路行為與模式，定向投放廣告，甚至投遞誘導性廣告之「假訊息」。每位選民都置身於有心人所設計的資訊及廣告中，吸收餵養的資訊、被挑動意念、激發因操弄而驅動的熱情，最後如他人所願，做了決定。

現代的「口碑行銷」技術日新月異，對於新媒體、大數據應用與行銷的黑暗面，我們當然應該要重視自己的數位足跡與敏銳度，知道「口碑行銷」無所不在，應該**強化媒體識讀能力，以及建立查證事實與獨立思考的習慣**。

三、第二層思考：真正造成變遷的因素是長期累積的不滿

真正會發生變遷、讓政策企業家「策略」成功的真正原因，包括：

（一）是社會上慢慢聚積起來的各種問題、累積於人心裡的憤怒與恐懼。例如貧富差距、所得分配嚴重不公、偏鄉人口流失、工作機會被外來移民搶走、年輕人感嘆終其一生也買不起安身立命的房子等。

（二）傳統菁英與官僚體制忽略社會底層的呼聲。當舊政治、舊菁英或主流體制感嘆新媒體的操控與擔心世代對立，那麼，過去十幾年、數十年，你們／我們又做了些什麼來改善這些「不公不義」？過去有很多的時間，你們／我們是怎麼把情況搞到現在這樣？年輕一代與社會底層等人，把自己的命運、人生、財富，甚至是國家主權等「控制權」拿回來有何不對？

（三）變革政策企業家掌握了新政治契機，利用新科技與大數據所分析、精確地挖掘出來，快速改變我們的民主過程。大數據、社群網站是客觀中立的工具，只要有心，每個人、學者、智庫、政府機關、政黨都可運用，但是舊政治、傳統菁英、官僚體制是否體認到挖掘、追蹤民意的重要性？還是漠視底層的吶喊與呻吟？

第四節　問題解決的思維方法與程序

自2003年開始實施薦任公務人員晉升簡任官等訓練，每位擬晉升簡任階層之薦任公務人員，均須經過參與為期四週的管理發展訓練，成績及格者方能取得晉升高一官等之任用資格。

在該課程中，會大量運用個案教學、案例書面寫作的評量方式，希望擷取政策制定、公共管理中的情境管理與個案教學模擬概念，從實務個案情境中，設計問題解決方案。

個案研究，可讓我們透過實際參與者之眼再次呈現問題。前事不忘後事之師，過去發生過的問題情境，在未來都可能再出現／再遇到。因此，個案研究的目標，在於：**需要學習掌握困難的情境，練習需要回應的困難情境。**

為讓中高階文官能夠在有限時間（一小時）內，掌握問題的本質、提出解決方案，本節彙整有關的問題解決步驟與技巧，提供讀者指引。

壹、讀題與審題

「問題解決」是強化管理及領導能力的一種技能，也是公部門最重要的核心技能之一。當下資訊氾濫，真假消息流竄的時代中，更需要擁有從現有資訊中分析並判斷問題的職能。

一、個案情境之正確理解

問題解決是透過不斷假設、驗證以探討解決問題的方法，透過問題拆解與分析架構建立的方式，看穿核心問題，建立正確的邏輯分析與獨立的思考能力。有機會的話，**應該訪談當時主事官員或主人公**，讓他們自述個案故事情境，傳遞個案的複雜度。

在解決問題之前，對情境與問題有可能誤解，務必審題與摘述，說明案例的目的，清楚問題意識與重點。例如爭議性的中央管制決策，就要說明決策的行政指導原則，不要花時間在產業的遊說技術上，反之，若要研

究結盟技術及政策意涵，則可聚焦於遊說議題。正確理解問題可以注意：

（一）**仔細閱讀情境敘述。**

（二）**事實摘述，提出重點三到四項。**保持中立，尤其是爭議事件，各種意見要平衡報導。不要說「方案失敗」，而是「某某人說方案失敗」，而且要引述他的說法。

（三）**摘述問題。**此時馬上寫下所指定的方向、方法的主要項目及關鍵字。

（四）**正確判斷題目及引述適用理論。**

（五）設計平行團隊，針對相同問題及目標，分頭規劃行動計畫。之後相互比對，或許有一方想得較周全。

二、兩類的公共政策案例

（一）身歷其境案例：讓我們置於主人公立場，套上他的鞋，或站在他背後俯視事件，面對問題且採取當下的行動。儘量描述困局或難局，以及當下可得到的方案選項。簡言之，就是：**如果立於決策當下，站在當事人的位子或立場，你會怎麼做？為什麼？**

（二）事過境遷案例：說明政策問題全貌、主人公決策動機／理由、某些後果的解說。簡言之，就是：**你認為主人公做了什麼？為何這麼做？**

貳、平素的練習與營造加分技巧

一、平素就要進行大腦中的案例演練，利用圖書館蒐集資料以及掌握機會進行拜訪

（一）**圖書館：知道公共問題的背景及系絡。**如果個案是技術性的，例如行政程序等，就要去熟悉這個細節。

（二）**訪談主事機關或當事人，為你的分析抹上「人」的彩色。**利用公務或私人機會接觸主要參與者，詢問重要細節，例如他們為何做出某個

決策等，有時候他們自己認爲不重要的，實際上卻是決策關鍵。

二、加分技巧

（一）**運用二、三個理論或工具，去解本題的主要問題**。常用的諸如前瞻思考、變革管理、政策制定、政策行銷、執行、跨部門／跨域協調等，挑二、三個去解本題目，切勿僅用一個理論或工具。

（二）**畫表或製作流程圖**。要知道背景、主要ACTOR、情節之發展。

（三）**延伸分析相關問題**。題目中未要求回答的相關問題，仍可依步驟簡潔說明。但是，不要過度說明、反客爲主。

參、解題步驟（練習時的限定時間：五十分鐘）

一、審題（三分鐘）＋情境摘要（四分鐘）

（一）重新描述情境重點，用壹、一、1、(1)層次。
（二）重點式條列，每點以一到兩行爲原則，不要大量重新抄寫。

二、問題界定與分析（十五分鐘）

（一）問題界定與解題標題

1. 設定解題者的身分，列出待解決的問題或是衝突事項。
2. 每一衝突事項都要特別註明可用之理論或工具。

（二）問題分析

1. 分析問題發生的可能原因，及可能解決方向。
2. 注意有第一層現象及第二層思考。

（三）確認因果關係

1. 問題與方案之間，確實有顯著的因果關係。
2. 舉證1（例如其他國家類似經驗與個案）、舉證2（例如過往數據迴歸分析，驗證有相當高的相關係數支持）、舉證3（訪談利害關係人結果）、舉證4（經過小範圍試驗性執行、成效良好）等。
3. 依據80/20法則，繪製柏拉圖（參考本書第一章之策略思維）。

三、解決方案（二十五分鐘）

（一）方案的改善目標

1. 列出二到三項具體目標。
2. 各目標設定評估指標及預期目標值。
3. 確認目標與使命、願景、價值等組織或政策的策略性方向，有顯著連帶關係。

（二）簡述、簡列所運用的理論或工具。

（三）實際方案

1. 綜合情境、問題界定、問題分析，套用理論或工具，設計且說明解決方案或步驟。
2. 對每一項題目所要求的理論、工具、方法，都要有對應的說明。

（四）陌生個案及80/20法則之應用

1. 如果對個案陌生、對實際方案沒有把握，就多談理論與工具。
2. 從理論、工具角度，多談一些自己的想法與判斷。
3. 可運用SWOT分析法或是魚骨圖，依序發想實際方案。
4. 依80/20法則，挑選可解決絕大多數問題且較為困難的方法，而不是容易但是瑣碎的方案。

（五）訂定最適的方案及做出建議

1. 每個發想的替選方案，都要進行利弊分析、成本效益分析。
2. 大處著眼，小處著手，進行短期、中期、長期的檢視。
3. 檢討每個替選方案可能失敗的風險因素、想像失敗後最糟糕結果（發生頻率×可能損失），並且預想因應對策。
4. 做出決策建議。

四、結語（三分鐘）

（一）總結議題。

（二）整理、條列出問題癥結點、關鍵成敗因素，列出二到四項。

（三）建議方案，條列二到四項，是真正可解決問題的困難決定。

（四）前面的分析之外，結語部分整理為單張A4篇幅重點，作為政策備忘錄提供給上司參考，方便上司可做三分鐘的對外說明。

肆、小結

一、學會問問題，才能提升工作能力

結構不良的情境，一定隱藏著許多複雜的元素，但改變假設、變換思考，把問題拆解成許多小問題，就可尋找可能的關鍵解決點，或是想想哪些工作可合併或暫時忽略？調整原有的工作邏輯與策略。要學會問問題，才能提升工作能力。

二、問題解決的重點與架構

（一）清楚知道要做什麼決策？主人公或你被交付什麼複雜任務？

（二）問題重點：必須指出直接產生危機的近期情勢發展、製作編年、大事記以及案例情境軸線。

（三）最後，要抽離故事情節，闡述決策及管理的一般原則，更要理解決策當下的理由、限制與難局。

CHAPTER

5

我國離岸風力發電政策之執行分析

　　爲達到國際減碳承諾，打造綠能低碳環境，逐步邁向非核家園等政策目標，我國積極發展再生能源，其中又以風力發電蘊含豐富但尚未開發，突顯出風力是再生能源預期增長最快、占比最高的項目，不僅具有最佳潛能及經濟效益，也顯示其重要性與急迫性。

　　因此，從2011年開始（當年發生日本福島核災事件），陸續制定有關法律、規劃若干重大計畫，預計在2025年將再生能源發電占比提高到20%。本章計畫針對政策目標與指標的達成、政策協調等策略議題面向進行探討，從高層策略規劃的角度，我們可以從哪些面向去進行政策協調／協力、專案管理，說服立法院與社會大眾。以下基礎資料與背景，係整理自政府網站以及相關的專案辦公室。

第一節　離岸風力發電的議題概述

壹、綠能、再生能源與風力發電

　　綠色能源發展是未來台灣驅動經濟發展的新引擎，政府將綠能科技列爲「五加二產業創新」計畫之一，於2016年10月27日通過推動方案，以太陽光電及風力發電爲最關鍵的發展項目，致力達成2025年再生能源發電占比達**20%的目標**，並兼顧能源安全、綠色經濟及環境永續，具體落實推動再生能源及非核家園的目標。

　　在此國家整體發展與能源戰略的擘劃下，針對風力發電，主政機關經濟部曾擬定「風力發電四年推動計畫」（2017-2020年，迄今已屆期），在四年內達成風力發電累計1,334MW（百萬瓦）設置量，並建立中長期治本措施，優化設置環境，進而達成**114年4.2GW**（10億瓦）（陸域1.2GW、**離岸3GW**）的設置目標。

　　其中，儘管台灣具有可觀的風力資源，但陸域風能較少，且大致上已建置或完成規劃，陸域風能也面對更多的地方政府與民眾反對；相對之

下，海域風能蘊含豐富但尚未開發，突顯出離岸風力是所有再生能源預期增長最快、占比最高的項目，而且重要性與急迫性極高。

　　不過，台灣地理環境特殊，為颱風與地震等天然災害高潛勢地區，國際間雖已有水深20公尺離岸風場開發經驗，但面對台灣特殊的環境，先進國家的離岸風力發展經驗還需要繼續研發與試驗，才能在台灣地區適用。但是，我們該如何針對國內現況，配合目前實際可操作的條件，營造政策形象，說服立法院與社會大眾？

貳、離岸風電的條件與有關政策

一、離岸風電的優勢與地位

（一）台灣海峽內有世界最好的風場

　　根據「第二期能源國家型科技計畫辦公室」（台灣大學工程科學及海洋工程系）所管理「離岸風電知識網」[1]表示，台灣海峽及桃園至雲林沿海一帶，有強勁的夏季西南氣流與冬季東北季風吹襲，加上受到兩岸山脈縮口加速，造就台灣西岸良好的風場。根據4C Offshore提供的「二十三年平均風速觀測」，全球風況最好的前20處觀測地，台灣海峽內就占了16處。

（二）離岸風電足敷全國全年民生用電量

　　根據工研院2013年的研究，台灣的離岸風電可安裝面積達5,640平方公里，總裝置容量達290億瓦，等於可以涵蓋2,000萬戶的年用電量。因此，離岸風電就成為非常重要的能源型國家策略重點。

---

[1] 能源國家型科技計畫包括幾類能源，例如地熱、智慧電網、節能等六大主軸，離岸風電屬於其中之一，詳見該計畫之網頁，http://www.nepii.tw/KM/OWE/index.html。

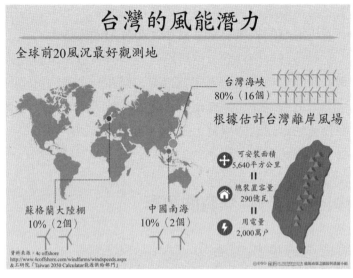

圖5-1   台灣的風能潛力

資料來源：離岸風電知識網。

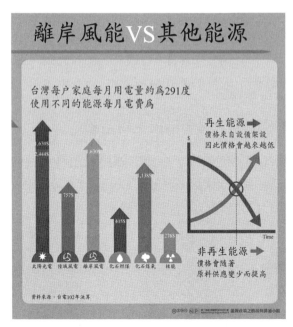

圖5-2   離岸風力的能源效果

資料來源：離岸風電知識網。

（三）離岸風電初期成本很高，但之後價格降低

　　傳統的非再生能源發電成本由低→高依序爲核能（0.95元／度）、化石燃煤－煤（1.39元／度）、化石燃煤－煤氣（3.91元／度）。目前除陸上風力發電成本較低（2.6元／度）外，其餘再生能源相較於非再生能源爲高，例如太陽光電（5.6-8.4元／度）及離岸風力（5.6元／度）。但非再生能源的價格會隨著原料的供應變少而提高，而**再生能源的價格多來自於設備的架設，因此未來價格只會越來越低。**

二、政策與架構

　　關於離岸風力發電，政府各部會或單位應該有很多政策或方案（包括細則或準則），以下幾項是一般研究者比較容易看到的，特別是《再生能源發展條例》以及風力發電四年推動計畫。前者提及政策目標與主要整體再生能源框架及費率等。後者具體指出中長期數據目標，可用來追蹤政策成績。

（一）《再生能源發展條例》

　　《再生能源發展條例》於2009年制定，全文23條。2019年5月、12月都曾修訂過。條例第1條，說明政策目標與立法的宗旨使命，目標內容其實不少，足足有七項，而這七項理應也包含了優先順序：

　　爲推廣再生能源利用，增進能源多元化，改善能源結構，降低溫室氣體排放，改善環境品質，帶動相關產業及增進國家永續發展，特制定本條例。

　　其次，於第6條明訂中央政府應該每兩年訂定短中期目標，以及於制定2025年的長期目標：

　　中央主管機關得考量國內再生能源開發潛力、對國內經濟及電力供應穩定之影響，**訂定未來二年及2025年再生能源推廣目標、各類別再生能源所占比率及其發展計畫與方案並公告之，另規劃2025年再生能源發電設備推廣目標總量達2,700萬瓩以上。**

　　直轄市政府及縣（市）政府，應配合前項計畫與目標，協助評估區域內相關再生能源之開發潛力。

　　中央主管機關應視各類別再生能源之經濟效益、技術發展及相關因素，檢討第1項再生能源類別。

　　再生能源熱利用推廣目標及期程，由中央主管機關視其經濟效益、技術發展及相關因素定之。

（二）風力發電的千架海陸風力機計畫

　　政府於2012年公布「千架海陸風力機」計畫，並由能源局支持成立「千架海陸風力機計畫推動辦公室」，希望於2030年（這又是不同的子計

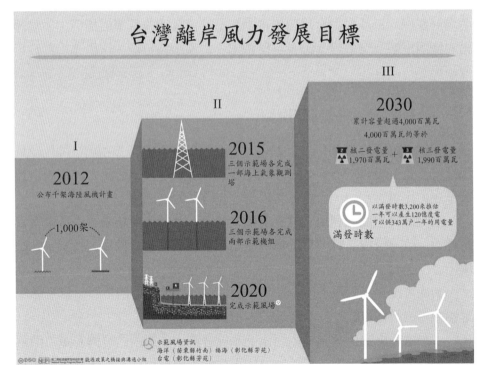

圖5-3　台灣離岸風力發展目標

資料來源：環境資訊中心，http://e-info.org.tw/node/112681；轉引自余紀忠文教基金會，

　　　　http://www.yucc.org.tw/news/domestic/20160108-1，檢索日期：2021年7月15日。

畫／時間期程）陸域與離岸風機累計超過1,000架。其中包括三個示範方案：於2015年各完成一部海氣象觀測塔；2016年各完成二部示範機組；在2020年完成示範風場，預計容量320百萬瓦。透過示範風場的建置，建構完整的產業鏈，吸引更多企業投入，希望在2030年累計容量超過4,000百萬瓦。

（三）風力發電示範獎勵辦法

經濟部於2012年7月3日公告實施《風力發電離岸系統示範獎勵辦法》，當年12月底選出三家風電示範方案，包括：海洋風力發電股份有限公司籌備處、福海風力發電股份有限公司籌備處，以及台灣電力公司等三家示範獎勵業者。

🔲 表5-1　風電示範獎勵案簡表

	海洋風力發電股份有限公司籌備處	福海風力發電股份有限公司籌備處	台灣電力公司
發起	上緯國際投資控股公司[2]	永傳能源公司、世紀鋼鐵公司及台灣國際造船公司	彰化縣的離岸風力發電計畫
風場位置	苗栗竹南	彰化芳苑	彰化芳苑
通過環評	2014年	2014年	2015年4月15日通過環評初審
公司設立	2014年12月30日取得籌備創設許可。2015年1月14日正式設立公司	2015年6月取得經濟部籌設許可，同月正式成立福海風力發電股份有限公司	

資料來源：筆者整理自林瑞珠等（2016：29）。

---

[2] 製造環保防蝕材料用樹脂，適用於風電所需之扇葉。在風電市場上，是中國前三大供應商之一。

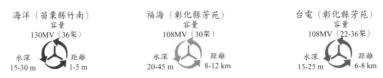

海洋（苗栗縣竹南）
容量
130MV（36架）
水深　　　距離
15-30 m　　1-5 m

福海（彰化縣芳苑）
容量
108MV（30架）
水深　　　距離
20-45 m　　8-12 km

台電（彰化縣芳苑）
容量
108MV（22-36架）
水深　　　距離
15-25 m　　6-8 km

◨ 圖5-4　2020年6月進行中的三個離岸風電示範獎勵案

資料來源：離岸風電知識網，http://www.nepii.tw/KM/OWE/index.html。

（四）「風力發電四年推動計畫」推動架構

　　政府在2017年推動「風力發電四年推動計畫」，計畫2025年達成陸域累計設置量1,200MW、離岸累計設置量5.7GW，合計共6.9GW裝置容量，預計可帶動約新台幣1兆元投資額，每年約可提供245億度潔淨電力，年減碳量可達1,285萬噸。

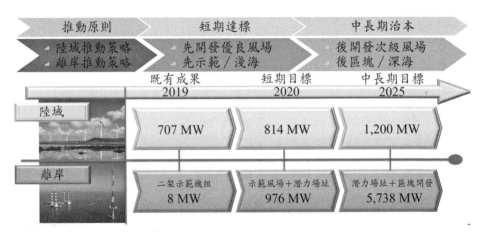

推動原則	短期達標	中長期治本
．陸域推動策略 ．離岸推動策略	先開發優良風場 先示範／淺海	後開發次級風場 後區塊／深海

	既有成果 2019	短期目標 2020	中長期目標 2025
陸域	707 MW	814 MW	1,200 MW
離岸	二架示範機組 8 MW	示範風場＋潛力場址 976 MW	潛力場址＋區塊開發 5,738 MW

◨ 圖5-5　風力發電四年推動計畫

資料來源：風力發電單一服務窗口[3]，https://www.twtpo.org.tw/，檢索日期：2021年7月8日。

3　該窗口是由經濟部能源局指導、工業技術研究院製作。

三、執行與推動模式

目前的執行模式是由政策引導市場，制定《再生能源發展條例》，提供二十年保障收購機制，讓離岸風電以示範獎勵、區塊開發方式，提供長期穩定且明確之市場規模，吸引國內離岸風力發電有興趣之業者投入。簡單來說，就是政府提供長期性保障收購的誘因與制度，鼓勵業者參與興建與營運。

其次，各政府機構的分工與對業者的協助中，經濟部身為能源產業主管機關，對於離岸風力發電的推動與協助，分工如下：

（一）能源局：風力發電整體政策規劃開發推動及管理、港埠設施行政協調及運維技術培訓。

（二）工業局：製造業、船隻、電力系統等硬體及技術能量建立。

（三）標檢局：風力機標準制定、測試、認證能量建立。

四、申請設立與審查程序

依據「風力發電四年推動計畫」，政府成立「風力發電單一服務窗口」，協助業者追蹤審查進度、排除申設障礙，並由行政院能源及減碳辦公室進行跨部會協調，透過跨部會平台運作機制，各相關部會配合簡化業者申辦之行政流程。整體來說，設立離岸風電需要經過兩個階段的許可，包括籌設許可以及施工許可。

（一）第一階段風電申設流程

風力發電設備向經濟部能源局申請「籌設許可」，也就是針對規劃風場的籌設，申請併聯審查，申請電業籌設創設等。在風場的籌設方面，應備相關文件，包括：籌設計畫書、環境影響評估核准文件、地方主管機關同意函、事業所屬機關同意函、金融機構融資意願書（公營電業免具）、發電廠廠址土地開發同意證明文件及地政機關意見書（離岸風力發電免具）及發電廠之電源線引接同意書等。

　　在申請併聯審查及電業籌設創設方面，程序及文件依序為：

1. 申請併聯審查。包括：併聯計畫書與系統衝擊分析報告。

2. 台電公司←併聯審查→核發併聯審查意見書。

3. 併聯初步協商。應備妥併聯審查意見書、自設線路路徑、銜接點配置圖（責任分界點）、計量設備裝置配置圖、單線系統規劃圖。

4. 併聯的細部協商。應該準備的文件包括：同意備案文件、併聯審查意見書、併聯初步協商結果、電源線併聯細部設計、電力單線系統圖、保護協調檢討資料、接地系統檢討資料、連轉規範檢討資料。

5. 辦理購售電契約簽定。應備妥文件包括：同意備案文件、併聯審查意見書、併聯初步協商結果、電能躉售分月售電量計畫表。

6. 申請電業籌設創設→籌備創設審查→核發電業籌備創設備案文件。應備文件包括：籌設計畫書、環境影響評估核准文件、地方主管機關同意函、事業所屬機關同意函、金融機構融資意願書（公營電業免具）、發電廠廠址土地開發同意證明文件及地政機關意見書（離岸風力發電免具）、發電廠之電源線引接同意書，以及自有資金5%。

   至於這個程序應該準備的應備文件，包括：陸域──飛航、雷達、軍事管制及禁限建有關單位同意函；離岸──飛航、雷達、軍事管制、禁限建、船舶安全、水產動植物繁殖保育區、漁業權（含定置漁業權、區劃漁業權及專漁業權）及礦業權有關單位意見書或同意函，海底電纜路線劃定勘測許可。

7. 申請再生能源發電設備同意備案→同意備案審查→核發同意備案文件→辦理購售電契約簽訂。此程序之應備文件：電業籌備創設備案文件影本。

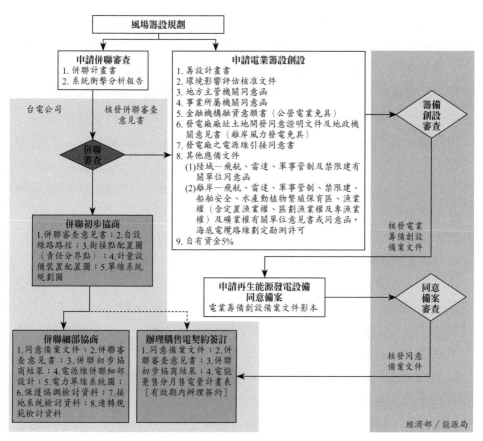

圖5-6　風力發電設備申請籌設許可流程

資料來源：風力發電單一服務窗口，https://www.twtpo.org.tw/index.aspx，檢索日期：2020
　　年5月17日。

（二）第二階段風電申設流程

　　風力發電設備向經濟部能源局申請「施工許可」應備相關文件，
如：工程計畫書、初步圖樣及規範書、發電廠址土地完成變更或容許使用
證明文件、發電廠廠址土地使用同意證明文件、設置離岸式風力發電廠應
檢具海底電纜路線劃定鋪設許可等，即可取得核發工作許可證，待風電設

備完工後申請竣工查驗與發照作業。在風電廠工程設計，包括：

1. 申請施工許可→施工許可審查（經濟部／能源局）→核發工作許可證（經濟部／能源局）→風電廠施工安裝→申請併聯試運轉（台電公司）。應備文件包括：工程計畫書、初步圖樣及規範書、發電廠址土地完成變更或容許使用證明文件、發電廠廠址土地使用同意證明文件、設置離岸式風力發電廠應檢具海底電纜路線劃定鋪設許可、自有資金15%。

2. 併聯細部協商／辦理購售電契約簽訂（台電公司）→申請併聯試運轉（台電公司）。

3. 併聯相關設備查核及裝表計量（台電公司）。

4. 核發併聯試運轉訪查完成文件（台電公司）。

5. 申請竣工查驗及發照→書面審查（經濟部／能源局）→現場查驗（經濟部／能源局）→核發電業執照（經濟部／能源局）。除了自有資金應達18%之外，應備文件：電業登記規則應備文件（包括：企業意見書、創業概算書、收入概算書、支出概算書、工程計畫書、主要人員履歷表、投資人名簿、擬定之營業區域圖、擬定之營業規則、擬定之購電合同、水利工程計畫書、內線圖、線路分布圖、證件、再生能源發電設備同意備案文件、離岸式風力發電廠應檢具海底電纜完成後備查文件）、竣工查驗應備證照及文件。

6. 辦理開始躉售電能（台電公司）。

7. 營運（購售電契約執行）。

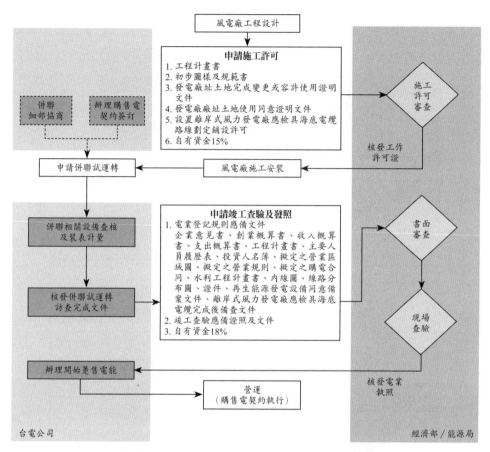

圖5-7　風力發電設備申請施工許可流程

資料來源：風力發電單一服務窗口。

　　圖5-8是本章所提及的台灣離岸風力發電相關議題之編年紀要，可方便大致瞭解近年來離岸風力發電的政策與法令變遷。

1.公布2030年千架海陸風力機計畫
2.公布《風力發電離岸系統示範獎勵辦法》

年初示範風場開標，福海風力發電、海洋風力發電、台灣電力公司得標

海洋風力發電公司之海洋竹南風力發電場第一期開始商轉

4月公布離岸風力發電規劃場址容量分配作業要點

修訂《國有不動產依法提供設置再生能源發電設備收益提撥辦法》，縣市政府可獲分配償金

2009
2010
2011
2012
2013
2014
2015
2016
2017
2018
2019
2020
2021
2022
2023
2024
2025

制定《再生能源發展條例》

福島核災

通過風力發電四年計畫（2017-2020年）

11月以核養綠公投過關；國會改選

11月縣市長改選，地方政黨輪替

5月、12月修訂《再生能源發展條例》

目標年：再生能源發電占比20%

■ 圖5-8　近年台灣離岸風力發電政策與議題事紀要

資料來源：筆者自行繪製。

參、執行成效與初步檢討

　　如本節前面所述，從2011年開始，政府比較有系統制定有關計畫，推動離岸風力發電之進程，預計在2025年將再生能源發電占比提高到20%，但其實在2020年底，能否達到「風力發電四年推動計畫」（2017-2020年），也就是陸域加海域達到1,334MW設置量，在許多政府網站上都不太容易找到資料。

　　2021年6月起媒體陸續報導[4]，離岸風電風場發生興建延遲問題，包括：

一、2021年底應該完成2.6GW的離岸風電併網、共有八個風場，但到2021年8月底卻只有一個風場、128MW上線，其他風場或因疫情、或因對氣候事前掌握不足，紛紛緊追期限、甚至申請二度延期。

二、雲林允能風場2020年底應完成40座離岸風機，但到2021年8月只有八座風機（20%），至於整體工程進度落後46%。但「國產化準時並超額達標」，兩座變電站也皆由本土供應商興設完成。

三、苗栗128MW海洋風場進度停在二年前達成率7.5%，為嚴重落後狀態[5]。

　　這些報導與績效數據表現，大致上如本節所述，政策成效可能有問題，官方網站不易找到比較與檢討之資訊。至於政策與施工延宕原因，則歸咎於離岸風電屬新興產業，需外籍人員協助施工，離岸風電專用船機設備與人員來台不順。

　　然而，即使政策長期目標之進度堪慮，有關機關仍很堅持風電關鍵

---

[4] 見聯合新聞網2021年8月26日報導，https://udn.com/news/story/122427/5700876?from=udn-referralnews_ch2artbottom、https://udn.com/news/story/122427/5701921?from=udn-relatednews_ch2；自由時報2021年6月28日報導，https://ec.ltn.com.tw/article/breakingnews/3585131，檢索日期：2021年8月26日。

[5] 聯合新聞網2021年6月22日報導，https://udn.com/news/story/6841/5549263，檢索日期：2021年6月26日。

零組件本土化之產業目標，至於未來延期延誤責任則歸因於風電廠商。對此，《自由時報》、《中央社》等媒體報導如下[6]：

一、政府絕不允許廠商私自進口，規避產業在地化政策要求，依行政契約罰則辦理，甚至扣履約保證金的3%作為違約金等處罰。

二、若沒有產製能力，經過審查確認後進口，但應提出改善或回饋方案。

三、如果未如期完成風場，依行政契約第10條第1項第2款應按逾期月數，每月扣減履約保證金總額8%之違約金，最重降低二十年躉購電價。

　　各機關有專業考慮與本位主義，並非不能理解，而且再生能源、離岸風力發電等都是全新議題，各部會都在摸索中前進。但是，這個離岸風電並非一般的外商投資或產業發展招商計畫，而是攸關國家能源安全的策略性專案，不應等閒視之，應該用更積極、前瞻、主動態度與掃除興建障礙。

　　因此，政府有一些跨部會、單一窗口、橋接與溝通等任務編組，但究竟是積極推動協調？還是消極的衝突協調？是被動等業者申請而告知資訊？還是主動選派專員全流程陪伴等？遭遇風場當地民眾、漁業團體抗爭，以及縣市政府索取償金，中央有更積極的作為？還是在想開發商、國外業者賺那麼多，應該更合理回饋地方？

　　展望短期的2025年，或是更長期的非核家園、低碳國家，我們應該更前瞻地處理離岸風力發電議程。

6　詳見中央社2021年8月26日報導，https://www.cna.com.tw/news/afe/202108260311.aspx；
　　工商時報2021年6月24日報導，https://ctee.com.tw/news/policy/478983.html，檢索日期：
　　2021年8月26日。

第二節　離岸風力發電的執行分析

壹、問題意識：攸關國家安全的重大施政，績效好嗎？

一、政策績效現狀

離岸風力發電設有幾個重要中期與長期目標數值，例如2020年達520GW，2025年達到5.5GW，累計共將創造投資額達新台幣9,625億元，累計創造約2萬個就業機會，達成2025年再生能源發電占比達20%的目標。

那麼美好的政策目標，但是現狀如何？是否達到預期結果？差距多大？如果達到目標，資料在哪裡？如果沒有達成目標，全國電力是否足夠？在行政院網站、能源局網站等官方權威網頁中，好像不容易看到明確的成效資料或數據。圖5-9是2021年7月1日所擷取的相關資料（注意離岸部分），該資料最近更新日期是前一年的8月26日，簡言之，就是靜態資料展現。

臺灣風力發電設置現況　　　資料來源：經濟部能源局能源統計月報（2020年8月26日更新）／資料整理：工研院

離岸						陸域
725.71 陸域風力累計 設置容量（MW）	1 離岸風場數	22 離岸風力機	128 離岸風力累計 設置容量（MW）	2,235,840 年度累計發電量 （千度）	638,082 可供給客戶數	1,138,042 二氧化碳減排 （噸）

31
陸域風場數

■ 圖5-9　台灣風力發電設置現況（經常更新）

資料來源：經濟部能源局網站。

按照政府文宣模式，如果達到預期目標，通常會有一些政令宣導，但是圖5-9僅有單面向的數據公告，並沒有目標達成率、成長率等比較性數據或圖表，可以表現出目標實際達成狀況。

離岸風力發電政策不是一般的能源政策，而是國家安全層次的重大施

政建設。當核能發電全數退場，再生能源發電等能否補上能源與電力所需的龐大缺口，甚至因應未來數十年的全國電力需求，這才是問題的關鍵。離岸風力發電政策根本不應該失靈，也沒有任何政策失靈的空間與藉口。

二、議程設定與政治可行性分析

任何一個公共政策在設計與決定之時，都假定可達到某些政策目標，但其實很常流於一廂情願，畢竟還有很多障礙要克服，以及更多配套與設計需要滿足。換句話說，**政策，有沒有充分的準備？尤其對各利害關係人的溝通，以及相關的認知建構與準備，是否都已備妥？**

本書在第二章談及利害關係人、政策議程、設定以及政治可行性分析，用意在於說明：

（一）政策的風貌，不是一朝一夕可以建構、維持與推翻。那是多少時間、專業、人際互動、利益交換支持與終生信念下的結構關係，應該給予尊重肯定。

（二）嶄新的觀念與政策形象，會慢慢改變人、利益與信念關係。當時機成熟，政策形象與利益關係就會改變，甚至翻轉。這個過程中，會有許多的糾葛與競爭，原有的結構及參與者也會慢慢理解新的主張。

（三）要加速政策形象與利益結構改變，需要政策企業家從政治可行性、利害關係人分析著手，有耐心地慢慢切割、區隔對象，進行遊說、交換與接納不同意見。

（四）新的政策形象與政策網絡成形後，又成為宰制性的新結構，甚至阻礙更為新穎的利益或主張。

對於離岸風力，各個專業政府部會、縣市政府，乃至於沿海基層自治單位、漁民以及一般民眾都會表達高度關切，並不是說這些人或團體故意／執意要阻礙執行，而是從管轄權角度來看，每個組織有本身的專業、生活體驗、專業知識或生活知識等，從自己的角度與信念看問題與政策，就會有不同視角、專業與立場。某些較有力量與決定權的組織，就享有正式或非正式的否決權，形成決策干預點或檢核點。

　　政策的政治可行性分析，就是與各個決策干預點進行交流、交換、需求探查、溝通與共識過程。其次，除了橫向的政府機構的分工之外，還有垂直面的府際關係協調以及執行體制，這包括中央與地方的行政結構、能力與資源（Knill and Lenschow, 1998; Ruijer, 2012），若缺乏此執行體制，沒有做好準備去克服執行上的障礙與困難，就會造成政策赤字。

貳、政策規劃與執行的水平面制度性障礙

一、需要考慮招商引資在水平協調上的障礙

　　政策執行失靈時，有很多地方可以找到藉口，例如各界不配合、疫情、勞力短缺、物價上漲、地方政府阻礙、政黨惡鬥等。可是，這些不就是在政策可行性分析、政治可行性分析、風險分析時就應該預先規劃，並提早備妥應變方案？那麼，是哪裡出現問題？

（一）方案因果關係與邏輯性之考慮

　　首先，我們想到的是施政規劃時，對於方案因果關係與邏輯（causality）性的考慮欠周。例如可能是想要去北方，但是卻朝南方出發。從而即使做好行程規劃、做好績效追蹤，也很難抵達目標。

（二）多重方案下，哪種最有利達成中長程「限期」目標？

　　達成目標有很多種可行方式或工具，例如方案／工具A、B、C、D、E……，但是，為何採取方案A？其他方案為何不採取？說不定方案A可達成目標，但政治障礙、決策干預或阻礙最多，採行此規劃時，有考慮到可能的失靈與風險嗎？

　　政策工具很多種類，第一代工具有傳統管制、市場提供、解除管制、補助與直接提供服務。第二代的治理工具包括：協議、契約、溝通式的規劃（communicative planning）、誘因等。考慮這些工具或方案時，如

果考慮到交易成本，就是考慮採市場模式還是公司／機關直接提供模式。

（三）跨部會協調

　　離岸風力發電之推動是希望**「由示範計畫做起，由政府來協助業者完成風場建置之前置作業，並打通法規上的障礙，降低離岸風電開發之風險」**。離岸風力發電屬新興產業，並且離岸風場開發、施工及維運等，所涉及風險因素相當多，送審程序複雜，如法制規範、環境影響評估、人工島嶼、海事工程、漁業權、維運風險、資金協助等複雜課題，很多不是純粹技術問題，而需要政府機關協調、許可、跨部會整合，而且又企圖帶動國內產業鏈投入國產化行列。

　　2019年8月12日《天下雜誌》曾經報導，台灣的離岸風電，不僅發電量要達標，還要讓供應鏈落地生根，但是台灣業者要面對的難題與障礙是資金、技術、設備門檻、政治因素以及時間。所謂時間，是說歐洲風力發電成熟花了近三十年，但是台灣才剛起步，基礎設施以及產業能量，包括專業碼頭、風機產業、海事工程，建構都非一蹴可幾，卻要在2025年達到一定的政策目標，時間壓力很大。

　　從此，本文看到第一層面的課題，就是業者申設過程所面臨的跨部會協調。林瑞珠等（2016：30）的研究就分析得很有意義。她們研究指出離岸風力發電業之申請設立分為：「籌備創設登記」、「施工許可」與「電業執照」三階段，各該登記或許可階段，均有應備妥之申請文件。

　　在圖5-10的申請設立過程，林瑞珠等（2016）訪談業者後發現一些實務上問題（如下）。若搭配主管機關、相關議題的內容與問題等，包括：1.出具意見書或同意函，欠缺審查準則；2.意見書或許可之行政程序，費時冗長；3.金融機構融資意願書，效力未明確；4.離岸風場相關環境基礎資料，未臻完善；5.港口基地、電網設施，欠缺規劃方案；6.採行區塊開發之行政程序，有待建立。

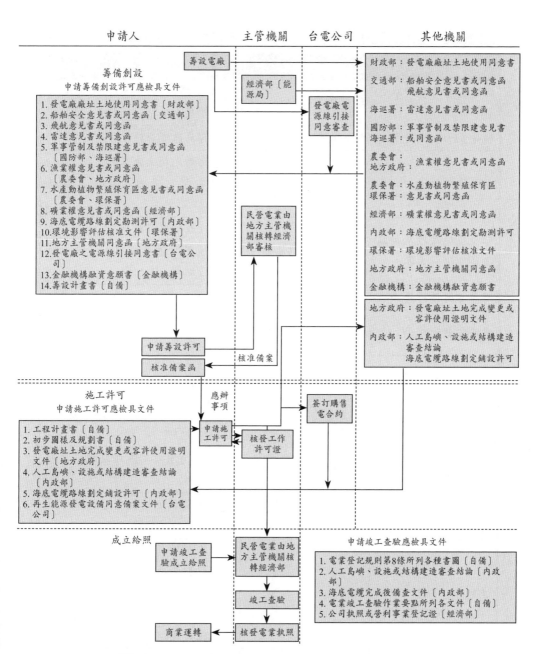

■ 圖5-10　籌設離岸式風力發電廠作業流程圖

資料來源：經濟部能源局（2007）；轉引自林瑞珠等（2016：31），該文曾就能源局資料進行
　　　　修改、繪製。

■ 表5-2　離岸式風力發電廠設置籌設許可應備文件、主管機關及所涉議題

意見函／同意函	主管機關	所涉議題
環境影響評估核准文件	環保署	環評程序之進行，於何階段進行，較為允妥？
地方主管機關同意函	地方政府	是否有具體審查標準？
金融機構融資意向書	金融機構	1. 意向書之拘束力為何？ 2. 電業登記規則之立法意趣為何？
示範風場海域及相關土地使用同意書	財政部國有財產署	1. 行政效能得否提升？ 2. 維運階段涉及港埠、陸域土地使用問題，如何解決？
電源線引接同意函	台電（輸配電業者）	-
飛安管制意見函	交通部民用航空局	飛航安全高度，是否有具體審查標準？
雷達管制意見函	行政院海岸巡防署通電資訊處	若雷達有遮蔽疑慮，因涉及國家安全，應如何處理為宜？
軍事管制、禁限建意見函	國防部	-
船舶安全意見函	交通部航港局	於距岸10浬內，無船舶航行之航道疑慮。
水產動植物繁殖保育區意見函	行政院農業委員會漁業署	依據示範個案，此部分歷時十五個月，行政效能得否提升？
漁業權意見函	地方政府	1. 有關漁業權之協商，由開發商直接與漁會對話，是否允當？ 2. 補償措施方面，得否考慮配合銀行團之融資貸款、信託或履約保證等？
漁會合作備忘錄及同意函	地方漁會	專用漁業權之廢止與徵收補償之相關措施，是否得併予考量？

▇表5-2　離岸式風力發電廠設置籌設許可應備文件、主管機關及所涉議題（續）

意見函／同意函	主管機關	所涉議題
礦業權意見函	經濟部礦務局	-
海底電纜勘測許可同意函	內政部	勘測許可、鋪設許可與施工許可，得否簡省或併予審查？

資料來源：林瑞珠等（2016：34）。

　　上述問題大致包括欠缺審查標準的一致性、對業者的要求／承諾於法是否有據、部分意見書或許可程序費時冗長（最多可長達十五個月）、與漁民團體的事前協議無法達成時缺乏公權力的介入、不能善用公共資金降低投資風險，以及主管機關未能主動協助業者進行環境資源調查等，以致業者盲目應付複雜的程序。對此，林瑞珠等（2016：36）提出離岸風力發電申請設立程序的跨部會協力圖（見圖5-11），建議經濟部等部會應該更積極主動協助業者。

（四）執行面的課題／難題

　　本文以為由市場與補助雙管齊下的方法，在執行面上的課題／問題，包括：

1. 「每一家」風電開發商不僅承擔技術與資金籌措等設廠許可與興建等具體作業，還須從事更上位、更外圍等較不擅長的公共關係業務，包括與各級政府互動，以及與漁民團體等各民間組織、意見領袖打交道。這些都未必是廠商所擅長，但都需要慢慢適應與磨合。

2. 跨部會的許可程序，廠商面對的是消極協調的各部門，也就是樂觀其成與等待遞件？還是願意主動地積極協調，例如安排協調專門人員負起全責連繫、溝通政府內部程序？

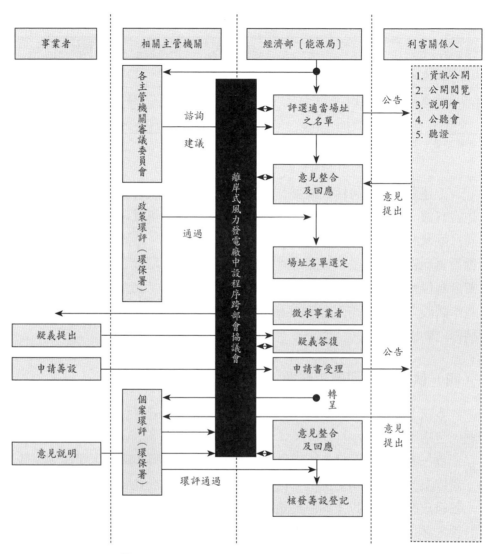

■ 圖5-11　申設程序之跨部會協力示意圖

資料來源：林瑞珠等（2016：36）。

二、第二層面的問題：能源政策？產業政策？主次關係為何？

　　業者或外商作業時所遭遇的協調問題，歐盟方面也有意見。2021年3月30日經濟部能源局與歐洲經貿辦事處合辦「台歐盟風能研討會」。歐洲經貿辦事處處長高哲夫指出：

　　台灣離岸風電有95%的外商投資來自歐盟、五分之一以上台灣外資是歐盟風電業者。若要發展產業，政府必須要挺業者，「不切實際和過度官僚的要求會讓業者負擔過大」。若要更有競爭力，就必須要具備有利政策框架，與創新有效解決方案，而不是執著於國產業化要求。對於國產化要求能有更開放、務實態度，並遵照國際貿易規則，否則無法有效率發展。

　　歐盟能源總署能源政策策略與協調處處長Cristina Lobillo Borrero在視訊中會議中也提及供應鏈國產化。她指出：

　　台灣要符合國際貿易規則，台灣對離岸風電國產化的要求，應遵照WTO規則。目前台灣政府對離岸風電國產化要求不是最有利的發展形式[7]。

　　從這個歐盟對於供應鏈國產化的意見與壓力，也難想像當前**施政目標無法盡如規劃之原因之一，會不會是離岸風電承擔其他政策目標，而後者之政治性及重要性不亞於綠能發電。**

　　簡言之，除了電力與能源目標之外，整體政策還要建立離岸風電綠能

---

[7]　關於歐盟方面的意見（尤其是供應鏈國產化部分），經濟部的回應是：1.台灣國產化都有符合WTO規則；2.國產化項目都有經過國內公協會大小會議討論後才通過，若國內沒有產能也會向國外採購，絕對沒有違反國際貿易準則狀況；3.政策制定時會有不同意見，透過交流有助於未來產業發展。詳見中時新聞網，https://www.chinatimes.com/newspapers/20210331000134-260202?from=copy，檢索日期：2021年7月16日。

供應鏈，包括塔架、水下基礎、電力設施、海事工程、風機零組件等，讓台灣可以成為亞太離岸風電零組件的製造大國。對於國外業者，**政府要求必須如期如實達成國產化承諾項目，也要達成風場建置**，若未如期履約，則有履保金及躉購費率等嚴格違約罰則機制處理。[8]

這兩個目標之間看似／號稱可以一致，是真的嗎？台灣零組件國產化政策的次目標要不要再討論？簡單的問題就是：國外花了幾十年才建立的海事工程能力，我國能否短期間建立？歐洲花了超過十年才建立風機製造、組裝的技術能力，我國產業是否有可能短期間內被扶植？葉片、塔柱等如無法於短期內做出，那麼該犧牲離岸風電的2025年目標嗎？

如果離岸風電不承擔產業發展功能（扶助國內產業鏈、滿足國產化比例），純粹儘速完成2025年5.7GW（10億瓦）目標，會不會更簡化一些？畢竟，如果購買國外現有風機設備與關鍵零組件以及相關海事工程服務，儘管外國開發商可以賺更多錢，但國家安全層次的綠能目標可能比較容易獲致。

容本文提醒，依據《再生能源發展條例》第1條之規範，**再生能源之推廣利用、多元化、改善能源結構等，才是主要立法宗旨**，而產業之帶動之次序，排在第六。

參、垂直分立政府態勢所造成的政治障礙

影響離岸風電政策之垂直協調，最明顯的是政治障礙，是垂直的政黨分立政府，以及地方人士的認知與順服程度不同。

表5-3是經濟部於2018年4月公開遴選審查的離岸風力發電規劃場址容量分配，計有七家業者共10案獲選，總分配容量達3,836MW。

但是，同年年底縣市長改選，其中占離岸風力發電最多的彰化縣與雲林縣（合占八成），皆由原垂直一致的府際關係，轉變為垂直分立的府際

8　見能源局網頁新聞，〈經濟部再次澄清：離岸風電躉購價格依法審定符合國際趨勢絕無過高！〉，檢索日期：2021年7月16日。

▣ 表5-3 離岸風力發電規劃場址容量分配與地方政府執政黨對照表

區域	遴選容量	比例	縣市政府首長與政黨
桃園	350MW	9.1%	鄭文燦／民進黨（連任）
苗栗	378MW	9.9%	徐耀昌／國民黨（連任）
彰化	2,400MW	62.6%	王惠美／國民黨（新任）
雲林	708MW	18.4%	張麗善／國民黨（新任）
總計	3,836MW	100.0%	

資料來源：離岸風力發電場址係風力發電單一窗口，https://www.twtpo.org.tw/gas.aspx?id=
3268，檢索日期：2021年6月29日；筆者加入2018年地方縣市長選舉結果。

關係，也就是中央與地方分屬不同執政黨，加上苗栗縣長由國民黨籍徐耀昌連任，代表九成離岸風力發電規劃場址，位於垂直分立的地方轄區。

在2018年11月24日選舉前後，中央與地方的執行體制有相當程度的變化。以下以離岸風電場址占比最大的彰化縣爲例，說明當時情勢：

一、2018年11月24日（縣市長選舉爲關鍵時點）之前，彰化縣爲垂直一致執行體制

在選舉之前，中央與彰化縣爲垂直一致政府，也就是中央與彰化皆由民進黨執政（縣長爲民進黨魏明谷），因此在彰化縣推動離岸風電進程尚稱順利。

如前所述，經濟部於2018年4月公開遴選並審查離岸風力發電規劃場址容量分配。根據當時的彰化縣政府官員表示，**「彰化縣外海共計12件風場開發案、總裝置容量420萬瓩，八案取得籌設許可證，八案當中有兩案進一步拿到能源局核發施工許可證，這兩案都是經濟部推動示範風場，一案是台電彰化離岸風場，另一案是福海彰化離岸風場，而12案當中有四案還在等待籌設許可中。」** [9] 接著在9月間，彰化縣政府初步同意風場開發

---

9 詳見自由時報2018年4月23日報導，https://news.ltn.com.tw/news/local/paper/1283364，檢

案，現勘後，地方政府及委員要求開發商修正及補充資料再回覆意見。

二、2018年地方政權交接過程：內政部片面決策造成既定事實

2018年11月24日縣市長改選，彰化縣由國民黨籍的王惠美當選新任縣長。正在規劃交接過程的12月21日（選後約一個月），內政部（營建署）全數通過彰化地區七件離岸風電申請案[10]。這時的困局／變局，包括：

（一）新縣長如何看待前任縣長與營建署的決議？

（二）營建署在當年秋季審議並通過彰化地區七件離岸風電申請案的決策，是否想到即將改選的最新民意、與新當選縣長的政治意志？

三、新縣長的政治與政策意志：爭議出現

地方政權交接過程（彰化縣縣長仍是魏明谷）的2018年12月28日（營建署通過前述申請案後七日），彰化縣政府[11]認為9月間現場勘查過程，業者對七項問題（包括漁民、漁會溝通同意資料、漁業轉型方案、供應鏈在地化方案等）的回覆過於簡略，要求補正，而且也不同意趕在元旦前，支持一個讓全民多支付上千億金額的方案。

綜言之，離岸風力發電規劃場址分配，主要位於彰化縣及雲林縣兩縣，儘管中央有強大的誘因想儘速完成政策變革達成離岸風電目標，地方政府於政黨輪替後，新任首長不見得需要履行前任首長的承諾（這也反映

索日期：2021年7月11日。

[10] 這些通過案件中，沃旭、哥本哈根基礎建設基金（CIP）、海龍及中鋼等四家離岸風電業者的六個風場，雖已通過營建署《海岸管理法》（2015年2月4日公布施行）許可，但仍要取得經濟部能源局電業籌設許可，才能和台電簽購售電合約，享受每度5.8元費率。若需要能源局的電業籌設許可，必須同時檢附彰化縣政府同意函。若沒在2019年1月2日完成簽約，依先前費率預告，將降到每度5.1元，六風場二十年售購電費將少賺1,058億。

[11] 這個過渡期間的彰化縣政府，似乎已經體現／仰承新縣長的意志，開始對風場開發案表示不同於三個月前的態度。

出當初決策之溝通有多麼不足）。自此，直到2020年7月，離岸風電設施之興設走走停停（2020年底，風力發電四年推動計畫屆期）。

四、中央與地方暫時止爭：修改海域償金的分配制度

2020年7月經濟部提出「國有不動產設置再生能源發電設備收益提撥辦法」草案，於9月20日正式公告實施。在此之前，公有土地償金都全歸國庫，而依據《土地法》規定，海域屬於國有土地延伸，因此償金原本也全屬國有，或至少海域償金分配方法仍不甚明確。在公布實施上述《辦法》之後，償金收益之分配為中央、縣市政府各50% [12]，即五成上繳國庫外，五成回饋地方縣市政府 [13]。

前述收益提撥所收的償金，是以每支風力發電機組基座使用的範圍計算償金，彰化風場會建置800多支風力發電機組，政府與外商簽約二十年，自2020年開始，外商每年支付海上償金約6億元，其中3億元撥入縣市政府，但是依規定回饋金限用於促進再生能源發展。

各縣市政府中，以彰化縣海域風機數量多，風場運轉後，預估一年將有3億元回饋金入縣庫、因此，彰化等縣市政府爭取到未來二十年，每年3億元穩定的離岸風電海域土地償金收入。至於雲林、苗栗與桃園外海也有

---

[12] 自由時報2019年7月18日報導，〈離岸風場租金五成回饋地方 彰化最樂一年分3億〉，https://ec.ltn.com.tw/article/breakingnews/2857208，檢索日期：2020年5月12日；聯合新聞網2019年10月27日報導，〈彰化縣財政及時雨 王惠美從離岸風電每年挖到4.1億元〉，https://udn.com/news/story/7325/4129101，檢索日期：2020年5月12日。

[13] 其他規範還包括：適用範圍僅列海域土地，也就是只有離岸風電開發入列，並未涵蓋其他再生能源。陸域雖然也有國有土地出租設置太陽光電、陸域風電等情況，但陸域土地產權涉及單位較複雜，需要進一步釐清，因此從海域部分先行，並未排除陸地部分的綠能。我國離岸風場租金與管理由財政部國有財產署規定，商轉前以場址面積每1萬平方公尺222元為標準，商轉階段則以前一年售電量每度0.0415元作為租金。能源局從租金標準分析，前期地方政府拿到的回饋比例並不高。以上資料整理自自由時報2019年7月18日報導，https://ec.ltn.com.tw/article/breakingnews/2857208，檢索日期：2020年5月17日。

一至兩座風場，估計桃、苗、雲三縣市每年可獲得約2,600至5,200萬元不等的離岸風電回饋金。

五、廠商對地方的額外回饋與社會責任

為爭取縣市政府支持，業者有時候可能要提供回饋或服務。例如2020年10月，彰化縣離岸風場的沃旭能源公司、CIP的哥本哈根風能開發公司、中能發電公司以及海龍離岸風電公司等四家業者承諾，三年內將共同回饋3.3億元，給彰化沿海46所國中小作營養午餐經費[14]。

肆、各種利益／意見差異性

每個政策的設計與標的團體的明確性不同，協調溝通之交易成本也不同，例如在營運商與政府互動中，政策社群與標的團體同質性高，較易取得與理解技術資訊，也比較容易協調前線執行者與行為者。但是對於異質性團體所組成的議題網絡，不容易建立由上而下的一體體制，需要複雜且精緻的政策設計或配套。

一、對漁業的影響與不確定性

（一）分歧的利益團體

沿海各地區的產業性質，與高科技、電力產業鏈等很不相同，需要聯繫與協調不同智識水準的參與者及利害關係人，不僅需要讓他們的代表早期參加政策過程，更要把各種群體的偏好考慮納入政策當中，例如工作機會、對各級產業短中長期影響，而此，不同於政府各部門的橫向協調。

14　彰化縣政府教育處處長陳逸玲表示，縣內國中小學免費營養午餐由縣政府一年編列約8億元經費。業者捐贈沿海鄉鎮國中小學三年共3億3,000萬元經費，能夠減輕縣政府負擔，詳見中央通訊社報導，https://www.cna.com.tw/news/aloc/201910230224.aspx，檢索日期：2020年5月12日。

（二）風電屬於新興的管制政策領域

離岸風力發電屬於新興政策領域，過去並沒有相關的政策管制經驗，政策所用的各種工具，以及彼此相互影響的效果，比較難以清楚瞭解。再者，究竟海上風機在政策目標、工程技術、對環境的衝擊、對漁業的影響、實際效益等，都需進行不同對象的整體政策陳述與說明。

（三）漁業的前景與主張

離岸風電進度被討論的一大重點，就是漁民權益維護與抗爭。離岸風場的開發，風機林立，多少可能干擾漁業作業，尤其在施工過程，可能會對漁民造成不便。

其中，近六成離岸風機潛力場址都位在彰化，彰化漁會曾與離岸風電業者有過衝突，漁民與各自所屬團體擔心，數量龐大的風機一旦設置下去，漁船作業將大受影響，漁民大多持反對意見，許多風電業者都曾因漁業談判而進度延宕。

二、對環境暨社區風貌的影響與不確定性

外海風機、海纜上岸、路上變電站，不只是直覺上漁船捕撈作業問題，更是深層的社區風貌變化。以圖5-12為例，彰化外海航道外九個風場，由丹能、海鼎、海龍三家開發，航道內四個風場分別由台電、福海、台灣綠色電力、中能主導，彰化外海至少有16個風場，風機的數量相當龐大。

沿海區域大多以觀光、養殖漁業、傳統產業為主，不管是上兆上億元投資，或是能提供數千或數萬的工作機會，都會改變當地的樣貌與未來，但這個過程與轉變，是否對當地民眾說清楚？除了應該提供合理的漁業補償金額、確立計算公式之外[15]，風場業者也可聽聽社區及在地意見領袖的意見。

---

[15] 2016年11月底，農委會發布《離岸式風力發電廠漁業補償基準》，明文訂出補償公式

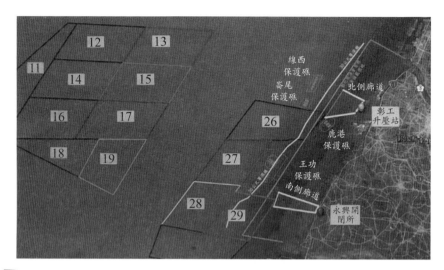

🖳 圖5-12　彰化離岸風電海纜上岸共同廊道規劃原則說明——南、北側共同廊道示意圖

資料來源：環境資訊中心，https://e-info.org.tw/node/207497，檢索日期：2020年5月19日。

伍、離岸風電的政策執行啓示與意義

一、垂直分立政府態勢，政策社群轉為較不穩定的議題網絡

　　地方性政黨輪替，會很大程度影響地方性政策社群與政策推進。不同政黨有不同的政策偏好，乃至於不同的優先施政項目，這並非誰對誰錯，也沒有德行與倫理上的問題，單純就是政治價值之取捨與意識形態的抉擇。

　　在垂直分立體制中，政府與反對黨的關係，不管在中央還是在縣市政府層次，都是高度競爭。我們該思索的是，即便是高度競爭的水平分立或是垂直分立，難道沒有推進政策進程的較好方法？

　　計算方法，且考量目前風場預定場址並非全數位於各地漁會的專用漁業權區，故不論風場是否位於漁業權區，漁民皆可依據此補償基準獲得補償。

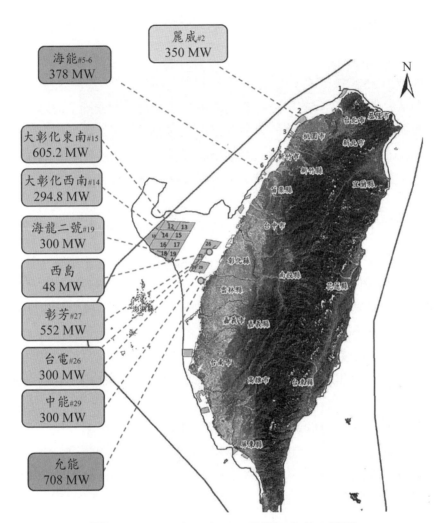

麗威#2
350 MW

海能#5-6
378 MW

大彰化東南#15
605.2 MW

大彰化西南#14
294.8 MW

海龍二號#19
300 MW

西島
48 MW

彰芳#27
552 MW

台電#26
300 MW

中能#29
300 MW

允能
708 MW

🔲 圖5-13　沿海風力發電各營運商分布狀況

資料來源：經濟部能源局簡報資料；轉引自自由時報2018年1月15日，〈離岸風電遴選4月出爐 2025年將投資9,625億元〉，檢索日期：2021年7月14日。。

二、每個地區對於政策的感受未必相同，政策支持度就會有所差異

採取2025非核家園立場的激進綠能[16]中央政府，基於全國用電需求，乃至於高科技產業對於穩定電力的期待，非常急切彌補全面廢核之後的電力缺口。但是對於彰化、雲林等沿海區域而言，工業區、用電大戶都不在此區，這些區域仰賴農漁養殖捕撈業甚於工業，既然屬於一般民生用電區域，難以體會電力短缺對於工業與科技業的急迫性。

三、邀請各線執行者、受害／受影響者儘早且及時參與決策

離岸風力（乃至於整體再生能源／綠能政策）在議程設定時，片面採取全面廢核的綠能立場。希望片面決策造成既成的政治與政策事實，這個「2025年」期限，也就是《再生能源發展條例》第6條、風力發電四年推動計畫等所揭示的政策／法律目標期限，希望日落與日出可以銜接。即使2016年11月「以核養綠」公投過關而反對，但執政黨於2025年廢核目標並未改變，行政部門仍可依據電業化或行政作為關閉現有機組，達到全面廢核結果。

然而，中央直接採取激進綠能，必須快跑前進，很缺時間與空間餘裕去和各界溝通與協調，這也包括了離岸風場所在地的縣市政府。沿海地區各種類型、職業的差異性，以及所形成的各類政治障礙，都需要相當時間去協調這個隱性的過程。

四、經驗與學習

中央到地方、政府到民間、企業到傳統農漁業等，牽涉到各種層次的治理與聯繫溝通，但並非不能改善。在多層次的體制下，任一政策部門都

---

16 這裡所稱激進綠能，就是修訂電業法第95條第1項，核能發電設備應於2025年以前，全部停止運轉。

鑲嵌於結構／組織中，有既定的產官學、農漁牧合作組織之關係，只能慢慢或漸進地回應公眾需求做出某些變革，在穩定／定期基礎進行資訊及意見交換、制度設計、協商與包容（Bowen, 1982）。對於日後各類政策而言，離岸風電的執行經驗是：

（一）新興政策領域，過去並沒有相關的政策治理經驗，所用的各種工具，以及彼此相互影響的效果，比較難以清楚。至少應讓各級地方政府、農漁會團體、社區有機會及早／更早參與以及表達擔心之處。

（二）海上風機在政策目標、工程技術、對環境的衝擊、對漁業的影響、實際效益等，應該做區隔而進行不同對象的陳述說明。

（三）政策協調頻率應該提高，政策初期可透過示範試點與參訪，提高政策溝通及擴散學習的效果。

（四）高層政策領導者應時時到執行前線，不斷重申願景之意義與重要性，鼓舞各類第一線人員對未來的想望，以及更積極推動政策進程。

第三節　跨部會的政策績效管理與國際經驗

壹、跨部會協調與績效管理

一、基本概念

跨部會協調與整合，要靠更高層級人士將政策、衝突或各自作業規定加以簡化、整合或是仲裁爭端，朝向關鍵績效指標（Moynihan 2005; Den Harttog et al., 2004; Bouckaert and Van Dooren, 2002）。在執行面上，可用「消極／被動協調」，或是「積極／主動協調」加以檢視。

（一）積極／主動協調：由上而下，進行策略與績效對話與追蹤，要求各單位說明具體配合作為。這是共同向前的概念。

（二）消極／被動協調：這是避免衝撞而各自調整的概念。請相關單位檢查業務衝突或不良影響。

二、歐盟開放協調方法：軟性協調朝向共同目標

　　「歐盟」雖然是超國家政治實體，但仍需要進行跨國政策協調，因而內部設有各業務總署（directorates-general, DGs），例如氣候變遷行動總署、能源總署、產業與企業總署、環境總署、海事與漁業總署、區域政策總署等，負責各領域的政策建議規劃及協調（Bauer and Ege, 2013: 179; Hustedt and Seyfried, 2016）。

（一）歐盟傳統與主要的決策——由上而下強制途徑

　　歐盟委員會正規、傳統的決策方法——「共同體方法」（community method）[17]（朱鎮明，2016），即主政機構發布法令，執行機構必須依法行政加以落實，對違反者以罰則、罰款處理，藉由管制以達到目標及標準。

（二）軟性的決策法是開放協調法

　　開放協調法（open method of coordination）的原則，是由會員國設定共同目標、各國分頭執行，由執委會與會員國共同監督。這些政策主要是不具強制性的，尊重各會員國特性，例如資訊科技、研究、教育、區域發展，進而也擴及到較為敏感的社會政策核心領域。

　　所謂開放協調方法，包含以下要素（Schäfer, 2004: 72）：1.設定共同目標；2.界定眾所認可的標竿（benchmarks）；3.公告與傳播最佳的實務經驗（best practices）；4.同儕評估、提供建議。

　　會員國必須按共同目標、指標，依據各自特殊狀況，訂定國家策略計畫。在共同目標導引下，各國有很寬裕的空間與自主性，決定如何執行，也可提出本國的實際政策選擇、方案與經驗，進行報告與分享，並且由同

---

[17] 從1960年代開始的共同體方法，是以締結條約（treaty）方式，經過會員國國內批准，將特定議題的國家主權，讓渡給歐盟（Wallace, 2000: 29-30）。一旦通過條約，並且經過會員國內的國會批准（Scott and Trubek, 2002）。

僑評估後，提出可行的推薦與介紹（Hodson and Maher, 2001; de la Porte and Pochet, 2002; Mosher and Trubek, 2003）。

三、瑞典風電網絡的政策協調

在2008年瑞典推動網絡式政策協調之前，地方上對風能與風力發電有極大的誤解，以及對污染、噪音等環境危害的疑慮及抗拒，導致風力發電機組的設立牛步化。眞正的績效改善與轉折點，是在2008年引入網絡治理、專案經理而強化的水平與垂直協調措施（Giest, 2015）。

（一）再生能源與風力發電的目標與指標

瑞典政府設定的氣候變遷政策目標，是再生能源在國內能源消費比例從32%提高到49%。除要擴增水力發電之外，也規劃運用風力發電達到政策指標。爲此，瑞典在2003年規範「電力認證制度」（electricity certificates），例如綠色認證計畫（green certificates program），確保再生能源在市場中享有的配額。

其次，瑞典能源局（Energy Agency）對風力發電的技術提供補助，例如在固定價格之外，每MWh的補助金額爲20到30歐元。2006年瑞典國會[18]通過第一個離岸風力發電（offshore wind）的專法（bill）。

2009年，瑞典政府發布新指令，組成「風力發電網絡」，希望進展較慢的風力發電機組與發電量能增加50%，而此需要「環境部」、「企業與能源部」跨部會合作與共同規劃，並諮詢地方政府、關鍵利害關係人等，組成跨部會的府際政策網絡，其中最重要的是，任命具有公職身分的專案經理人，承擔居間整合與協調的工作。

（二）2008年以前，風力發電受到地方與民眾反彈

氣候變遷與熱島效應下，即使大眾清楚再生能源對於改善地球暖化

---

[18] 瑞典爲君主立憲的內閣制，所謂國會就是指多數黨／黨魁所組成的內閣與政府。

的意義，但是對風力發電機組現場的在地民眾來說，污染與噪音是親身體會的，而地方風場對於他們卻沒有實際利益，這些都引發強大的民眾反對（Khan, 2003; Breukers and Wolsink, 2007）。

面對民眾的誤解與反對，具有自主權限的地方政府沒辦法、也沒有意願執行中央的溫室與氣候政策。在各方的爭議過程，沒人能夠眞正看到未來、堅持風力發電的效益、策略與願景。

（三）2008年風力發電網絡的風力發電協調官

在2008年，瑞典政府任命四個網絡管理者（network managers），稱爲「風電協調官」（national wind coordinators）作爲專案經理，其特色與職掌包括：

1. 負責中央到地方的業者、政府、研究單位的聯繫。
2. 風電協調官視狀況與發展策略，派駐在風場所在地，與中央政府保持一定距離。
3. 協調官都有風力發電的相關經驗與知識，也熟悉地方決策過程。

總言之，風電協調官是國家提供給規劃者的協助，也是政府體制的一部分，有些兼任政府職務，或是身兼地方政府官員身分。除對內閣「產業部」報告工作進度與問題，也要定期與「企業與能源部」會面。

此外，企業與能源部也委託「風力發電網絡」的其他利害關係人執行任務，例如哥特堡大學負責風力發電的碩士學位學程、教育、訓練、風機資訊與科技研發等，有些地方政府負責企業發展、風力發電機組與計畫的規劃與准駁。

（四）2008年前後的績效差異

瑞典風力能源政策成效，在2008年之前與之後有顯著的變化，並且成爲歐洲的先驅。從圖5-14可以看出，2008年以前，風力發電容量進展並不是很明顯，但2008年以後，發電容量陡增。

氣候變遷與再生能源政策，因其複雜性、不確定性、影響面太廣，很

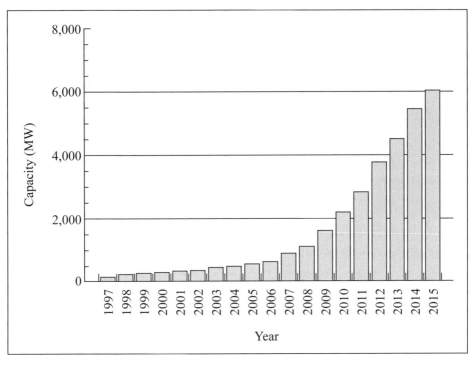

■ 圖5-14　瑞典風力發電容量的增長狀況（1998-2015年）

資料來源：風力發電市場資訊（The Wind Power: Wind Energy Market Intelligence），http://
www.thewindpower.net/country_en_17_sweden.php，檢索日期：2016年8月3日。

容易遭遇抗爭。在引入網絡治理的協調機制後，中央持續建立正面形象、
績效監控，讓專案管理者能夠在中央與地方之間維持等距立場。另方面，
專案管理者能著眼政策目標而提供策略式領導，促成參與者間的溝通及
資訊分享，克服策略願景與地方執行上的失焦與績效缺口（Parker, 2007;
Capano et al., 2015; Giest, 2015）。

四、歐盟與瑞典經驗的政策與制度意義

　　每個政策領域，都有相當的專業度、知識、經驗等，但經常是不均衡
地分布在不同機構或在地網絡。需要特別協調的議題，往往是新興業務、

或是落在三不管地帶，若只由部會內業務承辦人去兼辦跨部會協調，不但層次、視野都不足，且也缺乏心力建構與聯繫政策網絡，前述總結成以下三點：

（一）政策網絡可自然形成，但需要專案管理或協調人員的領導及管理衝突，讓各部會聚焦於整體政策、策略願景（Teisman and Klijn, 2002）。

（二）歐盟開放協調機制是由各業務總署扮演專案管理人，定期舉辦跨國同儕的政策學習會議，讓各國官員、知識菁英彼此學習交流及模仿（Wilthagen and Tros, 2004）。

（三）瑞典的風電網絡協調官，雖然層次不高，但與中央與地方政府雙方維持等距，承擔著水平跨部會溝通、垂直府際關係管理，以及公私協力關係，包括與風力發電業者、公民協會、其他非政府組織之間的聯繫。

貳、對我國離岸風力發電的政策發想

我國離岸風力發電屬於新興議題，而且技術含量很高，儘管吸引國內離岸風力發電之業者投入，但目前設立程序，乃至於總體目標之達成，遭遇到人民態度、縣市政府態度，以及申設程序繁複等問題。

一、風力發電協調專員

這裡以瑞典經驗為例，說明如何透過專案協調者進行中央、地方、業者的協調，達到風力發電的進程與目標。在2008年，瑞典地方上對風能與風力發電有極大的誤解，以及對污染、噪音等環境危害的疑慮及抗拒。面對民眾的誤解與反對、眾所擔心的副作用，如同目前台灣離岸風電執行上的寫照。

（一）抓好關鍵績效指標

針對我國2025年所預計達到的離岸風力發電指標，各政府部會應該

更積極負起監督追蹤責任，而不是要求歐盟外資廠商負起責任。再者，再生能源之推廣、多元化及能源結構之改善，才是政策指標重中之重，此優先次序應該由行政院層次去釐清及強調。

（二）行政院設立專責人員去與單位互動

行政院可指派專任人員，作為專案經理或專案管理人員，派駐在風場所在地，聯繫中央到地方的業者、政府、研究單位。

二、鼓勵地方政府與利害關係人「入股」風電產業

（一）離岸風力發電的產業鏈前景看好

第二節曾經提到，離岸風電的供應鏈國產化是歐洲外商頗有意見之處，也可能是影響2025年離岸風電目標的重要原因。

但是，如果不考慮取代核能的國家能源／電力需求與安全，以及相應的績效目標及時間壓力[19]，風力發電作為《再生能源發展條例》之第六順位政策目標，帶動的是很有前景的產業。從圖5-15可看出，綠能產業是未來的新興能源產業，乃至於永續發展與社會責任的產業趨勢。

也就是說，如果沒有迫切的時間壓力，單就供應鏈國產化而言，風機、塔架、輸配電，以及風機機艙組裝線（包括葉片、扣件、輪轂、機艙罩、變壓器、鼻錐罩等各項風力機零組件）、水下基礎、變電站及各類設備運輸安裝供應商，都有在地化的量產能力與需求、產業聚落效應及可觀的產值。

在上述產業中，不少企業或公司營收與獲利不錯，前景也很好。例如在鋼鐵業中，世紀鋼鐵是台灣離岸風電遴選階段的風場中，拿下最高合約金額的鋼構公司，已簽約開發商包括沃旭、CIP、達德等，預估簽約金額

---

[19] 為了要在2025年達成再生能源發電量占比達20%，如果不強求離岸風電供應鏈國產化，則達成目標機率較高，因為機組、零件等直接由國外進口，可大幅加速政策進程。

單位：百分比

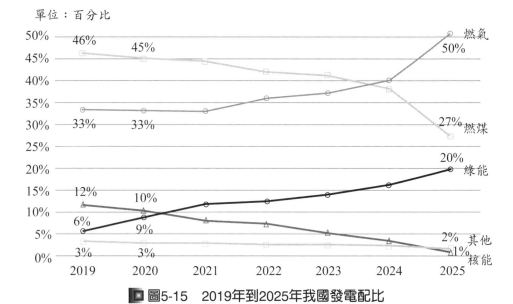

■ 圖5-15　2019年到2025年我國發電配比

註：1. 2019年為實績值，2020年到2025年為推估值。其他發電包含燃油發電及抽蓄水力。

　　2. 因核三2號機將運轉至2025年5月，爰2025年核能尚有1%。

資料來源：經濟部能源局（2020）。《能源轉型白皮書》，https://www.moeaboe.gov.tw/
　　　　　ECW/populace/content/Content.aspx?menu_id=13178&sub_menu_id=13180，檢索
　　　　　日期：2021年7月19日。

超過300億元，以各風場併聯時間推估，2021年至2022年為出貨高峰期，獲利水漲船高。表5-4、表5-5為世紀鋼鐵（9958）的2019年、2020年公司基本資料。

■ 表5-4　世紀鋼鐵2019年公司基本資料

公司資料			
基本資料		股東會及2019年配股	
產業類別	鋼鐵	現金股利	1.00元
成立時間	1987/10/9	股票股利	-
上市（櫃）時間	2008/3/12	盈餘配股	-

表5-4　世紀鋼鐵2019年公司基本資料（續）

公司資料			
董事長	賴文祥	公積配股	-
總經理	林明政	股東會日期	2020/6/17
發言人	李育慶		
股本	21.09億		
股務代理	群益金鼎證02-27023999		
公司電話	03-4730201		
營收比重	工程98.94%、商品及其他1.06%（2019年）		
網址	http://www.century.com.tw/		
工廠	桃園觀音、雲林褒忠、台北港、緬甸		

獲利能力（2020年第1季）		最新四季每股盈餘		最近四年每股盈餘	
營業毛利率	18.78%	2020年第1季	0.55元	2019年	3.53元
營業利益率	11.43%	2019年第4季	0.62元	2018年	0.17元
稅前淨利率	11.52%	2019年第3季	2.79元	2017年	0.32元
資產報酬率	1.03%	2019年第2季	0.04元	2016年	0.39元
股東權益報酬率	1.88%	每股淨值：21.90元			

資料來源：Yahoo！股市，https://tw.stock.yahoo.com/d/s/company_3708.html，檢索日期：
2020年6月12日。

表5-5　世紀鋼鐵2020年公司基本資料

公司資料			
基本資料		股東會及2020年配股	
產業類別	鋼鐵	現金股利	4.00元
成立時間	1987/10/9	股票股利	-
上市（櫃）時間	2008/3/12	盈餘配股	-
董事長	賴文祥	公積配股	-
總經理	林明政	股東會日期	2021/8/3

■ 表5-5 世紀鋼鐵2020年公司基本資料（續）

公司資料	
發言人	李育慶
股本	23.13億
股務代理	群益金鼎證02-27023999
公司電話	03-4730201
營收比重	風力發電鋼構工程61.43%、工業廠房鋼構工程17.71%、高樓建物鋼構工程9.97%、其他鋼構（含鋼品）7.73%、公共工程鋼構工程3.16%（2020年）
網址	http://www.century.com.tw/
工廠	桃園觀音、雲林褒忠、台北港、緬甸

獲利能力（2021年第1季）		最新四季每股盈餘		最近四年每股盈餘	
營業毛利率	29.20%	2021年第1季	1.06元	2020年	4.38元
營業利益率	22.84%	2020年第4季	1.49元	2019年	3.53元
稅前淨利率	23.87%	2020年第3季	1.35元	2018年	0.17元
資產報酬率	1.88%	2020年第2季	1.03元	2017年	0.32元
股東權益報酬率	3.35%	每股淨值：31.28元			

資料來源：Yahoo！股市，https://tw.stock.yahoo.com/d/s/company_9958.html，檢索日期：
2021年7月19日。

　　另一個很早就與國外開發商合作，投入離岸風力發點產業的是上緯投控公司（3708），該公司取得能源局示範獎勵，於苗栗竹南設立海洋風電（Formosa I），於2016年完成第一階段8MW安裝，並於2017年商轉，至2019年4月累計發電量達5,500萬度，約可供應1萬5,000戶家庭使用。第二階段將增設120MW，於2019年中施工，原定當年年底併聯發電，成為我國首座商轉離岸風力發電風場。海能風電（Formosa II）於2018年完成能源局遴選案取得潛力場址中的378MW裝置容量，預計2020年完工併網發電。表5-6、表5-7為上緯投控公司的2019年、2020年公司基本資料。

　　這裡所列舉的世紀鋼鐵、上緯投控公司等廠商，是離岸風力發電產業趨勢下本土產業的受益者，代表的是具有商機的強大內需型產業。從2020

年起慢慢進入施工高峰期，雖然發電進度仍緩慢，短線對企業貢獻仍低，廠商營運尚未明顯有實際貢獻。不過，因後續還有新合約，後續延伸的商機仍十分龐大，包括維修等中長期合約。

■ 表5-6　上緯投控公司2019年公司基本資料

公司資料			
基本資料		股東會及2019年配股	
產業類別	化工	現金股利	4.00元
成立時間	2016/8/31	股票股利	-
上市（櫃）時間	2016/8/31	盈餘配股	-
董事長	蔡朝陽	公積配股	-
總經理	詹明仁	股東會日期	2020/5/28
發言人	蔡澤明		
股本	9.35億		
股務代理	台新銀02-25048125		
公司電話	049-2255420		
營收比重	環保綠能材料51.76%、環保耐蝕材料35.54%、其他12.69%、提供勞務3.09%（2019年）		
網址	http://www.swancor.com/tw/		
工廠	台灣南投、新竹、中國上海、中國天津、中國江蘇、馬來西亞		
獲利能力（2020年第1季）		最新四季每股盈餘		最近四年每股盈餘	
營業毛利率	17.65%	2020年第1季	0.49元	2019年	8.97元
營業利益率	3.60%	2019年第4季	3.94元	2018年	11.22元
稅前淨利率	6.26%	2019年第3季	0.50元	2017年	2.46元
資產報酬率	0.63%	2019年第2季	3.81元	2016年	0.57元
股東權益報酬率	0.88%	每股淨值：55.64元			

資料來源：Yahoo！股市，https://tw.stock.yahoo.com/d/s/company_3708.html，檢索日期：2020年6月12日。

■ 表5-7 上緯投控公司2020年公司基本資料

公司資料			
基本資料		股東會及2020年配股	
產業類別	化工	現金股利	3.50元
成立時間	2016/8/31	股票股利	-
上市（櫃）時間	2016/8/31	盈餘配股	-
董事長	蔡朝陽	公積配股	-
總經理	蔡朝陽	股東會日期	2021/7/19
發言人	陳契伸（代）		
股本	9.35億		
股務代理	台新銀02-25048125		
公司電話	049-2255420		
營收比重	環保綠能材料55.41%、其他22.96%、環保耐蝕材料21.63%（2020年）		
網址	http://www.swancor.com/tw/		
工廠	台灣南投、新竹、中國上海、中國天津、中國江蘇、馬來西亞		
獲利能力（2021年第1季）		最新四季每股盈餘		最近四年每股盈餘	
營業毛利率	13.69%	2021年第1季	0.59元	2020年	6.87元
營業利益率	2.96%	2020年第4季	1.20元	2019年	8.97元
稅前淨利率	2.84%	2020年第3季	2.41元	2018年	11.22元
資產報酬率	0.78%	2020年第2季	2.73元	2017年	2.46元
股東權益報酬率	0.69%	每股淨值：58.39元			

資料來源：Yahoo！股市，https://tw.stock.yahoo.com/d/s/company_3708.html，檢索日期：2021年7月19日。

（二）對抗性思維：地方是以不同面向去看待風電產業鏈

面對有前景的產業，也是國家策略性發展的產業與科技政策議題，地方上呈現的是以抗爭、償金、社會責任等對抗態度。正如圖5-16所示，前面第二節提到，彰化縣政府在2018年政黨輪替一年之後，爭取到每年3億元的償金，作為自主財源而用在社會福利、社區轉型或學童教育等面向。

■◪圖5-16　彰化縣政府獲得風電償金剪報

資料來源：聯合報2019年10月28日報導，中台灣焦點版。

儘管離岸風電是國家發展再生能源、能源多元化及結構調整的重要政策，但對當地來說，卻是補償、分配不公、漁民生計、漁民疑慮、漁業轉型等問題。對當地最容易方案，當然是從產業獲利大餅中分一杯羹，要求最多的回饋及補償，但是，對投資的風電業者來說，不是錢的問題，而是投資的不確定性與政治紛擾。

（三）夥伴性思維：民眾入股共享產業發展與成長果實

爭取償金，某種意義來說是在對抗減碳政策、對抗國家整體策略，如果我們不用對抗的方式，而是設計入股或合夥機制，讓縣市政府、公所、當地民眾等法人或自然人，加入國家政策、加入綠能產業、加入風電產業鏈，是不是另一種考慮的方向[20]？入股方式應注意以下概念：

---

[20] 類似認股（選擇）權，這是一種誘因報酬計畫，使個人福利、報酬與公司業績連動的制度，公司給予員工或個人一個權利，「得以」一個預定的價格（即權利行使價

1. 化阻力爲助力，由對抗而轉向支持整體國家政策。

2. 將償金轉爲持股，也可避免償金被地方政府消耗完畢。可能的入股方式可以包括票面價格（每股10元）認購風力發電績優公司股票；或是由投信公司與各開發商合作，規劃設立類似0050、0056那樣的離岸風力發電ETF（指數型證券投資信託基金）[21]。

3. 讓利害關係人共享企業／產業的經營成果，而年度公司分派股利時，也能永續地（只要不出售手上持股）分享產業經營成果，而且傳子傳孫。

4. **入股風電產業，當然會遭遇到股票或ETF價格短期（三個月或半年內）波動。**但是，就長期趨勢（一年、二年以上），搭配政府政策支持，在這波推廣離岸風電的熱潮上，相關公司十年、十五年內，無論在題材以及業績應會有所增長。我們可嘗試改採夥伴、合作性態度參與產業成長，而不只是仇視與坐看廠商價值增加，片斷地認爲無良業者大賺暴利。

三、已經來不及的構想：台灣離岸風力發電公司或是由台電直接興辦？

　　我國儘管很希望提升綠能發電，但限於本土技術能力，非常仰賴國外技術與經驗。對於國外開發商來說，在台灣扶植在地化離岸風電，成本不菲，風險更大，更要面對政治的不確定性。更重要的是，離岸風力發電涉及整體土地、法規、環境、產業等議題，如海域租賃及整合、電網容量、

格），在預定期間內（權利行使期間）買進預定數量之公司股份。選擇權的精神繫於「得以」兩字，它表示員工可以行使認購權，也可以棄權。

[21] ETF由投信公司管理，並發行受益憑證作爲資產持有的表徵，追蹤某一指數，其投資組合儘可能完全比照指數的成分股組成，並且在集中市場掛牌，如同一般股票交易買賣。例如台灣50ETF（習慣簡稱0050）可簡單理解成：一次幫你買進台灣最大的50檔股票，這些股票又稱爲ETF的「成分股」。一般我們所熟知的上市公司，例如台積電、鴻海、統一超、中華電信等，都網羅在裡面。如果以離岸風力發電的ETF來說，就是把世紀鋼鐵、上緯投控公司等相關產業鏈股票都納入成分股去追蹤。

電塔／變電所等鄰避設施爭議、漁業協商、產業本土化、專用碼頭、併聯及海上變電站、生態／景觀敏感及噪音等問題，本質上來說，很多都跟公權力有關，由政府出面辦理、或是政府出資等，都不見得不妥適[22]，因為政府直接提供服務，也是政策工具的一種。

　　政府在訂定明確能源目標，要在2025年達到20%再生能源時，當時就決定的離岸風力發電推動方式就是市場機制，但是，從政策工具角度來看，如果當年改採政府直接興辦，會有什樣的光景？例如仿效1980年代台積電創立的經驗，邀請國外開發商入技術股，成立台灣離岸風力發電公司，將所有離岸風力發電統一規劃營運，透過公權力去達成政策目標。

　　本書在第一章曾經提到，1987年前後，在歷任行政院院長孫運璿、李國鼎及續任行政院院長俞國華等人的鼓勵和支持下，張忠謀決定創辦半導體製造企業，當時「行政院國家發展基金」出資約1億美金，占股48.3%，荷蘭飛利浦占27.5%，台塑等七家私人企業占24.2%。簡言之，國發基金出資50%，飛利浦占約四分之一，其他私人企業合占約四分之一。

　　同樣的概念，也可由行政院組織類似台積電的公司，邀請風電產業鏈業者共同出資合組，並邀請外資提供技術入股。這種方式優點包括：

　　（一）可大幅提高策略性政策目標的達成率。

　　（二）降低外商的財務、政治等風險，提高外商對我國風電市場之參與意願。

　　（三）既然把風力發電當成國家的策略性公用事業，基於公益立場與特殊使命，即可一方面透過公權力執行，另方面讓政府去承擔溝通與說服

---

[22] 政府出資模式可參考CIP。目前在彰化成立的「彰芳暨西島離岸風電計畫團隊」，就是CIP主導開發。CIP由五位資深合夥人於2012年與丹麥最大的退休基金之一Pension Danmark共同創立。該退休基金是在1993年成立，管理約2萬6,000家公民營部門、約75萬名勞工的退休基金。Pension Danmark主要投資再生能源、永續發展的基礎建設。該基金之背景不是本研究之重點，在此要表明／猜測的是，丹麥整體年金系統隸屬於丹麥財政部公共行政現代化發展局（the Agency for the Modernisation of Public Administration under the Ministry of Finance）的年金體系，因此CIP多少有公權力或公共所有權性質。

縣市反彈與當地農漁業、民眾的疑慮。

　　儘管成立政府持股的台灣離岸風力發電公司機會不再，我們仍需提醒政策工具選擇的意義與重要性[23]。工具的選項有很多種，每一種是否都好好思索過嗎？其他的選項何時被排除？

參、小結

　　本章從策略性管理與執行分析的角度，討論我國離岸風力發電的政策與執行障礙課題。策略管理要解決的問題，在於前瞻、聚焦、整合，而每個公共議題不外乎這些面向被忽略了。例如前瞻性這個重點，競爭敵對的各方，若能抬頭往未來看更遠些，或是過幾年之後回頭看看當時的爭執不下，會不會有不同於當時的想法？

　　接著公共議題的主要策略課題、政策的執行管理的聚焦性，這都需要從策略層次去整合與規劃，讓利害關係人參與而化阻力為助力。從離岸風力發電的聚焦與執行議題來看，我們有以下整體想法：

一、應該緊盯主要的策略性目標與進程

　　策略管理重點是如期如質達成主要政策目標，而此需要具體的數據說明與比較。目前離岸風力發電僅有現狀數據陳述，似乎缺少與預期目標的對比、達成率、缺口／落差分析、策略性風險因素，與未來改善措施。或許營運廠商已經如期交付發電機組並且併網發電，但政府有關機構可否提供更妥適的說明？

　　再者，目前離岸風力發電被附加扶植本土離岸風電產業鏈，將歐洲經

---

[23] 或許有人會說，政府直接提供服務的觀念與浪潮已經過時，現在是新公共管理時代，應該多採取市場、資訊提供、競爭等機制。但是，別忘了，口罩的管制與國家隊、各種防疫紓困、乃至於農田水利會被收歸國家體制等，都是重回國家管治的大政府作為。

驗與技術移植台灣的產業政策目標。儘管後者對於我國產業政策與技術提升、區域發展與就業等具有劃時代意義，但整體來說，應該是以能源安全為主（80%重要性），而產業政策為次要（20%至30%之間的重要性）。這種施政優先順序，已在《再生能源發展條例》第1條清楚臚列。但是，目前的執行（例如要求風電零組件國產化比例等）會不會使離岸風電發展出現雙目標、甚至說「以次代主」的現象嗎？有多大程度會影響2025年的綠色能源安全政策目標？

二、各部會應該積極落實策略目標

既然離岸風力發電是國家安全層面的策略性議題，各部會與各級政府機構應該積極主動地齊心推進。

（一）需要有更高層的決策者與專案管理者持續鼓勵與強調，深入現場激勵各級執行人員與公民營機構，摒棄成見與本位心態。

（二）放開心胸，信任外商的技術能力。如果擔心圖利外商、逾越技術專業水準的過度審查、過度程序與文件的要求等，如果要這些繁文縟節，還不如讓我國的台灣電力公司或其他政府出資的機構自行辦理。

（三）縣市政府也會是國家電力短缺與氣候暖化的受影響者，不宜過度阻礙離岸風力發電的進程。全球暖化、地表溫度升高，也會使平均海平面逐漸上升而影響中南部沿海地區。

2015年我國通過《溫室氣體減量及管理法》，地方政府也有強化節能減碳的責任，既然能源基礎建設、再生能源等是各級政府的職責，縣市首長應該從未來、前瞻角度去看待離岸風力發電，也可嘗試用共享成長結果角度去看待開發商的獲利。

三、政策社群的變化與政治可行性分析

公共議題會發生變化，有時候是政策社群的改變，從而影響到政策形象、策略目標與問題形貌。

（一）離岸風電及綠色能源議題，受到廢核進程、縣市政府改選等因

素影響，核能與綠能政策形象易位，從而使政策社群也發生變化。

（二）新的政策企業家透過策略運用，翻轉政策社群結構。新舊成員之間對於公共議題與政策內涵的爭執與衝突，需要空間與時間去溝通妥協，若新社群成員強勢主導政策形象，缺少細緻的溝通，必然會遭遇各式各樣的制度與政治障礙。

（三）利害關係人與政治可行性分析至為重要。面對政治障礙，本書所提醒與強調的，是利害關係人的確認、他們接受或反對程度、分類定位區隔、發展策略與行動，這包含聚焦、前瞻、溝通、利害關係人／顧客導向、溝通以化解疑慮爭取支持，也要對政策必然的失靈做好應變避險規劃。

以上種種問題認定與解決，都是高階、策略管理層面的政策管理作為，而其核心在於第一章所談的，**於重大政策或是計畫推行前，透過社會溝通與民主參與，整合社會、地方與產業、環保等各脈絡的利益與觀點。**

另外，離岸風力發電，乃至於各類綠色能源，其專業、技術與永續發展的意義，與過去經驗很不相同，尤其需要公共組織與國內外廠商分享資訊、相互理解，降低在地公眾對於科技發展風險的疑慮，更好的是讓他們參與並且分享經濟成長與企業成長的紅利，而不是討買路錢。

最後，**所有的策略，都是站在未來看今天，**五年、十年、二十年、三十年後的世界，會是怎麼樣呢？再由未來回頭檢視與調整現在所做的，從而策略思維就是：把最多、最大心思放在「重要但是不緊急」的目標上。

參考文獻

一、中文部分

AND股份有限公司（2019）。《解決問題的商業框架圖鑑》。台北：采實文化。

ARC遠擎管理顧問公司策略績效事業部譯，羅伯‧柯普朗（Robert S. Kaplan）、大衛‧諾頓（David P. Norton）原著（2001）。《策略核心組織：以平衡計分卡有效執行企業策略》。台北：臉譜文化。

公務人員保障暨培訓委員會（2018）。〈薦升簡訓練、正升監訓練、委升薦訓練及員升高員訓練適用〉。收錄於《專題研討指導手冊》。台北：公務人員保障暨培訓委員會。

丘昌泰（2013）。《公共政策：基礎篇》。高雄：巨流。

丘昌泰、洪鴻智、陳金貴（2001）。《台北市社區參與制度之研究》。台北：台北市研究發展考核委員會委託研究。

朱景鵬、Eissel, Dieter（2013）。〈歐盟治理理論發展與模式特色〉。《公共治理季刊》，1（4）：18-33。

朱景鵬、朱鎮明（2014）。〈績效治理：趨勢、內涵與挑戰〉。《公共治理季刊》，7：29-41。

朱道凱譯，羅伯‧柯普朗（Robert S. Kaplan）、大衛‧諾頓（David P. Norton）原著（1999）。《平衡計分卡：資訊時代的策略管理工具》。台北：臉譜文化。

朱鎮明（2004）。〈政策行銷過程中政府與媒體互動之道〉。《立法院院聞》，32（1）：49-58。

朱鎮明（2011）。〈風險與混沌狀態下的公共管理〉。《人事月刊》，306：1-7。

朱鎮明（2012）。〈政策管理與各部會綜合規劃單位之功能分析〉。《政策研究學報》，12：1-34。

朱鎮明（2013）。〈公共服務執行力的評估與管理──以災害防救深耕中程個案計畫為例〉。《研習論壇》，154：15-26。

朱鎮明（2014）。〈政策與組織的風險管理〉。《T&D飛訊》，193：1-21。

朱鎮明、朱景鵬（2016）。〈跨部會協調的績效管理體制〉。《國土與公共治理季刊》，15：26-41。

朱鎮明（2018）。〈府際關係與跨域治理中「跨域性」之研究──以「跨域加值公共建設財務規劃方案」為核心〉。《競爭力評論》，20：13-42。

朱鎮明、陳韋伶（2020）。〈從跨域性公私協力治理觀點概述美國國家防汛保險方案〉。《T&D飛訊》，270：1-39。

朱鎮明（2021）。〈疫情下的危機管理──1976年美國豬瘟病毒事件之回顧與啓示〉。《T&D飛訊》，275：1-36。

朱鎮明、陸碧芳（2018）。〈政策備忘錄的概念及其運用〉。《T&D飛訊》，242：1-27。

江岷欽、孫本初、劉坤億（2004）。〈地方政府間建立策略性夥伴關係之研究：以台北市及其鄰近縣市為例〉。《行政暨政策學報》，38：1-30。

吳安妮（2004）。〈平衡計分卡在公務機關運用之探討〉。發表於行政機關績效管理暨績效獎金制度學術研討會（行政院人事行政局與政治大學公共行政系主辦）。台北：政治大學。

吳安妮（2011）。〈以一貫之的管理——整合性策略價值管理系統
　　（ISVMS）〉。《會計研究月刊》，312：106-120。

吳安妮（2017）。〈談以SO計分卡形成創新策略〉。《哈佛商業評
　　論》，5月號。

吳定（1999）。《公共政策辭典》。台北：五南。

吳定（1988）。〈政策行銷的時代意義〉。《公訓報導》，80：5-7。

吳明清（2003）。〈知變、應變、求變：教改政策的行銷與因應策略〉。
　　《台灣教育》，620：2-13。

李元唐、魏雲魯、劉國慶、楊偉良、楊家正（2013）。〈打通台北與東部
　　地區間　交通之任督二脈〉。《中華技術》，100：118-127。

李安妮、林嘉誠、孔維新（2013）。《提升「國家發展計畫」規劃效能之
　　研究》。台北：行政院經濟建設委員會委託研究。

李宜映、蔡偉皇（2019）。〈日本第十次科技前瞻之農業課題初探〉。
　　《農政與農情》，323：50-56。

李郁怡（2014）。〈匯豐汽車靠創新服務突圍〉。《哈佛商業評論》，1
　　月號。

李翠萍（2005）。〈我國社會福利政策執行與政策議題倡導網絡之分
　　析〉。《經社法制論叢》，35：71-106。

汪明生、馬群傑（2002）。〈地方發展競爭趨勢下之行銷實證研究〉。
　　《中國地方自治》，55（2）：4-26。

林子倫、李宜卿（2016）。〈歐盟能源政策之社會溝通與公眾參與：參與
　　式治理的觀點〉。《台灣能源期刊》，4（1）：1-16。

林水波、張世賢（2006）。《公共政策》。台北：五南。

林玉華（2002）。〈政策網絡的治理模式：以英國與歐盟為例〉。《行政
　　暨政策學報》，34：35-55。

林瑞珠、陳韋名、沈政雄（2016）。〈再生能源發電設施設置之法律與

　　跨部會協力研析：以申設離岸式風力發電廠為例〉。《台灣能源期刊》，3（1）：25-39。

林建山（1988）。〈政府政策行銷〉。《公訓報導》，80：7-13。

林博文（2002）。〈地方政府之行銷研究〉。《法政學報》，15：115-158。

柯于璋（2009）。〈災後遷村計畫之政治可行性分析：以高雄縣藤枝新舊部落為例〉。《台灣政治學刊》，13（1）：107-159。

柯承恩、孫智麗、吳學良、黃奕儒、鄒篪生（2011）。〈科技前瞻與政策形成機制：以農業科技前瞻為例〉。《科技管理學刊》，16（3）：1-28。

柯普朗（Robert S. Kaplan）、安妮特‧麥克斯（Anette Mikes）（2012）。〈風險管理新策略〉（Managing Risks: A New Framework）。《哈佛商業評論》，6月號。

胡國堅（1996）。〈政策網絡理論與其應用〉。《空大行政學報》，6：289-302。

胡龍騰（2017）。〈政府績效管理指標設計：如何既K、且P、又I〉。《國土及公共治理》，5（3）：68-79。

范玫芳（2008）。〈參與式治理研究之現況與展望〉。《人文與社會科學簡訊》，9（2）：29-35。

孫本初（2002）。〈政府績效管理的新思維〉。《考銓季刊》，29：38-46。

孫同文、林玉雯（2011）。〈一個或多個政策網絡？：中部科學園區開發與營運的個案分析〉。《空大行政學報》，22：19-56。

孫智麗（2011）。《科技前瞻運作機制參考手冊──農業科技前瞻體系之建立計畫執行成果》。行政院農業委員會主辦，台灣經濟研究院執行。

孫煒（2010）。〈設置族群型代表性行政機關的理論論證〉。《台灣政治

學刊》，14（1）：105-158。

徐仁輝、郭昱瑩（2014）。《政策分析》。台北：智勝文化。

徐幸瑜（2019）。〈社群媒體時代下政策企業家之策略：以台灣以核養綠公投為例〉。發表於2019台灣公共行政與公共事務系所聯合會年會暨國際學術研討會（東海大學行政管理學系主辦）。

徐純慧、楊鴻德、許俊立（1990）。〈以BGG模式及RCA指數應用於國際市場競爭態勢之研究——我國成衣商品在日本市場競爭態勢之實證分析〉。《企業管理學報》，32：179-210。

馬群傑譯，Dunn, W. N原著（2011）。《公共政策分析》。高雄：培生教育。

高子梅、何霖譯，羅伯·柯普朗（Robert S. Kaplan）、大衛·諾頓（David P. Norton）原著（2006）。《策略校準：應用平衡計分卡創造組織最佳綜效》。台北：臉譜文化。

國家文官學院（2017）。《106年度薦任公務人員晉升簡任官等訓練》。台北：國家文官學院。

張政亮、黃雅卿、徐君臨（2009）。〈心智圖法在社會學習領域課程教學上的應用〉。《國教新知》，56（1）：56-70。

張慶忠、王志剛（1985）。〈波士頓顧問團成長率——占有率矩陣在產品組群分析上之應用〉。《管理評論》，4（1）：143-148。

曹俊漢（2001）。〈政策網絡的結構與功能分析〉。《行政管理論文選輯》，15：145-166。

莊靖譯、Donald Rumsfeld原著（2015）。《倫斯斐法則：統帥的智慧，美國傳奇前國防部長的14堂領導課》。台北：寶鼎。

郭昱瑩（2005）。〈施政績效評估制度之探討〉。發表於「績效評估之方法與工具」學術研討會（中正大學政治學系主辦）。

陳正平等譯，羅伯·柯普朗（Robert S. Kaplan）、大衛·諾頓（David P. Norton）原著（20004）。《策略地圖：串聯組織策略從形成到徹底

實施的動態管理工具》。台北：臉譜文化。

陳昭蓉譯，三谷宏治原著（2015）。《經營戰略全史》。台北：先覺。

陳敦源（2008）。〈參與式治理：研究民主改革的新方向？〉。《人文與社會科學簡訊》，9（2）：36-47。

陳敦源、張世杰（2010）。〈公私協力夥伴關係的弔詭〉。《文官制度季刊》，2（3）：17-71。

陳慧瀅（1997）。〈台灣產業結構變遷之探討〉。《經濟情勢暨評論》，2（4）：150-161。

湯京平、簡秀昭、張華（2013）。〈參與式治理和正義的永續性：比較兩岸原住民發展政策的制度創意〉。《人文及社會科學集刊》，25（3）：457-483。

黃雅卿（2006）。《國中地理科心智繪圖教學方案對學生創造力、學業成就表現之成效研究》。台北：國立台灣師範大學創造力發展碩士論文（未出版）。

黃裕翔（2004）。〈鼓勵研發投資的政策工具探討——EU與台灣研發投資目標之挑戰〉。《台灣經濟研究月刊》，319：69-75。

黃榮源（2007）。〈英國公共服務協議制度的發展與評估〉。《研考雙月刊》，258：13-25。

黃榮護主編（1998）。《公共管理》。台北：商鼎文化。

楊武勳（2015）。〈日本國立大學法人化政策形成分析：以政策倡導聯盟架構為例〉。《教育研究集刊》，61（1）：35-67。

經濟部能源局（2020）。《能源轉型白皮書》。

劉宜君（1999）。〈政策網絡與國家機關自主性：比較英國、美國與台灣之健康保險政策網絡〉。《空大行政學報》，9：279-306。

劉宜君（2001）。〈我國全民健康保險政策分析——國家機關自主性與政策網絡的觀點〉。《空大行政學報》，11：161-211。

劉宜君（2002）。〈全球化趨勢政府的知識管理──全球公共政策網絡途徑之初探〉。《中國行政評論》，12（1）：99-135。

劉宜君（2019）。〈生命週期評估概念在公共政策應用之探討〉。《國土與公共治理季刊》，7（3）：8-17。

劉宜君、周育仁、朱鎮明、王俊元（2009）。《政策執行力指標建構之研究》。台北：行政院研考會委託研究。

劉宜君、陳敦源、蕭乃沂、林昭吟（2005）。〈網絡分析在利害關係人概念之應用──以我國全民健保政策改革為例〉。《台灣社會福利學刊》，4（1）：95-130。

魯炳炎（2009a）。〈從多元流程觀點談蘇花高興建決策之議程設定與政策選擇〉。《東吳政治學報》，27（4）：171-240。

魯炳炎（2009b）。〈政策企業家於政策行銷過程的角色扮演〉。《文官制度季刊》，1（3）：125-158。

魯炳炎（2010）。〈政策企業家化解政策衝突之研究〉。《文官制度季刊》，2（3）：151-181。

魯炳炎（2017）。《公共政策與民主治理：苗栗大埔徵地案的多元流分析》。台北：五南。

魯炳炎、張永明（2006）。〈政策倡導聯盟架構之研究：以國道五號蘇花段高速公路為例〉。《政治科學論叢》，30：131-164。

賴美蓉與曹瑋玲（2015）。〈因應台灣風機抗爭事件之課題與對策分析──以中部區域為例〉。《台灣能源期刊》，2（1）：99-112。

簡博秀、簡博浩（2003）。〈波士頓矩陣的應用：策略行銷和中國的地方發展策略〉。《台灣土地金融季刊》，40（1）：121-148。

二、英文部分

Six, P. (2005). "Joined-Up Government in the West Beyond Britain: a Provisional Assessment." In V. Bogdonor (ed.), *Joined-Up Government.*

Oxford: Oxford University Press, pp. 43-106.

Aberbach, J. D. and T. Christensen (2005). "Citizen-Consumer: An NPM Dilemma." *Public Management Review*, 7(2): 225-245.

Adam, C., S. Hurka, C. Knill, B. G. Peters, and Y. Steinebach (2019). "Introducing Vertical Policy Coordination to Comparative Policy Analysis: The Missing Link between Policy Production and Implementation." *Journal of Comparative Policy Analysis: Research and Practice*, 21(5): 499-517.

Adam,C., S. Hurka, C. Knill, B. G. Peters, and Y. Steinebach (2019). "Introducing Vertical Policy Coordination to Comparative Policy Analysis: The Missing Link between Policy Production and Implementation." *Journal of Comparative Policy Analysis*, 21(5): 499-517.

Agranoff, R. and M. McGuire (2003). *Collaborative Public Management: New Strategies for Local Governments*. Washington, DC: Georgetown University Press.

Ahmeti, R. and B. Vladi (2017). "Risk Management in Public Sector: A Literature Review." *European Journal of Multidisciplinary Studies*, 2(5): 323-329.

Alter, C. and J. Hage (1993). *Organizations Working Together*. London: Sage.

Andreeva, G, J. Ansell, and T. Harrison (2014). "Governance and Accountability of Public Risk." *Financial Accountability and Management*, 30(3): 342-361.

Aristigueta, M. P., L. J. Cooksy, and C. W. Nelson (2001). "The Role of Social Indicators in Developing a Managing for Results System." *Public Performance & Management Review*, 24(3): 254-26.

Bardach, E. (1998). *Getting Agencies to Work Together: The Practice and Theory of Managerial Craftsmanship*. Washington, DC: Brookings

Institute Press.

Bardach, E. (2000). *A Practical Guide for Policy Analysis*. New York: Chatham House Publishers.

Bauer, M. W. and J. Ege (2013). "Commission Civil Servants and Politics: De-political Bureaucrats in an increasingly Political Organization." In C. Neuhold, S. Vanhoonacker, and L. Verhey (eds.), *Civil Servants and Politics: A Delicate Balance*, Houndmills: Palgrave Macmillan, pp. 173-204.

Behn, R. D. (2001). *Rethinking Democratic Accountability*. Washington, DC: Brookings Institution.

Bhatta. G. (2003). "Don't Just Do Something, Stand There!" Revisiting the Issue of Risks in Innovation in the Public Sector. *The Innovation Journal: The Public Sector Innovation Journal*, 8(2): Article 3. Retrieved from http://www.innovation.cc/scholarly-style/8_2_3_bhatta_innovate-risk.pdf.

Boardman, C. (2014). "Assessing Governance: The Importance of Evaluating Policy Outcomes in National Mission Areas." *Governance*, 27(3): 519-526.

Bogdanor, V. (2005). "Introduction." In Bogdonor (ed.), *Joined-Up Government*. Oxford: Oxford University Press, pp. 1-18.

Bouckaert G., B. G. Peters, and Verhoest K. (2010). *The Coordination of Public Sector Organisations*. Basingstoke: Palgrave Macmillan.

Bouckaert, G. and W. Van Dooren (2002). "Performance Measurement: Getting Results." *Public Performance and Management Review*, 25(3): 329-335.

Bounds, G. (2010). "Challenges to Designing Regulatory Policy Frameworks to Manage Risks." In OECD (ed.), *Risk and Regulatory Policy: Improving the Governance of Risk* (Paris: OECD), pp. 15-44.

Boyne, G. A. (2010). "Performance Management: Does It Work?" In R.

Walker, G. A. Boyne, and G. A. Brewer (eds.), *Public Management and Performance: Research Directions*. Cambridge, UK: Cambridge University Press, pp. 206-207.

Bressers, J. and L. J. O'Toole Jr (1998). "The Selection of Policy Instruments: a Network-Based Prospective." *Journal of Public Policy*, 18(3): 213-239.

Breukers, S. and M. Wolsink (2007). "Wind Power Implementation in Changing Institutional Landscape: A International Comparison." *Energy Policy*, 35: 2737-2750.

Brinkerhoff, D. W. and B. L. Crosby (2002). *Managing Policy Reform: Concepts and Tools for Decision-makers in Developing and Transitioning Countries*. Kumarian Press, Inc.

Brouwer, S. (2015). *Policy Entrepreneurs in Water Governance - Strategies for Change*. Springer International Publishing.

Brown, L. and S. P. Osborne (2013). "Risk and Innovation." *Public Management Review*, 15(2): 186-208.

Brown, L. and S. P. Osborne (2011). "Innovation in Public Services: Engaging with Risk." *Public Money & Management*, 31(1): 4-6.

Callahan, K. (2007). *Elements of Effective Governance: Measurement, Accountability, and Participation*. Taylor and Francis, Boca Raton, FL.

Capano, G., M. Howlett, and M. Ramesh (2015). "Bringing Governments back in: Governance and Governing in Comparative Policy Analysis." *Journal of Comparative Policy Analysis*, 17(4): 311-321.

Certo, S. C. (ed.) (1997). *Modern Management* (7th). Upper Saddle River, N.J.: Prentice-Hall.

Coffman, L. L. (1986). *Public-Sector Marketing: A Guide for Practitioners*. Wiley Series on Business Strategy.

Crosby, B. C. and J. M. Bryson (2005). "A Leadership Framework for Cross-

Sector Collaboration." *Public Management Review*, 7(2): 177-201.

Curtin, T., D. Hayman, and N, Husein (2005). *Managing a Crisis: A Practical Guide*. Houndmills, Basingstoke, Hampshire: Palgrave Macmillan.

Dawe, T. (2007). "Performance Management and Measurement in Small Communities: Taking the First Step Towards Implementing a Balanced Scorecard Approach." *Government Finance Review*, 23(1): 54-60.

De Bruijn, H. and E. T. Heuvelhof (2000). *Networks and decision making*. Utrecht: LEMMA.

De Bruijn, H. and E. T. Heuvelhof (2008). *Management in networks: On multi-actor decision making*. London and New York: Routledge.

De la Porte, C. and P. Pochet (eds.) (2002). *Building Social Europe through the Open Method of Coordination*. Brussels: PIE Peter Lang.

DeBusk, G. and A. Crabtree (2006). "Does the Balanced Scorecard Improve Performance?" *Management Accounting Quarterly*, 8(1): 44-48.

Den Hartog, D. N., P. Boselie, and J. Paauwe (2004). "Performance Management: A Model and Research Agenda." *Applied Psychology: An International Review*, 53(4): 556 -569

Dobrea, C. and N. Ene (2006). "Adapting Risk Management Principles to the Public Sector Reforms." *Administratie Si Managment Public*, 6: 126-130.

Dunn, W. N. (1994). *Public policy analysis: An introduction*. Englewood Cliffs, New Jersey: Prentice-Hall.

Dunn, W. N. (2008). *Public policy analysis: An introduction*. Upper Saddle River, N.J.: Pearson Prentice Hall.

Favoreu, C., D. Carassus, D. Gardey, and C. Maurel (2015). "Performance Management in the local public sector in France: an administrative rather than a political model." *International Review of Administrative Sciences*, 8(4): 672-693.

Fine, S. H. (1990). *Social Marketing: Promoting the Causes of Public and Nonprofit Agencies*. MA: Allyn and Bacon.

Flemig, S., S. Osborne, and T. Kinde (2014). *Risk Definition and Risk Governance in Social Innovation Processes: A Conceptual Framework*. LIPSE Project Working Paper No 4.

Giest, S. (2015). "Comparative Analysis of Sweden/s Wind Energy Policy: The Evolution of 'Coordinated' Networks." *Journal of Comparative Policy Analysis*, 17(4): 393-407.

Goldfinch, S. (2006). "Rituals of reform, policy transfer, and the national university corporation reforms of Japan." *Governance*, 19(4): 585-604.

Gosh, C., R. King, J. Reede, and E. Scott (2001). *Tampa General Hospital: The Politics of Privatization*. HKS Case Number 1608.1.

Graham, O. and P. Graham (2006). *Risk Governance: Towards an Integrative Approach*. International Risk Governance Council.

Granberg, M. and L. Elander (2007). "Local Governance and Climate Change: Reflection on the Swedish Experience: Local Empowerment." *The International Journal of Justice and Sustainability*, 12(5): 537-548.

Grönroos, C. (2004). "The Relationship Marketing Process: Communication, Interaction, Dialogue Value." *Journal of Business and Industrial Marketing*, 19(2): 99-113.

Gummesson, E. (1998). "Implementation Requires a Relationship Marketing Paradigm." *Journal of Academy of Marketing Science*, 26(3): 242-249

Gummesson, E. (2002). "Relationship Marketing in the New Economy." *Journal of Relationship Marketing*, 1(1): 37-58.

Hall, D. J. (2008). "Decision Makers and Their Need for Support." In F. Burstein and C. W. Holsapple (eds.), *Handbook on Decision Support Systems 1: Basic Themes*. Heidelberg: Springer Science & Business

Media, pp. 83-102.

Halligan, J. (2007). "Reintegrating Government in Third Generation Reforms of Australia and New Zealand." *Public Policy and Administration*, 22(2): 217-238

Halligan, J., C. S. Sarrico, and M. L. Rhodes (2012). "On the Road to Performance Governance in the Public Domain?" *International Journal of Productivity and Performance Management*, 61(3): 224-234.

Hardy, C., T. B. Lawrence, and D. Grant (2005). "Discourse and Collaboration: The Role of Conversations and Collective Identity." *Academy of Management Review*, 30(1): 58-77.

Harman, E. (1994). "Accountability and Challenges for Australian Governments." *Australian Journal of Political Science*, 29: 1-17.

Hartley, J. (2005). "Innovation in Governance and Public Services: Past and Present." *Public Money and Management*, 25(1): 27-34.

Hawke, L. (2012). "Australian Public Sector Performance Management: Success or Stagnation?" *International Journal of Productivity and Performance Management*, 61(3): 310-328.

Heinrich, C. J. (2003). "Measuring Public Sector Performance and Effectiveness." In B, G. Peters and J. Pierre (eds.), *Handbook of Public Administration*. London: Sage, pp. 25-37.

Helmer, O. (1967). *Analysis of the Future: the Delphi Method.* Santa Monica, California: The RAND Corporation.

Herman, L. (2012). *Policy Memos.* John F. Kennedy School of Government. Harvard University.

Hilbert, M. (2016). "Big Data for Development: A Review pf Promises and Challenge." *Development Policy Review*, 34: 135-174.

Hodson, D. and Maher, I. (2001). "The Open Method as a New Mode of

Governance: The Case of Soft Economic Policy." *Journal of Common Market Studies*, 39(4): 719-746.

Hood, C. (1983). *The Tools of Government*. London: Macmillan.

Hood, C. (2002). "The Risk Game and the Blame Game." *Government and Opposition*, 37(1): 15-37.

Howlett, M. and M. Ramesh (2003). *Studying Public Policy: Policy Cycles and Policy Subsystems*. Toronto: Oxford University Press.

Hustedt, T. and M. Seyfried (2016). "Co-ordination across Internal Organizational: How the EU Commission Co-ordinates Climate Policies." *Journal of European Public Policy*, 23(6): 888-905.

Huxham, C. (2003). "Theorizing Collaboration Practice." *Public Management Review*, 5(3): 401-423.

Kahn-Nisser, S. (2015). "The hard impact of soft co-ordination: emulation, learning, and the convergence of collective labour standards in the EU." *Journal of European Public Policy*, 22(10): 1512-1530.

Kamensky, J. M. (2011). "The Obama Performance Approach: A Midterm Snapshot." *Public Performance and Management Review*, 35(1): 337-358.

Kaplan, R. and D. Norton (2000). *The Strategy-Focused Organization*. Harvard Business School Publish Press, Boston.

Kearns K. P. (1998). "Institutional Accountability in Higher Education: A Strategic Approach." *Public Productivity and Management Review*, 22(2): 140-156.

Kearns, K. P. (1996). *Managing for Accountability: Preserving the Public Trust in Public and Nonprofit Organizations*. San Francisco: Jossey-Bass.

Khan, J. (2003). "Wind Power Planning in Three Swedish Municipalities." *Journal of Environmental Planning and Management*, 46(4): 563-581.

Kingdon, J. W. (1995). *Agendas, Alternatives, and Public Policies* (2nd). New

York: Harper Collins College Publishers.

Knill, C. and Lenschow, A. (1998). "Coping with Europe: The impact of British and German administrations on the implementation of EU environmental policy." *Journal of European Public Policy*, 5(4): 595-614.

Kooiman, J. (ed.) (2003). *Governing as Governance*. London: Sage.

Koppell, J. G. S. (2005). "Pathologies of Accountability: ICANN and the Challenge of 'Multiple Accountabilities Disorder'." *Public Administration Review*, 65(1): 94-108.

Koter, P. and A. R. Andreasen (1991). *Strategic Marketing for Nonprofit Organizations* (4th). Englewood Cliffs, NJ: Prentice Hall.

Kotler, P. (1997). "Strategies for Introducing Marketing into Nonprofit Organization." *Journal of Marketing*, 43: 37-44.

Lægreid, P., T. Randma-Liiv, L. H. Rykkja, and K. Sarapuu (2015). "Emerging coordination practices of European central governments." *International Review of Administrative Sciences*, 81(2): 346-351.

Lee, Tsuey-Ping（李翠萍）(2004). "Bridging Systems Thinking to Policy Networks: An Application to Developing Network Accountability of Contracting Out System." 《公共行政學報》，13: 91-119。

Leung, F. and F. Isaacs, (2008). "Risk management in public sector research: approach and lessons learned at a national research organization." *R & D Management*, 38(5): 510-519.

Liang, C.-J. and L.-C. Hou (2007). "A Dynamic Connection of Balanced Scorecard Applied for the Hotel." *Journal of Services Research*, 6(2): 91-119.

Liguori, M., M. Sicilia, and I. Steccolini (2012). "Some Like it Non-Financial: Politicians' and Managers' View on the Importance of Performance Information." *Public Management Review*, 14(7): 903-922.

Ling, T. (2002). "Delivering Joined-Up Government in UK: Dimensions, Issues and Problems." *Public Administration*, 80(4): 615-642.

Lodge, M. (2009). "The Public Management of Risk: The Case for Deliberating among Worldviews." *Review of Policy Research*, 26(4): 395-408.

Mack, R. P. (1971). *Planning on Uncertainty: Decision Making in Business and Government Administration*. Wiley Interscience.

Malvey, D., M. D. Fottler, and D.J. Slovensky (2002). "Evaluating Stakeholder Management Performance Using a Stakeholder Report Card: the Next Step in Theory and Practice." *Health Care Management Review*, 27(2): 66-79.

Mandell, M. P. (1990). "Network Management: Strategic Behavior in the Public Sector." In Robert W. Gage and Myrna P. Mandell (eds.), *Strategies for Managing Intergovernmental Policies and Networks*. New York: Praeger Publishers, pp. 29-53.

Mandelson, P. and R. Liddle (1996). *The Blair Revolution: Can New Labour Deliver?*" London: Faber and Faber.

Marinetto, M. (2003) "Governing beyond the Centre: A Critique of the Anglo-Governance School." *Political Studies*, 51(3): 592-608.

Marsh, D. and R. A. W. Rhodes (1992). "Policy communities and issues networks: Beyond typology." In D. Marsh and R. A. W. Rhodes (eds.), *Policy networks in British government*. Oxford, England: Clarendon Press, pp. 249-268.

Mcmanus, M. C and C. M. Taylor (2015). "The changing nature of life cycle assessment." *Biomass and Bioenergy*, 30: 1-14.

Micheli, P. and A. Neely (2010). "Performance Measurement in the Public Sector in England: Searching for the Golden Thread." *Public Administration Review*, 70(4): 591-600.

Mitroff, I. I. and H.A. Linstone (1993). *The Unbounded Mind: Breaking the Chains of Traditional Business Thinking*. New York: Oxford University Press.

Moore, M. (1995). *Creating Public Value: Strategic Management in Government*. Cambridge: Harvard University Press.

Mosher, J. S. and D. M. Trubek. (2003). "Alternative approaches to governance in the EU: EU social policy and the European employment strategy." *Journal of Common Market Studies*, 41(1): 63-79.

Moynihan, D. P. (2005). "Goal-Based Learning and the Future of Performance Management." *Public Management Review*, 9(2): 203-216.

Neustadt, RE and H.V. Fineberg (1978). *The Swine Flu Affair: Decision-Making on a Slippery Disease*. University Press of the Pacific.

Newhouse, J. P. (1993). "An Iconoclastic View of Health Cost Containment." *Health Affairs*, 12(1): 152-171.

Newman, J. (2004). "Constructing Accountability: Network Governance and Managerial Agency." *Public Policy and Administration*, 19(4): 17-33.

Nilsen, A. and O. Olsen (2005). "Different Strategies: Equal Practice? Risk Assessment and Management in Municipalities." *Palgrave Macmillan Journals*, 7(2): 37-47.

Niven, P. (2003). *Balanced Scorecard Step-by-Step*. New York: John Wiley & Sons Inc.

O'Toole, L. J. Jr. (1997). "Implementing Public Innovations in Network Setting." *Administration and Society*, 29: 115-138.

OECD (2005). *Advances in Risk Management of Government Debt*. Paris/France: OECD Publishing.

OECD (2014). *Risk management and corporate governance*. OECD Publishing.

Oliver, J. and A. Nakamura (2015). "Shared performance targets for the horizontal coordination of public organizations: control theory and departmentalism in the United Kingdom's Public Service Agreement system." *International Review of Administrative Sciences*, 81(2): 392-411.

Osborne, S. and L. Brown (2011). "Innovation in Public Services: Engaging the Risk." *Public Money and Management*, 31(1): 4-6.

Osborne, S. P. and S.-S. Fleming (2015). "Conceptualizing risk and social innovation: An integrated framework for risk governance." *Society and Economy*, 37(2): 165-182.

Painter, M. and J. Pierre (2005). "Unpacking Policy Capacity: Issues and Themes." In M. Painter and J. Pierre (eds.), *Challenges to State Policy Capacity*. Palgrave: Basingstoke, pp. 1-18.

Palermo, T. (2014). "Accountability and Expertise in Public Sector Risk Management: A Case Study." *Financial Accountability and Management*, 30(3): 322-341.

Parker, R. (2007). "Networked Governance or Just Networks? Local Governance of the Knowledge Economy in Limerick (Ireland) and Karlskrona (Sweden)." *Political Studies*, 55(1): 113-132.

Pearson, D. D. R. (2007). *Managing Risk Across the Public Sector: Toward Good Practice*. Victorian Government Printer.

Peters, T. J. (1989). *Thriving on Chaos: Handbook for a Management Revolution*. New York, N. Y.: Harper Perennial.

Prahalad, C. K. and V. Ramaswamy (2000). "Co-Opting Customer Competence." *Harvard Business Review*, 78(1): 79-90.

Prpić, J., A. Taeihagh, and J. Melton (2015). "The Fundamentals of Policy Crowdsourcing." *Policy Internet*, 7: 340-361.

Queensland, T. S. (2011). *A Guide to Risk Management*. The State of

Queensland (Queensland Treasury).

Reich, R. B. (1990). *Public Management in a Democratic Society*. Englewood Cliff, N.J: Prentice Hall Inc.

Renn, O. (2008). *Risk Governance: Coping with Uncertainty in a Complex World*. London: Earthscan.

Rhodes, R. A. W. (1997). *Understanding Governance: Policy Network, Governance, Reflexivity and Accountability*. Buckingham: Open University.

Rittel, H. and M. Webber (1973). "Dilemmas in a General Theory of Planning." *Policy Sciences*, 4(2): 155-169.

Ruijer, E. (2012). "Social equity, policy intentions and unanticipated outcomes: A comparative analysis of 23 work – life balance policies." *Journal of Comparative Policy Analysis: Research and Practice*, 14(4): 311-329.

Sabatier, P. A. (1988). "An advocacy coalition model of policy change and the role of policy orientated learning therein." *Policy Sciences*, 21: 129-168.

Sabatier, P. A. (1993). "Policy change over a decade or more." In P. A. Sabatier and H. C. Jenkins-Smith (eds.), *Policy change and learning: An advocacy coalition approach*. Boulder, CO: Westview Press, pp. 13-39.

Sabatier, P. A. (ed.) (1999). *Theories of the policy process*. Boulder, CO: Westview Press.

Sabatier, P. A. and C. M. Weibl (2007). "The advocacy coalition framework: Innovations and clarifications." In P. A. Sabatier (ed.), *Theories of the policy process* (2nd). Boulder, CO: Westview Press, pp. 189-220.

Sabatier, P. A. and H. C. Jenkins-Smith (1999). "The advocacy coalition framework: An assessment." In P. A. Sabatier (ed.), *Theories of the policy process*. Boulder, CO: Westview Press, pp. 117-166.

Sala, S., F. Reale, J. Cristobal-Garcia, L. Marelli, and R. Pant (2016). *Life*

Cycle Assessment for the Impact Assessment of Policies. Joint Research Centre (JRC), the European Commission's science and knowledge service. JRC Science Hub https://ec.europa.eu/jrc.

Salamon, L. M. (ed.) (2002). *The Tools of Government: A Guide to the New Governance*. Oxford: Oxford University Press.

Schäfer, A. (2004). *Beyond the Community Method: Why the Open Method of Coordination was Introduced to EU Policy-Making* (Electric Version), EIoP, 8. Retrieved from http://eiop.or.at/eiop/texte/2004-013a.htm.

Scharpf, F. W. (1994). "Games Real Actors Could Play: Positive and Negative Coordination in Embedded Negotiations." *Journal of Theoretical Politics*, 6(1): 27-53.

Schneider, A. and H. Ingram (1990). "Behavioral Assumptions of Policy Tools." *Journal of Politics*, 4(1): 2-8.

Schneider, M. and P. Teske (1992). Toward a Theory of the Political Entrepreneur: Evidence from Local Government. *American Political Science Review*, 86(3): 737-747.

Schneider, M., P. Teske, and M. Mintrom (1995). *Public Entrepreneurs: Agents of Change in American Government*. NJ: Princeton University.

Scott, J. and D. Trubek (2002). "Mind the Gap: Law and New Approaches to Governance in the European Union." *European Law Journal*, 8(1): 1-18.

Snavely, K. (1991). "Marketing in the Government Sector: A Public Policy Model." *American Review of Public Administration*, 21(4): 311-327

Sørensen, E. and J. Torfing (2005). "Network Governance and Post-Liberal Democracy." *Administrative Theory and Praxis*, 27(2): 197-237.

Sørensen, E. and J. Torfing (2011). "Enhancing Collaborative Innovation in the Public Sector." *Administration & Society*, 43(8): 842-868.

Starling, G. (1988). *Managing the public sector*. Chicago, Ill.: Dorsey Press.

Stein, V. and A. Wiedemann (2016). "Risk governance: conceptualization, tasks, and research agenda." *Journal of Business Economics*, 86(8): 813-836.

Teisman, G. R. and E.-H. Klijn (2002). "Partnership Arrangements: Governmental Rhetoric or Governance Scheme?" *Public Administration Review*, 62(2): 197-205.

Trein, P., I. Meyer, and M. Maggetti (2018). "The Integration and Coordination of Public Policies: A Systematic Comparative Review." *Journal of Comparative Policy Analysis*, 21(4): 323-349.

Van Asselt, M. B. A. and R. Ortwin (2011). "Risk governance." *Journal of Risk Research*, 14(4): 431-449.

Van de Ven, A. H., R. W. Rogers, J. P. Bechara, and K. Sun (2008). "Organizational Diversity and Integration and Performance." *Journal of Organizational Behavior*, 29(3): 335-354.

Van de Walle, S. (2009). "International Comparisons of Public Sector Performance." *Public Management Review*, 8(2): 39-56.

Van Dooren, W., G. Bouckaert, and J. Halligan (2010). *Performance Management in the Public Sector*. Routledge, Abingdon.

Van Kersbergen, K. and Frans Van Waarden (2004). "Governance as a Bridge between Discipline: Cross-Disciplinary Inspiration Regarding Shifts in Governance and Problems of Governability, Accountability and Legitimacy." *European Journal of Political Research*, 43(2): 143-171.

Vargo, S. and R. Lusch (2004). "Evolving to a New Dominant Logic for Marketing." *Journal of Marketing*, 68(1): 1-17.

Vincent, J. (1996). "Managing Risk in Public Services: A Review of the International Literature." *International Journal of Public Sector Management*, 7(3): 57-64.

Voorberg, W. H., V. J. J. M. Bekkers, and L. G. Tummers (2014). "A Systemic Review of Co-Creation and Co-Production: Embarking on the Social Innovation Journey." *Public Management Review*, 17(9): 1-25.

Wallace, H. (2000). "The Institutional Setting." In H. Wallace and W. Wallace (eds.), *Policy-Making in the European Union*. Oxford: Oxford University Press, pp. 3-39.

Weimer, D. L., A. R. Vining (1999). *Policy Analysis: Concepts and Practice*. Upper Saddle River, N.J.: Prentice Hall.

Whetten, D. A. (1981). "Interorganizational Relations: A Review of the Field." *Journal of Higher Education*, 52(1): 1-28.

Whitaker, G. P., L. Altman-Sauer, and M. Henderson (2004). "Mutual Accountability between Governments and Nonprofits: Moving Beyond Surveillance to Service." *American Review of Public Administration*, 34(2): 11-133.

Wilthagen, T. and F. Tros (2004). "The Concept of Flexicurity: A New Approach to Regulating Employment and Labour Markets." *Transfer: European Review of Labour and Research*, 10(2): 166-186.

Wright, G. and A. Taylor (2005). "Strategic Partnerships and Relationship Marketing in Healthcare." *Public Management Review*, 7(2): 203-224.

Wu, X., M. Ramesh, and M. Howlett (2015). "Policy Capacity: A Conceptual Framework for Understanding Policy Competence and Capability." *Policy Science*, 34: 165-171.

國家圖書館出版品預行編目資料

策略規劃與問題解決／朱鎮明著. -- 初版.
-- 臺北市：五南圖書出版股份有限公司，
2021.07
　　面；　公分
　ISBN 978-626-317-120-6（平裝）

1.公共行政　2.行政決策　3.策略規劃

572.9　　　　　　　　　110013885

4P87

策略規劃與問題解決

作　　　者 ─ 朱鎮明（34.5）

發 行 人 ─ 楊榮川

總 經 理 ─ 楊士清

總 編 輯 ─ 楊秀麗

副總編輯 ─ 劉靜芬

責任編輯 ─ 黃郁婷、李孝怡

封面設計 ─ 王麗娟

出 版 者 ─ 五南圖書出版股份有限公司

地　　　址：106台北市大安區和平東路二段339號4樓

電　　　話：(02)2705-5066　　傳　　真：(02)2706-6100

網　　　址：https://www.wunan.com.tw

電子郵件：wunan@wunan.com.tw

劃撥帳號：01068953

戶　　　名：五南圖書出版股份有限公司

法律顧問　林勝安律師事務所　林勝安律師

出版日期　2021年7月初版一刷

定　　　價　新臺幣480元

經典永恆・名著常在

五十週年的獻禮——經典名著文庫

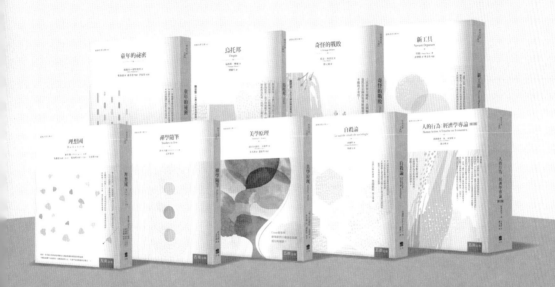

五南，五十年了，半個世紀，人生旅程的一大半，走過來了。

思索著，邁向百年的未來歷程，能為知識界、文化學術界作些什麼？

在速食文化的生態下，有什麼值得讓人雋永品味的？

歷代經典・當今名著，經過時間的洗禮，千錘百鍊，流傳至今，光芒耀人；

不僅使我們能領悟前人的智慧，同時也增深加廣我們思考的深度與視野。

我們決心投入巨資，有計畫的系統梳選，成立「經典名著文庫」，

希望收入古今中外思想性的、充滿睿智與獨見的經典、名著。

這是一項理想性的、永續性的巨大出版工程。

不在意讀者的眾寡，只考慮它的學術價值，力求完整展現先哲思想的軌跡；

為知識界開啟一片智慧之窗，營造一座百花綻放的世界文明公園，

任君邀遊、取菁吸蜜、嘉惠學子！